DOCUMENTS BELGES

par l'auteur de "J'accuse"

(Dr. RICHARD GRELLING)

Les Esprits que j'ai évoqués, je ne peux plus m'en débarrasser.
GŒTHE.

PAYOT & CIE, PARIS

106, BOULEVARD SAINT-GERMAIN, 106

—

1919

Tous droits réservés.

Fr. 7.50

DOCUMENTS BELGES

par l'auteur de " **J'Accuse** "

(Dr RICHARD GRELLING)

Un volume in-8 carré . . . . **7 fr. 50**

Payot & Cie, 106, Boulevard Saint-Germain, Paris.

L'auteur de **J'Accuse**, le Dr Richard Grelling, citoyen allemand, publie le dernier volume de l'œuvre monumentale qu'il a élevée pour confondre les auteurs responsables de la guerre. Commencé en 1915 par **J'Accuse** - dont on sait le retentissement extraordinaire -, poursuivi en 1917 et 1918 par les trois volumes du **Crime**, le réquisitoire s'achève aujourd'hui par les **Documents belges**.

Ce dernier volume est consacré à une publication que le gouvernement allemand a crue décisive pour rejeter sur les pays de l'Entente la responsabilité de la guerre : il s'agit d'une série de rapports diplomatiques belges, datant des dix années qui ont précédé le conflit, et trouvés dans les Archives de Bruxelles. Le Ministère des Affaires Etrangères de Berlin les fit imprimer en 1915 et répandre à profusion, comme preuve de la politique belliqueuse de la France, de l'Angleterre et de la Russie.

Ces rapports, M. Grelling estime qu'ils ne justifient nullement les conclusions que le gouvernement allemand a prétendu en tirer. Pour le prouver, il critique et complète la publication officielle de Berlin. Il la critique, parce que d'une part les rapports publiés ont été choisis arbitrairement et en petit nombre au milieu d'une grande quantité d'autres, qui demeurent inconnus ; parce que d'autre part les éditeurs allemands ont cherché, par des artifices de typographie et par des commentaires tendancieux, à faire dire à ces rapports ce qu'ils ne voulaient pas dire. Il la complète parce qu'elle est arrêtée à dessein au 2 Juillet 1914. Du 23 Juillet jusqu'à la déclaration de guerre se succèdent d'autres rapports d'une importance primordiale, qui ont été publiés dans les deux **Livres gris belges**, et que ceux-là prouvent péremptoirement la culpabilité allemande. M Grelling en fait une étude approfondie ; il s'aide, pour son commentaire, des renseignements fournis par le baron Beyens, ministre de Belgique à Berlin, dans son livre **L'Allemagne avant la guerre**. L'auteur développe sa démonstration avec cette force de dialectique et cette chaleur convaincante qui ont frappé tous les lecteurs de **J'Accuse**.

Ainsi, le Dr Grelling, même après la révolution allemande et la signature du traité de paix, poursuit son œuvre courageuse de justice On doit lui en savoir le plus grand gré : ce dernier volume vient à son heure, en un moment où le gouvernement allemand continue à vouloir donner le change par des publications tronquées ou des simulacres d'enquêtes - en un moment aussi où certains semblent vouloir oublier cette vérité essentielle, qu'il faut toujours avoir présente à l'esprit, et qui est la conclusion même des **Documents belges** : **L'Allemagne et l'Autriche sont seules et exclusivement coupables d'avoir volontairement et avec préméditation déchaîné la guerre européenne.**

DOCUMENTS BELGES

DOCUMENTS BELGES

J'ACCUSE

(Dr. Richard Grelling)

*Maintenant, je ne puis me délivrer
des esprits que j'ai évoqués.*

PAYOT & Cie, PARIS
106, BOULEVARD SAINT-GERMAIN, 106
1919

PRÉFACE

L'étude contenue dans ce volume était primitivement destinée à trouver place dans la seconde partie de mon livre Le Crime : « Antécédents du Crime ».

Mais ce travail-ci a pris un tel développement, au cours de ma rédaction, et d'un autre côté la seconde partie de mon livre avait déjà atteint une telle étendue, qu'il m'a paru indiqué de faire de mon étude sur les documents belges un volume spécial et de la publier comme appendice au Crime.

Pour comprendre exactement ce volume et pour en tirer un profit réel, il faut naturellement connaître mes ouvrages principaux, J'accuse et Le Crime. J'ai été forcé de renvoyer à réitérées fois à l'un ou à l'autre, et je dois prier le lecteur qui veut se faire un jugement à lui sur la question de culpabilité, et le baser sur une étude personnelle, de se reporter sans cesse, en lisant ce livre, aux deux livres essentiels que je viens de nommer.

Décembre 1917.   *L'AUTEUR.*

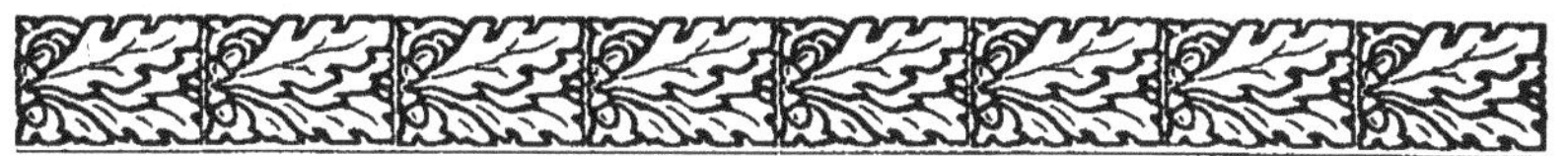

DOCUMENTS BELGES

Introduction.

Les perquisitions continuelles faites aux archives de Bruxelles
par les autorités allemandes ont été couronnées d'un succès
extraordinaire ; il est d'ailleurs à remarquer que depuis le commencement de la guerre le sort s'est toujours montré plus favorable au gouvernement allemand — en ce qui concerne la découverte de matériaux précieux — que ne le méritait la conduite
des politiciens de Berlin.

Par un merveilleux hasard, la lettre du chargé d'affaires
belge à St-Pétersbourg, B. de l'Escaille, en date du 30 juillet
1914, a d'abord été interceptée, et cet incident, je l'ai traité en
détail dans *J'accuse* (p. 190 sq.). Puis on a découvert à Bruxelles
les pièces connues relatives à des *entretiens de militaires belges
et anglais* au cours des années 1906 et 1912, pièces au moyen
desquelles on a essayé de construire le complot d'agression bel-
gico-anglais. Ces pièces, je les ai déjà soumises, elles aussi, à une
étude exacte dans mes livres : *J'accuse* (p. 161 sq.) et *Le Crime*
(vol. I, p. 391 sq.).

Les découvertes ci-dessus datent de l'année 1914. Mais l'année 1915 a été notablement plus féconde encore : on a fouillé
les archives de l'office belge des Affaires étrangères que, par une
étonnante imprévoyance, le gouvernement avait laissées dans
sa capitale, et l'on y a trouvé en grand nombre des *rapports
d'ambassadeurs belges* au gouvernement de Bruxelles, rapports
que l'on a publiés d'abord séparément, puis réunis en volume
sous le titre de *Belgische Aktenstücke 1905-1914* (Berlin, Ernst
Siegfried Mittler und Sohn, Königliche Hofbuchhandlung).

Cette publication a été une bonne aubaine pour les défenseurs volontaires et involontaires du gouvernement allemand. Avec une véritable boulimie, tous ceux qui avaient assumé la tâche ingrate de démontrer l'innocence du cabinet de Berlin dans cette guerre, se sont précipités sur ces rapports, et partout où les hérauts de la guerre défensive allemande font retentir leur cri, ils mettent en avant, pour appuyer leurs affirmations, ces diplomates belges qui, des années déjà avant la guerre, auraient stigmatisé la politique d'encerclement inaugurée par le roi Édouard, élevé jusqu'au ciel l'amour du peuple allemand pour la paix, et rejeté praenumerando sur les puissances de l'Entente les responsabilités d'une guerre européenne future.

Dans son introduction à cette collection de pièces, le gouvernement allemand entonne le leitmotiv de cet hymne de défense : il attribue aux rapports d'ambassade belges « un intérêt extraordinaire comme matériel de sources pour la préhistoire de la guerre », célèbre cet « exposé diplomatique objectif de la politique internationale avant l'explosion de la guerre », et y voit *« un matériel d'accusation contre la politique des puissances de l'Entente..... tel qu'on n'en pourrait guère imaginer de plus accablant..... »* Avec une grande perspicacité, dit-il, les ambassadeurs ont reconnu de très bonne heure à quel point la paix du monde, assurée pendant des décades par la Triplice, a été mise en péril par les aspirations politiques de l'Entente.

Vient ensuite — toujours comme prétendu résumé des rapports d'ambassade belges — la litanie connue sur la « jalousie de l'Angleterre » à l'égard du développement industriel et commercial de l'Allemagne, sur la « recrudescence menaçante du chauvinisme français » ; sur l' « ambition et la soif de vengeance d'Iswolsky, ainsi que sur la presse panslaviste et germanophobe », etc. En opposition à tout cela, on relève avec force louanges « l'amour de la paix que professe l'empereur allemand, les tendances pacifiques de la politique allemande, et la grande longanimité de l'Allemagne vis-à-vis des provocations de l'Angleterre et de la France ».

Ces motifs d'accusation contre les puissances de l'Entente, qui doivent être en même temps des motifs de défense pour les puissances centrales, nous les trouvons partout dans la littérature pangermanique des années déjà avant la guerre, et sous une forme accentuée depuis que la guerre a éclaté. Ce que le gouvernement allemand nous apporte comme introduction au volume qu'il tire des archives belges ne contient pas une pensée, pas une tournure de phrase dont la presse pangermaniste n'ait, depuis des années, usé et abusé au point d'en faire un cliché. La nouveauté et l'avantage pour ceux qui s'asseyent devant leur table à écrire pour défendre la patrie allemande consistent en ceci seulement, qu'aujourd'hui ils croient ou prétendent entendre tomber des lèvres de diplomates neutres une *confirmation de leurs accusations* contre les puissances de l'Entente. Confirmation dont ils s'appliquent à faire un usage vraiment usuraire. On peut ouvrir le livre que l'on veut de la littérature de guerre allemande ou germanophile : tous les écrivains qui se sont donné pour tâche de défendre l'Allemagne et l'Autriche, ces victimes innocentes d'une infâme agression, citent d'interminables extraits des rapports d'ambassade belges, qu'ils font suivre habituellement de cette conclusion triomphale : « Voilà les coupables mis au pilori : c'est l'Angleterre, la Russie et la France qui ont amené la guerre par leur politique criminelle ; l'Allemagne et l'Autriche sont innocentes de la catastrophe. »

Un livre, paru en français, sous le titre de *La Vérité*[1], et qui — prétenduement écrit par un Français et servant en quelque sorte de contre-partie à *J'accuse* — s'attache à présenter au gouvernement français et à ses alliés la liste de leurs péchés, discute presque exclusivement en ses 137 pages les rapports d'ambassade belges, en d'autres termes les antécédents *éloignés* de la guerre, et passe avec l'habileté d'un prestidigitateur sur les antécédents *immédiats*, c'est-à-dire sur les jours critiques du 23 juillet au 4 août. Si pareille chose arrive dans un ouvrage français, on peut se représenter de quelle manière les écrivains allemands exploitent les documents belges. Nous avons vu ailleurs que Schiemann, dans son écrit calomnieux contre *J'accuse*, ne s'occupe que des antécédents éloignés de la guerre, parce qu'on peut les tordre et les interpréter comme on veut au moyen de citations, de fiches, de rapports anecdotiques sur des visites de souverains en mal de complots, des entretiens clandestins de ministres, des manœuvres de flotte, etc. ; mais qu'en revanche il se débarrasse en quelques phrases accessoires de l'histoire des douze jours critiques, parce qu'elle permet et réclame une étude rigoureusement conforme aux documents. Dès le début de la guerre déjà, on constatait dans la littérature apologétique allemande la tendance bien compréhensible de mettre au premier plan le passé lointain, obscur, plus difficile à éclaircir, et de faire

---

[1] Imprimerie Jent, Genève 1916.

disparaître autant que possible à l'arrière-plan le présent clair, sans équivoque, sur lequel on ne peut se tromper. Lorsque Schiemann écrivit sa *Verleumderschrift*, les publications isolées tirées des archives belges avaient à peine commencé ; il fut donc obligé d'alimenter ses accusations contre les puissances de l'Entente au moyen de ses propres fiches, dont il faisait collection depuis de nombreuses années. Aujourd'hui, le gouvernement allemand offre une table richement servie à tous ces fournisseurs d'arguments empruntés au passé ; ils n'ont qu'à tendre la main, et ils trouveront toujours, parmi les 119 rapports d'ambassade belges que leur offre l'office des Affaires étrangères, le plat dont ils ont besoin pour mener à bien leur démonstration.

* * *

Dans cette situation, il ne me paraît pas opportun de passer plus ou moins tacitement, comme le fait la plus grande partie de la presse de l'Entente, sur les rapports d'ambassade belges. *On ne tue pas les arguments en les ignorant.* Bien au contraire : on fournit à l'autre parti l'occasion de faire cette objection spécieuse : « Vous gardez un silence de mort parce que vous vous sentez atteints, et que vous ne pouvez pas réfuter les arguments qu'on vous oppose. » Si l'on ne s'occupait pas des rapports d'ambassade belges ou si l'on ne s'en occupait pas en raison de leur importance, on s'exposerait au reproche que l'Allemagne a justement encouru quand elle a supprimé la dépêche du tsar du 29 juillet ; quand elle a fait disparaître dans les dessous les révélations de Giolitti — qu'elle n'a pas mentionnées d'un mot jusqu'à aujourd'hui —; quand elle a affirmé, sans doute, dès le début avoir exercé une « pression sur Vienne », mais sans en fournir la preuve — jusqu'aux révélations tardives, *très* tardives de Bethmann (que j'ai caractérisées ailleurs —; quand elle a caché au peuple allemand, et lui cache encore aujourd'hui, la portée des formules d'entente de Sazonow des 30 et 31 juillet, qui, même au dernier moment, eussent empêché la guerre d'éclater. Le système des fossoyeurs est le plus faux et le plus funeste que l'on puisse employer quand il s'agit de rechercher la vérité historique. Il est funeste non seulement pour la recherche de la vérité elle-même, mais encore pour celui qui y recourt, parce qu'il le fait soupçonner de déloyauté !

Je ne suivrai pas ce système. *Je n'ai rien à craindre des rapports d'ambassade belges pour mes thèses accusatrices.* J'aurais

— au contraire — à redouter des attaques si je laissais de côté ces matériaux, qui ont *l'air* de charger les puissances de l'Entente et de décharger les puissances centrales. On m'accuserait de partialité, et on chercherait ainsi à faire perdre à mon accusation une partie de son poids accablant.

Je déplore au plus haut point et je tiens pour une grave faute politique le fait que les puissances de l'Entente et le gouvernement belge n'ont pas réagi du tout ou n'ont qu'insuffisamment réagi contre la publication allemande. Justement dans l'intérêt de l'établissement de la vérité. Le gouvernement belge, surtout, aurait eu pour devoir de soumettre cette publication à une étude critique, d'en relever les défauts et les lacunes, de combler ces dernières autant que possible, d'expliquer et de justifier les jugements de ses ambassadeurs d'après les temps, les circonstances et les personnalités — bref, d'opposer au tableau, défavorable à première vue, que crée la publication allemande, un tableau contraire, explicatif et complémentaire, de nature à atténuer ou même à faire disparaître tout à fait l'impression fâcheuse que laisse cette publication.

Rien de pareil, à ma connaissance, n'a été fait jusqu'ici ni par le gouvernement belge ni par les gouvernements ententistes. J'ai donc dû — le premier, pour autant que je sache, parmi les écrivains de guerre que n'a pas influencés l'Allemagne — me livrer au pénible travail d'examiner, d'éplucher la publication allemande, d'en rechercher la valeur probante pour l'histoire des antécédents éloignés de la guerre. Comme je n'ai pas le bonheur d'être inspiré, appuyé ou fourni de matériaux par un gouvernement quelconque, j'ai été réduit à l'étude des documents eux-mêmes, et j'ai dû borner mes conclusions à ce que ces documents *contiennent* et à ce qu'*ils ne contiennent pas*.

Pour compléter ces pièces, j'ai pu, il est vrai, faire servir à mon but *les deux Livres gris belges*, celui de 1914 et celui de 1915 (Paris, librairie Hachette & Cie), ainsi que le livre du dernier ambassadeur belge à Berlin, du futur président du Ministère, *Baron Beyens : L'Allemagne avant la guerre* (G. van Oest & Cie, 1915). Si les rapports d'ambassade belges d'*avant* la guerre nous sont servis comme documents probants, il doit être permis de faire intervenir aussi avec le même droit et avec la même force probante des pièces belges du temps qui a précédé *immédiatement* le conflit. Si le gouvernement allemand ne produit, à l'effet de fournir ses preuves, *que onze* rapports du baron Beyens, qui a cependant rempli pendant deux ans les fonctions d'ambassadeur, — et clôt ses citations par un rapport du 2 juillet 1914, donc *d'un mois antérieur à l'explosion de la guerre*, — il doit être permis de s'appuyer sur un livre de ce diplomate qui donne, dans un exposé continu et détaillé, ses impressions sur la politique allemande et la situation de l'Allemagne pendant les dernières années de paix, *jusqu'au moment où la guerre a éclaté.*

Les matériaux dont je m'occuperai ci-dessous comprennent donc :

I. Les *Belgische Aktenstücke 1905-1914*, publiés par le gouvernement allemand.
II. Le *Livre gris* belge de 1914.
III. Le *Livre gris* belge de 1915.
IV. Le livre ci-dessus indiqué du baron Beyens.

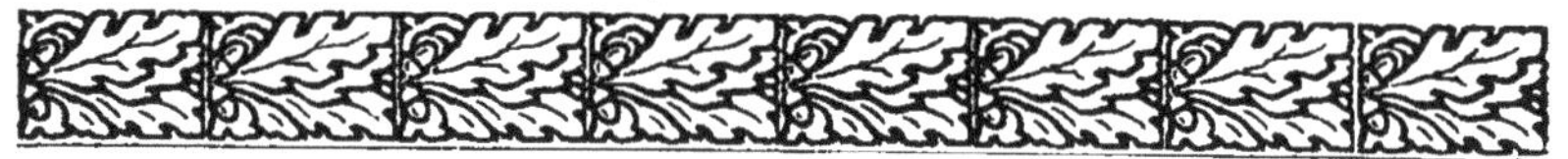

I

Les rapports d'ambassade belges.

Les défauts extérieurs des rapports.

Temps, lieu et nombre.

La collection publiée par le gouvernement allemand s'ouvre par un rapport de l'ambassadeur de Belgique à Londres, comte Lalaing, du 7 février 1905, et se ferme par un rapport de l'ambassadeur de Belgique à Berlin, baron Beyens, du 2 juillet 1914. La collection comprend en tout 119 rapports, qui se répartissent sur les années 1905-1914, soit sur 9 ans et 5 mois ou 113 mois. Comme il s'agit de *trois* ambassades, de celles de Londres, de Paris et de Berlin, que chaque ambassade a envoyé deux rapports par mois à Bruxelles — cette supposition reste certainement en dessous de la réalité — chacune de ces trois ambassades doit avoir envoyé pour le moins 226 rapports, et les trois ensemble pour le moins 678 rapports à Bruxelles. De ces 678 rapports (en réalité il y en a eu évidemment beaucoup plus), le gouvernement allemand n'en publie que 119, *soit un peu plus de la sixième partie.* Les cinq autres sixièmes, qui cependant, à ce que l'on doit admettre, ont été trouvés aux archives en série suivie avec les autres, ont été *supprimés.*

Il n'existe d'ailleurs, comme on le sait, pas seulement trois grandes puissances, l'Allemagne, la France et l'Angleterre, mais *encore trois autres*, la Russie, l'Autriche et l'Italie. Du moment que l'on attribue de la valeur aux rapports des ambassadeurs belges, il me paraît qu'ils sont au moins aussi importants, peut-être même plus importants encore, s'ils sont datés de Vienne, de Pétersbourg ou de Rome que s'ils le sont de Berlin, de Paris ou de Londres. *C'est précisément d'un conflit russo-autrichien qu'est sortie la guerre mondiale.* L'opposition des intérêts russes et autrichiens dans les Balkans a, à plus d'une reprise, conduit l'Europe à deux doigts de la guerre européenne pendant les années 1905-1914, où se placent les rapports belges. Si l'on veut répondre aux questions de culpabilité européenne par les tableaux que nous offrent les diplomates neutres des dispositions régnantes, on devrait au moins nous fournir le *tableau d'ensemble* qu'ont donné de la situation européenne les représentants de la Belgique auprès des six puissances principales, mais non la *tranche* du tableau que l'on voyait de Berlin, de Paris et de Londres. Si l'on admet que les trois ambassadeurs auprès des cours de Vienne, de Pétersbourg et de Rome ont envoyé au ministère des Affaires étrangères de Bruxelles, pendant les années en cause, le même nombre de rapports que nous avons admis en ce qui concerne les trois autres ambassades, nous arrivons à un *nombre total de 1356* rapports. Et, nous le répétons, ce nombre de 1356 n'est certainement qu'un minimum : pendant ces neuf ans et demi, il en a sans doute été expédié davantage de ces six villes à Bruxelles. Les 119 rapports publiés ne représentent donc *qu'à peu près le douzième* de l'ensemble de ces pièces.

Cette simple constatation statistique suffit pour enlever toute valeur probante à la collection de documents publiée par l'Allemagne. On se demande avec raison : Qu'y a-t-il dans les onze douzièmes laissés de côté de ces rapports ? Que contiennent, en particulier, les rapports de Vienne, de Pétersbourg et de Rome, qu'on a *complètement* escamotés ? *Pourquoi* a-t-on si radicalement supprimé les rapports de ces capitales ? Pourquoi n'a-t-on donné qu'un si petit choix des autres rapports ? La réponse est claire : on a trié ce qui était favorable au gouvernement allemand et à sa thèse de défense ; on a laissé de côté tout ce qui attestait l'amour de la paix, la volonté de paix, l'action ininterrompue des puissances de l'Entente en faveur de la paix, et, du même coup, faisait voir dans l'Allemagne et dans l'Autriche les trouble-paix et les chambardeurs européens. Il est à croire que les ambassadeurs de la Belgique à Vienne, à Pétersbourg et à Rome jugeaient avec plus de perspicacité la situation de l'Europe, et les intentions pacifiques ou belliqueuses des diverses grandes puissances, que leurs collègues de Berlin, de Paris et de Londres. On a fait parler les ambassadeurs qui étaient favorablement disposés pour la Triplice, mais on a fermé la bouche à ceux que leurs sympathies portaient de l'autre côté. Si l'on *n'avait pas eu*, en réunissant les rapports d'ambassade à publier, cette tendance à la falsification, on aurait reproduit des rapports caractéristiques *des six capitales sans exception* — quitte à faire parmi eux un choix partial, — mais *on n'aurait pas donné exclusivement* des impressions et des appréciations de Berlin, de Paris et de Londres.

Le système est, encore ici, celui que nous rencontrons partout dans la littérature apologétique allemande. De même que M. Helfferich s'efforce de faire sortir la culpabilité des *puissances de l'Entente* uniquement de leurs documents diplomatiques, — de même que M. Schiemann ne fait entrer en ligne de compte pour sa démonstration que les antécédents *éloignés*, et laisse complètement de côté l'histoire proprement dite du crime, — de même qu'un autre de mes adversaires cherche à prouver point par point la fragilité de mes thèses accusatrices (en vérité par des moyens tout à fait insuffisants et sans aucun succès), mais fait soudainement halte, *parce qu'il ne se sent pas appelé, dit-il, à imputer la faute aux puissances de l'Entente* (de sorte que selon ce sage parmi les sages il ne reste personne que l'on puisse dire coupable, et que c'est « le lapin qui a commencé ») — de même que chacun de ces défenseurs de l'Allemagne s'est arrangé son propre système de triage et de nettoyage, système artificiel et astucieux, pour faire de nègres des blancs, — le gouvernement allemand recourt à cette méthode éprouvée en publiant les rapports des ambassadeurs belges. Il ne donne pas un tout, mais des coupures et des extraits, une *partie presque imperceptible du tout*, groupée d'une manière arbitraire et tendancieuse ; il donne un mélange confus de couleurs, un griffonnage formé de traits sans relation les uns avec les autres, après quoi il s'écrie triomphalement, « Voyez, c'est là un tableau ; c'est *le* tableau de l'encerclement, de l'isolement, de l'étranglement, de l'agression belliqueuse projetée, de la grande épée de Damoclès qui était suspendue depuis des années sur la tête du pacifique peuple allemand. »

Les auteurs des rapports.

Mais l'examen statistique de la collection de documents publiée par l'Allemagne donne encore d'autres et intéressants résultats. Pendant les années 1905 à 1912, la Belgique fut représentée à Berlin par le *baron Greindl*, personnalité particulièrement en vue de la diplomatie de ce pays, mais qui, par son origine, par ses relations de famille, par un séjour prolongé à Berlin, et par un commerce intime avec les milieux de la cour et les cercles militaires allemands, s'était imbu peu à peu de leurs opinions et ne se distinguait plus guère, au fond, d'un nationaliste allemand. Nous avons déjà vu ailleurs l'influence des idées de Schiemann sur la manière de penser de ce diplomate belge, et constaté avec quelle admiration ce dernier reconnaissait — sans aucune réserve critique quelconque — le talent, la sagacité et la grande influence du publiciste de la *Kreuzzeitung* [1]. Quand on lit les rapports de Greindl, on pourrait se croire en présence des articles de tête de quelque feuille pangermaniste. Tous les mots d'ordre de la littérature pangermaniste reviennent constamment sous la plume de Greindl : la soif de revanche de la France, l'envie commerciale de l'Angleterre, la poussée conquérante des Panslaves ; la pacifique Triplice, qui a conservé la paix à l'Europe pendant un demi-siècle ; l'arrogante, encerclante, provocante Triple-Entente, qui a sans cesse conduit l'Europe au bord de la guerre ; les tendances militaristes et nationalistes des Poincaré, des Millerand, des Delcassé et consorts ; la déloyauté, la perfidie de la politique anglaise, qui trouve son plus grand plaisir à exciter les puissances continentales les unes contre les autres pour cuire sa soupe aux flammes de l'incendie — piquant brouet dont le cuisinier fatal est le roi Édouard, oncle jaloux et envieux d'un neveu plus capable que lui — tout cela nous est consciencieusement servi par le baron Greindl, comme si cela avait été préparé dans la cuisine de sorcière de quelque Pangermaniste. Rien d'étonnant que MM. de Bethmann et de Jagow aient salué d'un cri de triomphe tout particulier la découverte des rapports Greindl, et en aient fait le pivot de toute leur publication.

Écoutez et ébahissez-vous : de la période pendant laquelle Greindl a été en fonctions, soit de 1905 à 1912, on a publié en tout 91 rapports des trois capitales, et sur ce nombre *plus de la moitié*, soit 46, *émanent de Greindl* ; de l'année 1908, sur 14 rapports publiés, 11 sont de Greindl : de l'année 1909, 7 sur 9 sont de sa plume. L'année 1910 ne fournit qu'un rapport, et c'est naturellement un rapport de Greindl. Quand on forme une collection de documents d'une manière aussi exclusive et tendancieuse, on peut naturellement tout prouver. C'est tout à fait comme si le gouvernement français s'avisait de réunir les rapports que lui adressait Delcassé quand il représentait la France à Pétersbourg, pour dresser un réquisitoire contre l'Allemagne et l'Autriche. Que Greindl ne fût pas un observateur impartial, que ses

---

[1] Voir le *Crime*, vol. II, p. 22 sq.

rapports ne constituent pas — comme on le lit dans l'introduction de la collection allemande — « un exposé diplomatique objectif de la politique internationale avant l'explosion de la guerre », mais représentent, vus à travers des lunettes allemandes, unilatéralement et avec beaucoup d'erreurs, les événements, les projets et les courants des divers pays européens, c'est ce qui frappe tout de suite quiconque lit les élucubrations de cet ambassadeur d'un œil critique et connaît l'origine de ses mots à effet. Les gens à qui sont familiers les dessous de la vie diplomatique de Berlin pendant la décade d'avant la guerre, pourraient fournir toutes sortes de détails sur les relations personnelles du diplomate belge, sur les influences et les suggestions intellectuelles auxquelles il était soumis, et expliquer ainsi sa surprenante partialité en faveur de la cause nationale allemande, partialité doublée d'une cécité plus surprenante encore à l'égard de tous les incidents qui se déroulaient, de tous les courants qui se dessinaient sous ses yeux. Comme je me suis fait une règle stricte de ne jamais faire intervenir les anecdotes dans mes livres, mais de n'user que de documents, je laisse de côté ces indications sur la personne, pour examiner de plus près le jugement si étonnamment aveugle du diplomate belge. Son opinion, souvent répétée, que l'Allemagne a été l'asile de paix de l'Europe, tandis que la France, l'Angleterre et la Russie, sans avoir *voulu la guerre de propos délibéré*, ont cependant, *en fait, mis la paix en péril* — cette opinion a été démontrée à tel point erronée et fausse par les événements de 1914 qu'il n'est pas nécessaire de la réduire à l'absurde par d'autres preuves que les preuves documentaires.

Nous verrons au cours de cette enquête avec quelle légèreté Greindl passe sur les événements les plus importants dès qu'ils lui paraissent contredire sa thèse préconçue. De la seconde conférence de La Haye, des négociations anglo-allemandes en vue d'une entente, il ne dit presque rien — pour autant du moins que la publication allemande rend témoignage de ses indications. Car il serait possible aussi qu'il s'exprimât sur ces faits d'une manière défavorable à l'Allemagne, et que, pour cette raison, l'Office des Affaires étrangères ait laissé ces rapports dans l'ombre. Cette supposition n'a rien d'invraisemblable, car il se répand assez souvent aussi en considérations qui — à la différence de son thème fondamental — rendent en une certaine mesure justice aux gouvernements des puissances de l'Entente, et qui donnent occasionnellement la chiquenaude méritée aux dangereuses ambitions de l'Alldeutschland. Il est très intéressant de constater que ces pointes *occasionnellement* dirigées du côté allemand ne se rencontrent que dans les rapports de Greindl qui, pour le reste, renferment de vives attaques contre les gouvernements ou contre certains courants des pays de l'Entente. Ces attaques sont si bienvenues du gouvernement de Berlin et conviennent si bien au sombre tableau que celui-ci entreprend de dessiner de ses ennemis, qu'il a dû se résoudre à prendre parfois, par-dessus le marché, des remarques critiques contre l'Allemagne, afin de pouvoir utiliser en même temps à son profit les violentes sorties contre les puissances de l'Entente. En pareil cas, la publication allemande imprime *régulièrement les sorties contre les ennemis en énormes caractères gras*, mais dans son petit caractère habituel les remarques critiques contre l'Allemagne. Cette façon de procéder avec caractères gras et caractères ordinaires est aussi un des moyens qu'elle affectionne pour gagner à sa cause le lecteur non prévenu et superficiel [1]. Nulle part, dans toute la collection, ne se trouve un rapport de l'une des trois ambassades qui attaque le gouvernement allemand ou les courants militaristes et pangermanistes de l'Allemagne, *sans* renfermer en même temps une flétrissure beaucoup plus grave des courants correspondants dans les autres pays. Cela signifie et prouve donc que toute critique contre l'Allemagne est *systématiquement* supprimée dans la publication allemande ; elle n'y est admise que par exception, quand on ne peut faire autrement, quand on est obligé d'acheter au prix d'une levis macula contre l'Allemagne l'avantage d'une sévère condamnation des puissances de l'Entente. On peut, d'après cela, se faire une idée *de ce que peuvent renfermer contre l'Allemagne les rapports non publiés des six capitales européennes, rapports qui, d'après le calcul ci-dessus, doivent former une collection d'au moins 1237 pièces.*

Les intervalles.

Je dois rendre attentif à un autre point encore qui, conjointement avec les motifs que je viens d'exposer, contribue à réduire à zéro la valeur probante des rapports d'ambassades. Je veux parler des *longs intervalles* qui, sans raison visible, interrompent

---

[1] Pour combattre avec ses propres armes l'Office des Affaires étrangères de Berlin, je ferai toujours — en opposition au système de la publication allemande — et en reproduisant ci-dessous les *Belgische Aktenstücke*, ressortir exclusivement, en les imprimant en italiques, les passages qui *me* paraissent particulièrement importants et intéressants.

en beaucoup d'endroits la série des rapports venus de Berlin, de Paris et de Londres.

Ceux qui s'intéressent à cette enquête critique pourront constater eux-mêmes ces intervalles dans les *Belgische Aktenstücke*. Je n'en veux signaler ici que quelques-uns d'une longueur extraordinaire. Entre le rapport envoyé de Londres le 28 juillet 1906 par le comte Lalaing, et le rapport de M. Leghait, daté de Paris 4 février 1907 (n°s 20 et 21 de la collection), il y a un espace de non moins de *six mois*. Aucun rapport d'ambassade n'est publié, qui soit parvenu à Bruxelles pendant ce temps. C'était l'époque où se préparait la *deuxième conférence de La Haye*, qui, comme on le sait, se réunit en juillet 1907, et au succès de laquelle le gouvernement anglais, présidé par Campbell-Bannerman s'était énergiquement employé. (Voir *J'accuse*, p. 65-68.) On sait que la Russie, après l'échec de ses efforts en vue de la limitation des armements à la première conférence de La Haye, n'avait pas fait figurer cette question au projet de programme pour la deuxième, qu'ensuite, sur le désir et la demande de l'Angleterre, la question des armements avait, il est vrai, été portée au programme, mais que, par suite de l'opposition de l'Allemagne, la conférence n'avait engagé aucune discussion à ce sujet, et s'était contentée d'une *résolution platonique*. Le gouvernement libéral anglais avait — comme prélude, pour ainsi dire, à la deuxième conférence — réduit *volontairement* les projets de constructions navales accordés au cabinet Balfour, afin de donner le bon exemple aux puissances férues de concurrence maritime, en particulier à l'Allemagne, et d'influencer favorablement les négociations qui allaient s'ouvrir à La Haye sur la limitation générale des armements.

A ce sujet, le comte Lalaing mande ce qui suit :

N° 20.

Londres, le 28 juillet 1906.

Monsieur le Baron,

Après les réductions dans l'armée proposées à la Chambre voici le tour de la marine, dans laquelle aussi on cherche à effectuer des économies. Modifiant les plans arrêtés par le Gouvernement de M. Balfour, le Cabinet actuel est d'avis de construire trois cuirassés du type Dreadnought au lieu de quatre, deux contre-torpilleurs au lieu de cinq, et huit sous-marins au lieu de douze, soit d'encourir une dépense de £ 6,800,000 au lieu de £ 9,300,000, et d'arriver à alléger le budget des années prochaines de £ 2,500,000. *On annoncerait cette décision à La Haye, pour prouver que l'Angleterre est favorable au désarmement naval et à la limitation des dépenses ; elle continuerait dans la voie des économies si son exemple trouvait de l'écho et des imitateurs à la Conférence de la Paix en 1907. Dans le cas contraire, on construirait plus de vaisseaux.*

Mais, pour faire adopter ce plan, le Ministre de la Marine s'est trouvé obligé de déclarer que si son programme était approuvé par la Chambre, les forces navales de la Grande-Bretagne seraient encore supérieures à celles des deux autres plus grandes marines du monde, et que l'Angleterre resterait sans rivale sur mer. Sa généreuse initiative dans la voie des réformes est singulièrement diminuée par le fait qu'elle ne court aucun risque et qu'elle compte bien rester, après comme avant, maîtresse de l'Océan.

Que les Etats-Unis ou l'Allemagne surtout refusent à La Haye d'adopter les vues préconisées par les délégués anglais, on ne manquera pas de jeter sur ces nations la *responsabilité de l'échec infligé aux idées humanitaires de l'Angleterre, et du nouvel apôtre de la paix, Sir Henry Campbell-Bannerman.*

Comte DE LALAING.

De ce rapport, indiscutablement élogieux pour le gouvernement anglais, le gouvernement allemand imprime naturellement en caractères gras les phrases où l'ambassadeur constate que l'Angleterre conservera la supériorité sur mer et ne court que peu de risques par cette généreuse initiative. En revanche, tout ce que j'ai mis en relief en l'imprimant en italiques est imprimé en caractères ordinaires : l'intention de l'Angleterre de donner le bon exemple aux autres puissances en réduisant volontairement les armements navals, les idées « humanitaires » de l'Angleterre et de son nouvel apôtre de paix Campbell-Bannerman, etc. Voilà un exemple *du système de falsification* de la Wilhelmstrasse *par la typographie.* Mais je voulais relever ici le fait seulement qu'après ce rapport du comte Lalaing il y a un *intervalle de six mois* dans la collection des documents publiés par l'Allemagne. Il n'est sans doute pas téméraire d'attribuer cette interruption au fait que, dans ce laps de temps, des rapports favorables sont parvenus au gouvernement de Bruxelles sur la position des puissances de l'Entente à l'égard de la deuxième conférence de La Haye et des rapports défavorables sur celle de l'Allemagne et de l'Autriche.

On sait, et j'ai exposé en détail dans *J'accuse* et dans *Le Crime* avec quelle froideur le gouvernement allemand d'alors — par la bouche du prince de Bülow — et tous les cercles dirigeants d'Allemagne se sont comportés à l'égard de la conférence. On peut supposer que ces attitudes différentes de la Triplice et de la Triple-Entente à l'égard de l'œuvre de La Haye se reflétaient dans les rapports des ambassadeurs belges, et que l'on a évidemment voulu supprimer les remarques auxquelles elles donnaient lieu — pour les mêmes motifs qui ont inspiré toute la collection allemande. Presque partout où se produit une interruption d'une longueur inusitée dans la publication, on peut établir que justement alors se sont déroulés des événements européens dont l'examen attirait aux puissances centrales une note défavorable de la part des ambassadeurs belges. Cela encore est une preuve du caractère tendancieux de la collection, une raison de plus de ne lui attribuer aucune valeur.

De la période du 1ᵉʳ juillet au 11 octobre 1907 — donc de celle où siégeait la deuxième conférence de La Haye — nous trouvons *trois rapports seulement* (nᵒˢ 36, 37 et 38), un du 1ᵉʳ juillet du baron Greindl, deux d'août et d'octobre, de l'ambassadeur à Londres et de son représentant. Le rapport de Greindl *ne fait aucune mention de la conférence qui allait s'ouvrir à La Haye ;* en revanche, il parle longuement de la réception de M. Etienne à Kiel et à Berlin, de l'entrée en charge du nouvel ambassadeur, Jules Cambon, qui, cela est visible, « a le désir d'améliorer les relations de son pays avec l'Allemagne », etc.

Nᵒ 36.

Berlin, le 1ᵉʳ juillet 1907.

.....Quel qu'ait été le sujet de la conversation, un fait est certain, c'est que Sa Majesté a accueilli M. Etienne de la manière la plus aimable et que celui-ci en a été très agréablement impressionné. Sa Majesté reçoit du reste toujours avec une distinction très marquée tous les Français qui se présentent à Elle.

De Kiel M. Etienne s'est rendu à Berlin où il a eu un très long entretien avec le Chancelier. Une petite notice publiée par les journaux et évidemment inspirée dit que le Prince de Bülow aura sans doute été charmé par la personne de l'homme d'Etat éminent qui lui a rendu visite et que l'accueil amical et flatteur que M. Etienne a trouvé à Berlin aura correspondu à celui que l'Empereur a réservé à Kiel à ses hôtes français.

Il est visible que le nouvel ambassadeur de France à Berlin, M. Cambon, a le désir d'améliorer les relations de son pays avec l'Allemagne et il y a lieu de croire qu'il a présenté des propositions concrètes ou qu'il se propose d'en faire, lorsqu'il jugera le moment favorable.

En effet M. Cambon sans me faire aucune confidence, m'a dit récemment qu'il *regrettait de trouver le gouvernement allemand toujours en défiance envers la France.* Peu de temps auparavant M. de Mühlberg m'avait dit que M. Cambon s'était exprimé dans le même sens avec lui et qu'il ne demandait pas mieux que d'être confiant, si la France prouvait sa sincérité par des faits. Le regret exprimé par M. Cambon n'aurait pas de raison d'être, si l'ambassadeur de France n'avait pas fait ou essayé de faire des ouvertures sur quelque point déterminé.

Le voyage de M. Etienne à Kiel et la manière dont il y a été reçu, sont donc à noter comme des symptômes, dont il ne faut toutefois pas exagérer l'importance. Des relations correctes entre Berlin et Paris sont le maximum de ce qui peut être obtenu. Pour un rapprochement vrai et durable il faudrait ne plus penser à la revanche et il n'y a pas un Français, même parmi les plus sages et les plus pacifiques, qui n'en conserve l'espoir au fond du cœur.

GREINDL.

On le voit : pas question de La Haye. Mais on voit aussi par ce petit extrait que Greindl — tout à fait comme Schiemann et consorts — rattache à toute déclaration et à toute action pacifique des Français des intentions secrètes et diaboliques. Un éminent homme d'Etat français se rend en messager de paix auprès de l'empereur et du gouvernement allemands ; un ambassadeur français assure à qui veut l'entendre que son seul désir est d'améliorer les relations de son pays avec l'Allemagne et de dissiper toute méfiance : M. Greindl met instamment en garde contre une appréciation trop favorable de ces incidents et fait, à cet.e occasion, surgir à l'arrière-plan la pensée de revanche des Français.

Dans les rapports de Londres d'août et d'octobre 1907, il est, à vrai dire, question de la conférence de La Haye, mais tout à fait accessoirement, et en quelques mots qui ne signifient rien (j'en compte en tout dix-sept). Je reproduis ci-dessous les alinéas où ils se trouvent pour donner une idée de la façon dont les événements européens les plus importants se reflètent dans la collection allemande de documents belges :

N° 37.

Londres, le 10 août 1907.

.....La *Tribune*, organe des pasteurs non-conformistes et des radicaux humanitariens, signale avec mélancolie le fait que les escadres françaises et espagnoles bombardaient Casablanca au moment même où la *Conférence de La Haye* adoptait une déclaration tendant à défendre le bombardement des ports ouverts.....

N° 38.

Londres, le 11 octobre 1907.

.....Espérons plutôt, ajoute perfidement le *Times*, que l'on regrette à Berlin l'attitude hostile adoptée lors de la guerre des Boers. Nous sommes prêts à pardonner, mais pas à oublier cet incident, pourvu que le repentir soit sérieux, ce que rien dans l'attitude allemande au Maroc ou à *La Haye* n'a prouvé jusqu'ici. S'il veut montrer sa sincérité, que le Chancelier fasse à nos amis les Français des avances analogues à celles qu'il nous prodigue aujourd'hui. Sir Edward Grey a dit que des bonnes relations entre l'Allemagne et la France dépend l'amélioration des rapports entre l'Allemagne et l'Angleterre.....

A part ces deux passages, je trouve la conférence de La Haye mentionnée encore deux fois dans les rapports de Greindl écrits à une date postérieure : dans le n° 44, du 6 mai 1908, et dans le n° 47, du 30 mai 1908. Voici ces passages :

N⁰ 44.

Berlin, le 6 mai 1908.

.....Immédiatement après l'assassinat de ses ressortissants à Casablanca et sans avoir aucune raison de croire que le gouvernement marocain négligerait de rechercher et de punir les coupables, le gouvernement français a riposté par un procédé plus odieux encore que celui des assassins, bombardant une ville ouverte, massacrant des femmes et des enfants, ruinant des commerçants inoffensifs, au moment même où ses délégués *à La Haye* prononçaient vertueusement de beaux discours humanitaires.....

N⁰ 47.

Berlin, le 30 mai 1908.

.....Les déclarations pacifistes obligées et qui seront sans doute répétées à Reval signifient bien peu de chose émanant de trois puissances qui, comme la Russie et l'Angleterre, viennent avec des succès divers d'entreprendre sans autre raison que le désir de s'agrandir et même sans prétexte plausible, les guerres de conquête de la Mandchourie et du Transvaal ou qui comme la France procède en ce moment même à l'envahissement du Maroc au mépris de promesses solennelles et sans autre titre que la cession des droits de l'Angleterre qui n'en possédait aucun. Ce sont les mêmes puissances qui, en compagnie des Etats-Unis, sortant à peine de la guerre de spoliation contre l'Espagne, se sont montrées *ultra-pacifistes à La Haye*.....

On voit tout le profit que M. Greindl a retiré de l'enseignement des Pangermanistes. Sa plaisanterie sur les « beaux discours humanitaires » de La Haye, sur les puissances de l'Entente, qui s'y seraient montrées «ultra-pacifistes», est du pangermanisme bon teint. Messieurs Keim, Class, Bernhardi, Reventlow, Bassermann & Cie n'auraient pu exprimer mieux que le diplomate belge leur mépris pour les efforts faits à La Haye.

Voilà tout ce que j'ai trouvé dans les documents belges sur l'événement d'importance mondiale qu'a été la deuxième conférence de La Haye. On voit combien riche, inappréciable et fidèle à la vérité est le « matériel de sources pour la préhistoire de la guerre » que nous offre la collection allemande. J'ignore naturellement si les Belges ont écrit davantage sur La Haye. Si c'est le cas, ils sont excusés, mais l'Office des Affaires étrangères de Berlin est d'autant plus chargé — chargé du reproche d'une falsification dont auraient à se plaindre non pas tant les lecteurs et les critiques, que les ambassadeurs belges si cruellement maltraités.

*　*　*

Une *autre longue interruption* dans la collection des rapports — interruption de plus de trois mois, d'octobre 1907 à janvier 1908 — tombe justement sur l'époque où l'empereur d'Allemagne fit avec l'impératrice une assez longue visite en Angleterre, descendit au château dè Windsor, fut acclamé par le public et la presse de la manière la plus sympathique, et, dans son fameux discours de Guildhall, donna une si éloquente expression à ses sentiments amicaux pour l'Angleterre et les Anglais. L'accueil fait au couple impérial allemand par la cour et par le peuple du Royaume-Uni dénotait clairement que ni le roi Édouard ni son gouvernement ne méditaient de mauvais desseins contre l'Allemagne, et qu'on n'éprouvait de l'autre côté du canal aucune haine, aucune antipathie pour les cousins allemands. Il est fort possible que ces symptômes rassurants aient été relevés dans les rapports d'ambassade belges d'alors. Mais ces traits s'accordaient mal avec le tableau d'ensemble que les auteurs de la collection allemande avaient entrepris de dessiner. De là la longue interruption dans les rapports. Quiconque lit attentivement la collection peut être certain que toujours, s'il constate une interruption plus ou moins longue entre ces pièces, c'est qu'il s'est produit alors un événement important de nature à jeter ou bien un jour favorable sur les tendances des puissances de l'Entente, ou bien un jour défavorable sur celles de l'Allemagne. Pour s'épargner cette impression fâcheuse, on a recouru au moyen le plus simple : on a laissé de côté les rapports qui ne plaisaient pas.

*　*　*

Le rapport du chargé d'affaires à Paris, Leghait, en date du 20 juillet 1908 (n° 51) est suivi d'une interruption *de plus de deux mois et demi*. Ce rapport est à bien des égards intéressant. M. Fallières venait de partir pour son voyage en Russie et sa visite aux cours du Nord, en compagnie de son ministre des Affaires étrangères, Pichon. Un mois auparavant, le roi Édouard s'était rencontré avec le tsar Nicolas sur la rade de Reval. C'est dans cette rencontre de Reval que — à ce que prétend la légende pangermaniste — fut tramé le *grand complot d'agression des puissances de l'Entente* contre l'Allemagne et l'Autriche. Cette légende est détruite par le rapport suivant du chargé d'affaires à Paris, pour autant qu'on peut tenir pour moyens de preuve les rapports d'ambassade belges :

N° 51.

Paris, le 20 juillet 1908.

Monsieur le Ministre,

Le Président de la République a quitté la France le 18 de ce mois pour rendre officiellement visite à l'Empereur de Russie et aux Rois de Suède, de

Danemark et de Norvège. M. Fallières, s'inspirant de l'idée essentielle de la politique extérieure de la France et des vœux de l'opinion publique, avait à cœur de saluer le chef de la nation amie et alliée. En même temps le Président rendra aux Souverains de Danemark et de Norvège la visite qu'ils lui ont faite et profitant de sa présence dans ces régions, il ira saluer le Souverain de la Suède.

Le voyage de M. Fallières, basé sur des motifs de courtoisie, a en même temps un caractère politique qui ne manque pas d'importance en ce moment où le groupement des puissances est l'objet de toutes les préoccupations.

La France inféodée à la politique anglaise a voulu prêter à celle-ci un solide concours auprès des puissances du Nord. S'il n'est peut-être pas question pour le moment d'une nouvelle triple alliance, on voudrait du moins empêcher un groupement trop intime de ces pays sous l'égide de l'Allemagne. *Appuyée sur cette base, la France proclame hautement que le maintien de la paix est le but de sa politique* et M. Pichon, aux cours qu'il va visiter, comme il l'a fait ici, ne cessera de le répéter en affirmant que la diplomatie française pratiquera, fidèle à ses alliances, amitiés et engagements, *une politique d'entente entre tous et de conciliation générale des intérêts.* Il cherchera à démontrer que cette politique *n'a pas pour but d'opposer les puissances les unes aux autres ni d'opposer la France à aucune d'elles.*

Il est certain que la politique française est inspirée par des idées pacifiques, mais, entraînée dans l'orbite de l'Angleterre, la France pourra-t-elle toujours maîtriser les événements et éviter que des froissements dangereux se manifestent au delà du Rhin ?

LECHAIT.

On ne saurait imaginer confirmation plus nette des tendances pacifiques de la politique française. Le diplomate belge ne craint aucune velléité belliqueuse du côté de la France ; il craint seulement que « des froissements dangereux se manifestent au delà du Rhin » par suite de la collaboration toujours plus intime des puissances de l'Entente — on sait que la convention relative à l'Entente avait été conclue en été 1907 entre l'Angleterre et la Russie. Cette pensée maîtresse de la diplomatie belge, qui traverse tous les rapports d'ambassade, pareille à un fil rouge, il faut en prendre note soigneusement. *En elle-même, l'Entente ne nourrit nullement des intentions offensives ;* elle constitue seulement *une alliance défensive contre les aspirations dangereuses que pourrait avoir l'Allemagne,* un moyen de maintenir l'équilibre européen et par là la paix européenne en opposant Triple-Entente à Triplice. Cette pensée maîtresse concorde absolument avec la thèse de mon livre: « La Triple-Entente, alliance défensive[1]. » Le gouvernement allemand n'a donc aucune raison de produire les rapports d'ambassade belges comme preuve de sa thèse contraire : « La Triple-Entente, alliance offensive. » Or, cette dernière thèse seule servirait à justifier le gouvernement allemand. Non pas, bien entendu, à justifier sa prétention de mener une *guerre défensive,* car celle-ci suppose une agression de

---

[1] Voir *J'accuse,* p. 90.

fait, mais bien à justifier la prétention qu'il n'élève pas expressément, mais qu'il laisse partout percer, et qu'il fait soutenir par ses défenseurs : celle de mener une *guerre préventive*, c'est-à-dire d'avoir été obligé de prévenir une attaque projetée par les autres. Nulle part, dans les rapports d'ambassade belges, il n'est question de pareille *intention agressive* des puissances, de l'Entente. Nous reviendrons plus en détail encore sur ce point.

La crise bosniaque.

Entre le 20 juillet et le 8 octobre 1908, nous constatons, ainsi que nous l'avons déjà fait remarquer, une interruption de plus de deux mois et demi, et immédiatement après cette dernière date, nous en constatons une autre d'à peu près *trois mois et demi*, soit jusqu'au 19 janvier 1909. Nous nous demandons le motif de ce surprenant silence des ambassadeurs belges — ou plutôt de la collection allemande — et nous trouvons que, dans cet intervalle, la *crise bosniaque* a éclaté ensuite de l'annexion proclamée par l'Autriche. Dans cette période critique, où l'égoïsme et l'intransigeance de l'Autriche ont déjà conduit l'Europe à deux doigts de la guerre, les diplomates belges n'ont sans doute pas adressé précisément des mots aimables au cabinet de Vienne et à son fidèle secondant, celui de Berlin : car conflit européen a toujours été pour la Belgique synonyme de péril pour sa neutralité et pour son indépendance. Les messieurs de Berlin qui avaient à préparer cette collection n'ont évidemment pas lu avec plaisir les remarques des rapports. On s'en est débarrassé en ne les reproduisant pas. De là justement l'interruption hautement suspecte dans cette période si riche en événements.

Dans le n° 52, du 8 octobre 1908, rapport qui émane du chargé d'affaires à Paris, il est déjà question du *fait accompli de l'annexion*, mais en même temps d'une *proposition russe de conférence* en vue du maintien de la paix européenne. Le rapport dit à ce propos :

N° 52.

Paris, le 8 octobre 1908.

Monsieur le Ministre,

Pour faire suite aux renseignements que j'ai eu l'honneur de vous adresser par ma lettre d'hier, je m'empresse de vous transmettre ci-joint divers articles du journal le *Temps* de ce jour relatifs à l'incident des Balkans. La déclaration de M. Isvolsky est tout particulièrement intéressante, vu surtout qu'il en a lui-même affirmé l'exactitude. Il ressort de cette déclaration que les informations que je vous ai données hier au sujet du but poursuivi par *la Russie en proposant la réunion d'une conférence* étaient bien fondées.

La Russie veut déchirer le traité de Berlin qui a été dirigé contre elle et elle compte être appuyée en cela par la France et l'Angleterre, mais on se demande si l'Allemagne laissera détruire impunément l'œuvre du prince de Bismarck.

Il résulte des entretiens que j'ai eus avec divers ambassadeurs que l'on considère la question actuelle comme très délicate, très compliquée et très difficile à résoudre.

Il ne sera pas aisé d'arriver à réunir une conférence et on ignore quel sera l'accueil qui sera réservé à l'invitation lancée par la Russie. Cet accueil dépendra du programme et l'accord sur celui-ci sera fort laborieux à cause du *fait accompli* en présence duquel on se trouve et des « compensations » que l'on réclame de toute part. Toutefois on semble espérer que toutes les puissances accepteront la conférence, car, me disait-on, le *désir du maintien de la paix est si unanime et si profond qu'il dominera tout.*

LEGHAIT.

Dans ce rapport, il faut relever particulièrement le fait que la Russie, de même que toutes les autres puissances, était animée de l'inébranlable désir de maintenir la paix européenne, et de ne pas laisser sortir une guerre mondiale de l'acte de violence de l'Autriche — l'annexion de la Bosnie. *La proposition russe d'une conférence des puissances, proposition qui échoua alors aussi devant l'opposition de l'Allemagne et de l'Autriche,* prouve que la Russie et les puissances qui lui étaient amies, la France et l'Angleterre, cherchèrent alors, en 1908, à maintenir la paix avec le même zèle et avec les mêmes moyens qu'en 1914. Le trouble-paix était alors, comme aujourd'hui, exclusivement l'Autriche-Hongrie, incitée et appuyée par sa puissante amie et alliée, l'Allemagne. Ce qu'a été alors l'annexion de la Bosnie et de l'Herzégovine, l'ultimatum et la déclaration de guerre l'ont été en 1914. De même qu'alors l'Autriche refusa net toute médiation européenne — soit par une conférence, soit de quelque autre manière — et réclama simplement la reconnaissance de l'annexion par les autres puissances et la Serbie, de même le gouvernement de Vienne refusa nettement en 1914 aussi — jusqu'au 31 juillet, jour de la remise des ultimatums allemands — toute médiation des grandes puissances, sous n'importe quelle forme, toute négociation *objective* sur le contenu de son ultimatum, toute conférence des puissances ou décision arbitrale, et prétendit régler à son gré son conflit avec la Serbie, sans égard aux conséquences européennes. Le parallèle entre 1908 et 1914 s'impose à l'esprit. La façon dont prennent position les puissances centrales d'un côté, les puissances de l'Entente de l'autre, est absolument identique dans les deux cas. Il y a seulement cette différence qu'alors, en 1908, l'acte de violence réussit, que tous les autres s'inclinèrent, tandis qu'en 1914 la mesure de l'orgueil autrichien était comble à déborder, et que l'Allemagne, instigatrice et excitatrice de l'Autriche, préféra cette fois l'explosion de la guerre au maintien de la paix.

Il se peut que les ambassadeurs belges aient consigné dans leurs rapports des réflexions de cette nature sur la politique que pratiquèrent alors les puissances impériales : de là cette surprenante interruption dans la collection allemande.

* * *

La crise bosniaque est mentionnée plus tard encore, dans quelques rapports, au moment où elle tirait à sa fin. Le *rapport de Greindl*, du 17 février 1909 (n° 55), sur lequel j'ai déjà attiré ailleurs l'attention — pour caractériser Schiemann et faire voir la communion d'idées entre le publiciste prussien et le diplomate belge —, traite de la visite que firent alors le roi et la reine d'Angleterre à Berlin, et mentionne les conversations que le sous-secrétaire d'Etat anglais Hardinge eut avec les hommes d'Etat allemands au sujet de la crise bosniaque :

N° 55.

Berlin, le 17 février 1909.

.....Les conversations de Sir C. Hardinge avec le chancelier et avec le secrétaire d'Etat des Affaires étrangères ne sont pas sorties des généralités. On a reconnu de part et d'autre *qu'il fallait faire les plus grands efforts pour empêcher que la question des Balkans n'aboutisse à la guerre.* Une déclaration dans ce sens était pour ainsi dire obligatoire. Elle n'a donc pas grande portée. Ce qui est plus significatif est qu'*on s'est trouvé d'accord sur la nécessité de réunir une conférence,* non pour reviser mais pour enregistrer le résultat des négociations pendantes entre les puissances les plus directement intéressées. *Sir C. Hardinge s'est donc placé au point de vue autrichien.*

Il a été convenu que de part et d'autre on se déclarerait satisfait du résultat de l'entrevue de Berlin. C'est dans ce sens qu'ont été rédigées les communications adressées aux journaux.

Jusqu'à un certain point, du côté allemand, cette satisfaction est réelle. On a su gré à Sir C. Hardinge de n'avoir fait aucune allusion aux questions brûlantes. Il n'a parlé ni de la limitation des armements maritimes ni du chemin de fer de Bagdad.....

Ces phrases de Greindl prouvent que le gouvernement anglais était aussi préoccupé alors du maintien de la paix que le gouvernement russe, *qu'il se plaça même directement au point de vue autrichien,* et que, *comme en 1914, c'est dans une conférence des puissances* qu'il voyait le meilleur moyen de sortir de la crise. Ce rapport de Greindl réduit à néant la légende récemment mise en circulation par le gouvernement allemand, à savoir que l'Angleterre avait pris alors une attitude visant non pas au maintien, mais à la rupture de la paix européenne. J'ai déjà fait voir ailleurs l'inanité de cette dernière tentative d'accusation, qui se meut tout à fait dans les eaux de Schiemann. Si les rapports d'ambassades belges ont la valeur probante que le gouvernement allemand se plaît à leur attribuer, ils témoignent en faveur de l'Angleterre et de ses amies de l'Entente, et prouvent que ces puissances ont tout fait, pendant l'hiver de 1908-1909, pour maintenir la paix, et que par conséquent le complot soi-disant tramé à Reval en juin 1908 n'est qu'*une invention et un mensonge de l'Allemagne*.

Dans un rapport, en date du 1er avril 1909, Greindl jette un coup d'œil en arrière sur cette crise d'annexion qui venait d'être définitivement réglée grâce à l'esprit de conciliation de la Russie et de la Serbie, et écrit à ce propos les phrases suivantes :

N° 58.

Berlin, le 1er avril 1909.

.....Quoique l'imbroglio des Balkans, plus que médiocrement traité par la diplomatie européenne, ait été fécond en revirements et en surprises, on s'accorde néanmoins à le considérer comme *virtuellement terminé par la démarche que la Serbie a faite hier à Vienne.*

Le gouvernement serbe reconnaît que l'annexion de la Bosnie ne porte pas atteinte à ses droits ; il promet de renoncer à son attitude de protestation ; de mettre son armée sur pied de paix, de licencier ses volontaires et ses bandes et de s'efforcer de vivre en bonne harmonie avec l'Autriche-Hongrie. A Vienne on s'était engagé à se déclarer satisfait de cette communication dont les termes avaient été arrêtés d'accord avec le Baron d'Aehrenthal. S'il n'y avait pas eu d'arrière-pensée, on eût dû l'être aussi partout *puisque c'est sur les conseils pressants et unanimes des puissances que le gouvernement serbe s'est résigné à la démarche qu'il vient d'accomplir.*

Le *Temps*, de Paris, dont les relations avec le Quai d'Orsay sont notoires, s'exprime cependant en termes dont on pourrait induire qu'il ressent une *certaine déception* de ce qu'à Saint-Pétersbourg et à Belgrade on ait trop docilement suivi les conseils français. Le *Times* marque de même sa *mauvaise humeur* ; comme toujours lorsque tout ne marche pas au gré des politiques français, anglais ou russes, c'est l'Allemagne qui est le bouc émissaire.

Il n'est pas douteux, à mon avis, que la Russie et la France ne fussent animées d'un désir sincère de prévenir une conflagration européenne. La Russie n'a rien de ce qu'il faut pour faire la guerre et aussi longtemps que leurs amis anglais ne seront pas en mesure de leur venir en aide sur le continent, les Français sont loin d'avoir la certitude du succès.

Mais tout en souhaitant la paix, on eût voulu qu'elle fût garantie autrement qu'elle ne l'a été. Le *projet de conférence élaboré par M. Isvolski et Sir Edward Grey*, les pourparlers au sujet d'une démarche collective à faire à Vienne et tous les échanges d'idées qui ont eu lieu entre Londres, Paris et Saint-Pétersbourg tendaient invariablement à obliger l'Autriche-Hongrie à une *transaction* qui aurait fort ressemblé à une *humiliation* atteignant l'Allemagne tout aussi directement et aussi sensiblement que l'Autriche-Hongrie et qui aurait porté une très rude atteinte à la confiance qu'inspire à Vienne l'alliance allemande. Les manœuvres ont été déjouées par *l'attitude très nette et très résolue qu'a prise l'Allemagne* et dont elle n'a jamais dévié malgré les sollicitations dont elle a été harcelée. *C'est l'Allemagne seule qui a imposé la paix*. Le nouveau groupement des puissances organisé par le Roi d'Angleterre, a fait l'épreuve de ses forces contre l'union de l'Europe centrale, et s'est trouvé incapable de l'entamer. *C'est de là que vient le dépit.*

GREINDL.

On le voit : quoique mal intentionné et toujours porté, quand il se trouve en présence de n'importe quelle action louable des gouvernements de l'Entente, à insinuer perfidement qu'ils n'ont fait le bien que faute de pouvoir faire le mal, le baron Greindl lui-même ne peut s'empêcher de reconnaître le sincère amour de la paix dont ont fait preuve la Russie et la France dans la solution de la crise bosniaque, et de mentionner la proposition de conférence élaborée en commun par Iswolsky et Grey, etc. Mais il ne peut naturellement pas non plus s'abstenir de l'inévitable remarque additionnelle que nous avons déjà vue être chez Schiemann la compagne régulière de toutes les bonnes nouvelles : on a été déçu et l'on a éprouvé de la mauvaise humeur en Angleterre et en France par suite de la tournure que prenait la crise, et surtout de la condescendance de la Russie. Tout ce n° 58, de la plume de Greindl, est *du plus pur, du plus authentique Schiemann :* toutes les recettes de cet empoisonneur par profession et par habitude sont fidèlement suivies dans ce rapport, tous ses artifices d'argumentation sont fidèlement imités. Dans ce rapport de Greindl, daté de 1909, nous trouvons déjà aussi, soigneusement préparées, toutes les phrases qu'on nous sert constamment aujourd'hui dans l'enquête sur les responsabilités : l'acceptation d'une conférence aurait été une « humiliation » pour l'Autriche, une diminution de prestige pour les puissances impériales, etc. Tout ce rapport est un *chef-d'œuvre d'illogisme et de mauvaise foi :* la Russie, l'Angleterre et la France voulaient le maintien de la paix, et c'est dans ce but qu'elles proposaient une conférence. Cette conférence fut envisagée par les puissances impériales comme une tentative d'humiliation, et à cause de cela refusée. Au lieu de cela, l'Allemagne a frappé sur la table avec son poing ganté de fer, montré sa brillante armure, et exigé des autres grandes puissances la reconnaissance sans réserve de l'acte de violence commis par l'Autriche. Pour éviter un massacre européen, ces puissances se sont inclinées, et ont forcé la Serbie à reconnaître, elle aussi, le fait accompli. L'Allemagne a donc l'immortel mérite d'avoir sauvegardé la paix à ce moment-là. Telle est la logique greindlo-schiemannienne. Le voleur de grands chemins qui, le revolver chargé, crie au voyageur : « La bourse ou la vie ! » et à qui le voyageur épouvanté tend sa bourse pour sauver sa vie, — le voleur de grands chemins a, lui aussi, l'incontestable mérite de ne pas en être venu à verser le sang.

Les négociations anglo-germaniques en vue d'une entente.

La plus longue et la plus surprenante des interruptions est celle que l'on constate entre le n° 61, du 3 août 1909, et le n° 62, du 7 novembre 1910, et qui est par conséquent de *plus de quinze mois*. Le rapport daté de Paris 3 août a pour objet la rencontre du président Fallières avec le tsar sur la rade de Cherbourg ; le rapport adressé de Berlin par Greindl le 7 novembre 1910 résume les résultats de l'entrevue qui vient d'avoir lieu entre l'empereur Guillaume et le tsar Nicolas. Quelle peut bien avoir été la cause de cette extraordinairement longue interruption ? Je ne puis naturellement faire que des hypothèses à cet égard, et si je jette un coup d'œil sur les événements qui ont eu lieu dans cet intervalle, je crois trouver la cause — probable ou du moins possible — de la suppression des rapports belges dans *les négociations anglo-germaniques en vue d'une entente*, qui se poursuivirent de 1909 à 1912. Dans les rapports belges, pour autant qu'ils sont reproduits dans la collection, ces négociations sont traitées avec moins de bienveillance encore que la conférence de La Haye : il n'en est question qu'en quelques rares passages et d'une manière tout à fait superficielle, quoique, comme nous le savons aujourd'hui, elles aient duré pendant une série d'années — depuis la clôture de la deuxième conférence de La Haye jusqu'à l'échec de la mission Haldane — quoiqu'elles aient constitué le centre de gravité des rapports germano-anglais, et que le sort de l'Europe — comme on peut l'établir aujourd'hui avec certitude — ait dépendu de leur résultat. Si les efforts faits par l'Angleterre pour arriver à une entente avec l'Allemagne dans la question des armements maritimes — sur la base de l'accord politique offert par elle — avaient été couronnés de succès, nous n'aurions point aujourd'hui de guerre européenne. Leur échec est, comme je l'ai fait voir ailleurs, uniquement imputable à l'Allemagne. Il se peut que cette pensée ait été exprimée dans les rapports rédigés par les ambassadeurs belges dans les années 1909 et 1910 et que, par ce motif, on les ait supprimés dans la mesure du possible.

Dans une *note* du 31 mars 1909 (n° 57), *antérieure* par conséquent à la longue interruption, Greindl parle de l'attitude prise par les gouvernements anglais et allemand relativement à la question de la réduction des armements maritimes. Le diplomate belge se place naturellement sans réserve au point de vue négatif du prince de Bülow, qui, on le sait, déclarait les armements maritimes allemands *affaire privée de l'Allemagne*, dépendant seulement des besoins de la défense de ses côtes et de la protection de son commerce. En revanche, sir Edward Grey, dans un important discours à la Chambre des communes, faisait ressortir qu'une limitation contractuelle des dépenses pour la flotte était au plus haut point souhaitable pour les *deux* parties, dans leur intérêt commun, et il faisait même entrevoir, à cette occasion, que l'Angleterre serait disposée, le cas échéant, à une *neutralisation de la propriété privée sur mer*, si un accord s'établissait entre elle et l'Allemagne au sujet des dépenses navales. (Voir sur tous ces faits *J'accuse*, p. 72-80 et *Le Crime*, vol. II, p. 204-208.) L'incroyable faiblesse intellectuelle du diplomate belge, son encerclement dans l'étroit horizon du pangermanisme le plus crasse, ressort de la remarque par laquelle se termine son rapport du 31 mars 1909, que nous donnons ci-dessous :

N° 57.

Berlin, le 31 mars 1909.

Monsieur le Ministre,

Lorsque j'ai eu l'honneur de vous adresser mon rapport d'hier, vous disant que le Prince de Bülow n'avait pas parlé, dans son discours sur la politique extérieure, *de la limitation des armements maritimes*, je n'étais pas encore en possession du compte rendu du deuxième discours prononcé par le chancelier dans la séance de la veille.

Dans ce deuxième discours, le Prince de Bülow, obligé par les questions qui lui avaient été adressées au cours du débat, de s'expliquer sur la proposition ou si l'on veut sur la suggestion anglaise, l'a fait aussi brièvement que possible. Il s'est borné à reproduire la déclaration faite par M. le Baron de Schœn à la commission du budget, dont je vous ai envoyé le texte par mon rapport du 25 mars, en y ajoutant que *le programme du développement de la flotte allemande a été uniquement inspiré par les besoins de défense des côtes et de protection du commerce* ; qu'il ne contient rien de secret et que le gouvernement impérial n'a nul dessein d'en accélérer l'exécution. En 1912, l'Allemagne aura treize grands navires du nouveau type dont trois croiseurs, tous les bruits contraires sont inexacts.

Le *Reichstag* n'a pas demandé d'informations plus explicites. Il a *bien accueilli* ce passage du discours de Bülow comme les autres. Quoique le chancelier compte beaucoup d'adversaires et même beaucoup d'ennemis, la politique extérieure de l'Allemagne a, sauf bien entendu les socialistes, *été approuvée par tous les partis, y compris le Centre. Le Baron de Hertling, qui a pris la parole au nom de ce dernier groupe, y a applaudi* tout en déclarant que l'appui donné à la politique extérieure de l'Empire n'implique pas un vote de confiance, qu'au surplus le chancelier ne désire sans doute pas.

Par une curieuse coïncidence, au moment même où au Reichstag l'on s'efforçait de parler le moins possible de la question de la limitation des armements maritimes, le parlement anglais la soumettait à un débat approfondi. L'opposition l'avait provoqué par une proposition de blâme et le gouvernement britannique s'est prêté à la discussion par une réponse des plus explicites. *Sir Edward Grey*, tout en déclarant qu'il n'y avait pas lieu de faire un grief à l'Allemagne de n'être pas entrée dans les vues de l'Angleterre, *a exprimé les plus vifs regrets de ce que la proposition anglaise ait été repoussée*. Il a dit qu'il ajoute une foi entière aux communications que lui a faites le gouvernement allemand au sujet du programme de la flotte de guerre ; mais il a ajouté que *ces communications ne constituent pas un engagement* et que de plus il s'y trouve des lacunes qui autorisent l'Angleterre à se croire menacée dans ses intérêts vitaux.

La presse anglaise, qui n'est pas tenue aux mêmes ménagements que le gouvernement britannique, *témoigne plus vivement encore sa mauvaise humeur*.

L'état d'esprit qui règne en Angleterre rappelle celui où se trouvait la France de 1866 à 1870. A cette époque les Français se croyaient le droit d'empêcher l'Allemagne de reconstituer son unité, parce qu'ils y voyaient une menace pour la prépondérance continentale dont la France avait joui jusque-là. De même aujourd'hui à Londres on considère comme un mauvais procédé et une menace pour la paix, *le refus de s'engager par traité à rester à la merci de l'Angleterre*.

GREINDL.

Dans la proposition tendant à une limitation contractuelle commune des armements, ce diplomate voit la prétention de l'Angleterre de maintenir l'Allemagne « à sa merci ». Il attribue à cette proposition le même but qu'à la conduite de Napoléon III à l'égard des aspirations allemandes à l'unité dans la période de 1866 à 1870. Cet « homme d'État » ne s'est pas encore avisé d'une chose que comprend chaque enfant, à savoir que le maintien, par contrat, du rapport actuel des forces *ne nuit ni à l'une ni à l'autre des parties*, et que la poursuite de la concurrence des armements *n'est un avantage ni pour l'une ni pour l'autre*. Conclure un traité basé sur la réciprocité, qui préserve les deux parties de la ruine économique, c'est pour lui « rester à la merci de l'Angleterre ». Que voilà un joli témoin de la couronne pour la démonstration bethmannienne ! Conférence = humiliation, accord sur les armements = esclavage ! Telles sont les intelligences auxquelles fait appel l'Office des Affaires étrangères de Berlin comme juges « objectifs » et « perspicaces » de la politique européenne.

Il est à présumer que les ambassadeurs belges à Londres et à Paris ont eu, sur ces négociations germano-anglaises, — à l'occasion desquelles ils ont pu constater de tout près la sérieuse volonté d'entente de la contre-partie — une pensée un peu différente de celle que se faisait à Berlin le baron Greindl, à la teinte noir-blanc. Et c'est sans doute là un des motifs pour lesquels la collection allemande se montre si économe des rapports de cette période.

Il s'était produit d'ailleurs, dans cet intervalle, quelques événements favorables à la paix européenne, que l'on peut supposer avoir laissé des traces dans les rapports belges. En mars 1910, le gouvernement russe avait informé les puissances que *les négociations engagées* entre les cabinets de Vienne et de Sainc-Pétersbourg *sur les questions balkaniques pendantes avaient abouti à une entente parfaite des deux gouvernements*, et que des relations tout à fait normales étaient de nouveau établies entre eux. Le 6 mai 1910, le roi Édouard était mort. Partout, l'avènement au trône de son successeur, le roi Georges, suscitait le joyeux espoir d'une détente de la situation européenne, dont beaucoup attribuaient la tension d'alors à l'antagonisme personnel entre l'oncle royal et l'impérial neveu. Ces événements et plusieurs autres avaient changé l'aspect de l'Europe dans un sens favorable à la paix, et dissipé les nuages artificiels que les excitations de guerre des Pangermanistes cherchaient à amonceler à chaque visite royale ou présidentielle — si innocente qu'elle fût — à chaque entrevue d'hommes d'État des puissances de l'Entente, à chaque manœuvre des flottes ou des armées continentales. L'atmosphère de l'Europe paraissait débarrassée de bien des vapeurs sombres, le prétendu complot de Reval contredit par les faits. Mais justement cette amélioration de la situation européenne ne convenait pas au tableau représentant l'Allemagne « constamment isolée et menacée », qu'avaient entrepris de dessiner les éditeurs de la collection de documents ; de là cette surprenante interruption de plus de quinze mois dans la série des rapports.

*　*　*

Le nº 62 de la collection, qui est le *rapport de Greindl du 7 novembre 1910*, est le premier document que nous rencontrions après cette longue interruption ; il traite de l'entrevue de Potsdam, de son origine, de son but et de ses résultats, et il est assez intéressant à bien des égards pour que nous en reproduisions ici le texte :

Nº 62.

Berlin, le 7 novembre 1910.

Monsieur le Ministre,

Vous aurez remarqué les articles inspirés par lesquels la *Norddeutsche Allgemeine Zeitung* a fait connaître au public que la *récente visite rendue par l'Empereur de Russie* à l'Empereur d'Allemagne à Potsdam, est plus qu'une simple démarche de courtoisie. La *Rossija*, organe du ministère des

Affaires étrangères russe, écrivait en même temps que l'entrevue des deux souverains avait une *haute portée politique*. Le *Fremdenblatt de Vienne* s'exprimait dans le même sens. Les deux premiers de ces journaux officieux disaient qu'il ne s'agissait nullement d'introduire dans le système politique de l'Europe des innovations qui ne sont désirées ni en Allemagne ni en Russie. Tous les trois étaient d'accord pour exprimer l'espoir que l'échange de vues entre les souverains et leurs ministres aiderait à dissiper les *malentendus* qui surgissent forcément entre les Etats limitrophes qui ont *des intérêts parallèles, mais conciliables* et dont les rivalités sont sans influence sur la politique générale. Plus encore que par les commentaires officieux, le caractère de la visite du Czar a été marqué par le fait que *Sa Majesté avait appelé en Hesse son nouveau ministre des Affaires étrangères M. Sasonow et s'était fait accompagner par lui pendant son court séjour à Potsdam*. M. Sasonow a été reçu par l'Empereur et par le chancelier, ainsi que par M. de Kiderlen-Wæchter. Les sujets de conversation n'ont pas dû manquer. Ce qui se passe en Perse et en extrême Orient est de nature à éveiller en Allemagne la crainte que les événements dont le côté politique pourrait laisser l'Empire indifférent, n'aient pour conséquence de fermer ces contrées au commerce allemand. En Russie le projet de chemin de fer allemand en Mésopotamie a toujours été vu de mauvais œil. Quoique l'Allemagne ait pour principe de ne pas se mêler des questions politiques de la péninsule des Balkans, il est impossible qu'on ne se préoccupe pas à Berlin comme à Saint-Pétersbourg de la turbulence de la Grèce, de l'impossibilité où sont les puissances protectrices de trouver la solution de la question crétoise, *des troubles de la Macédoine et des ambitions du czar des Bulgares* ; mais tous ces problèmes sont bien compliqués et il n'est pas à penser qu'on soit parvenu à les résoudre dans le court espace de deux journées dont la plus grande partie a été absorbée par des cérémonies officielles et des banquets. C'est à peine le nécessaire pour échanger des assurances de bonne volonté forcément conçues en termes vagues et d'une portée pratique douteuse. Ce qui est plus important que les conversations entre les hommes d'Etat, c'est que la visite a eu lieu.

Pendant les trois premiers quarts du XIXe siècle l'union de la Russie et de la Prusse était un facteur constant et assuré de la politique européenne. Elle était basée non seulement sur les intérêts communs de deux nations, mais aussi sur l'amitié étroite des deux familles régnantes cimentée par les liens de parenté. Il en était surtout ainsi du temps de l'empereur Nicolas Ier. La première atteinte a été portée à ces relations par le congrès de Berlin où le prince de Bismarck a essayé de rapprocher la Russie et l'Angleterre et où il a eu le sort généralement réservé aux conciliateurs, c'est-à-dire qu'il a été accusé par chacun des deux adversaires de partialité en faveur de l'autre. Le peuple russe, se croyant frustré par la faute de l'Allemagne du fruit de ses victoires, a conçu pour sa voisine de l'ouest une haine encore avivée par l'envie qu'a suscitée le rapide développement de la puissance allemande. Dans l'union entre la Russie et la Prusse celle-ci jouait un rôle quelque peu subordonné. On a été froissé à Saint-Pétersbourg et surtout à Moscou, lorsque Berlin est devenu le centre principal de la politique européenne. Les étapes du refroidissement progressif des relations entre les deux pays ont été marquées par l'alliance de la Russie avec la France, par l'établissement de la triple entente et en dernier lieu *par l'intervention de l'Allemagne dans l'affaire de l'annexion de la Bosnie. On se défend ici d'avoir exercé une pression sur la Russie. C'est jouer sur les mots. Sans la déclaration du prince de Bülow au sujet de la solidarité de l'Allemagne et de l'Autriche-Hongrie et sans l'avertissement donné par le comte de Pourtalès à Saint-Pétersbourg, la Russie n'aurait pas brusquement mis fin à l'agitation qu'elle entretenait dans les petits Etats slaves et surtout à Belgrade contre l'Autriche-Hongrie. La solution de la question de la Bosnie a été à la fois pour la Russie une humiliation et une déception. Elle a dû laisser entamer son prestige* en retirant, sur une injonction de l'étranger, la protection qu'elle accordait aux convoitises serbes. L'expérience lui a montré l'inefficacité de la coalition formée par le feu roi d'Angleterre, la première fois qu'elle a été mise à l'épreuve.

Si l'antipathie des peuples russe et allemand n'a pas eu de conséquences plus graves, c'est parce que *les rapports entre les souverains*, quoique altérés, ont toujours été meilleurs qu'entre les nations et même entre les deux gouvernements. Il semble qu'il en coûtait aux deux maisons régnantes de rompre avec une *tradition séculaire et la démarche de l'empereur Nicolas paraît indiquer qu'il veut la reprendre. C'est lui qui a exprimé le désir d'une entrevue avec l'empereur d'Allemagne* accueilli au début avec assez peu d'empressement à Berlin. Le moment choisi a été aussi celui où le terrain était déblayé par *la retraite de M. Iswolski. L'inimitié personnelle de l'ancien ministre des Affaires étrangères russes et du comte de Aehrenthal* a été l'un des principaux obstacles qu'il a fallu surmonter pour arriver à une solution pacifique de la question bosniaque. J'ai lieu de croire aussi, M. Iswolski n'inspirait à Berlin qu'une confiance très médiocre. *M. Sasonow a produit au contraire sur l'empereur, le chancelier et le secrétaire d'État des Affaires étrangères, une très bonne impression.*

La visite à Potsdam est donc *un événement dont il faut se féliciter* comme de nature à améliorer les relations entre les deux empires et peut-être aussi par contre-coup entre Vienne et Saint-Pétersbourg, mais c'est une exagération que de lui attribuer, comme l'a fait la *Rossija*, une haute portée politique. Les groupements des grandes puissances européennes resteront ce qu'ils étaient auparavant, et les sentiments du peuple russe pour l'Allemagne n'en deviendront pas plus cordiaux. Le langage des journaux russes le démontre déjà.

GREINDL.

Dans ce rapport de Greindl, les points suivants sont dignes d'être notés et importants pour la question de la culpabilité, dans la mesure du moins où les antécédents un peu éloignés entrent en ligne de compte :

1) L'*initiative* de l'entrevue de Potsdam est *partie du tsar Nicolas*, de même que, l'année prédédente, celle de la rencontre des deux empereurs à Baltischport (voir le rapport de Greindl du 21 juin 1909, n° 60).

2) La cour de Berlin a accueilli *avec assez peu d'empressement* l'invitation que lui adressait la Russie.

3) Le tsar a intentionnellement choisi pour l'entrevue le moment où se retirait son ministre des Affaires étrangères, Iswolsky, et où entrait en charge son successeur, Sazonow. En raison de son inimitié personnelle avec Aehrenthal, Iswolsky était un des « principaux obstacles » qui empêchaient la Russie de se rapprocher pacifiquement de l'Allemagne et de l'Autriche. Tout au contraire, Sazonow, le nouveau ministre, que le tsar emmena avec lui à Potsdam, inspirait confiance à Berlin, et il y fut très bien accueilli.

4) Les feuilles officieuses des gouvernements de Berlin, de Vienne et de Pétersbourg sont d'accord pour attribuer une grande portée politique à l'entrevue de Potsdam.

5) L'amitié traditionnelle des maisons régnantes de Prusse et de Russie et de leurs peuples avait subi quelques atteintes du fait

du congrès de Berlin et de l'activité d' « honnête courtier » du prince de Bismarck. Mais le refroidissement s'était presque transformé en hostilité par suite de l'*intervention de l'Allemagne dans la question de l'annexion de la Bosnie*. L'Allemagne avait exercé en cette occasion une pression — on ne peut le contester qu'en « jouant sur les mots » — qui avait procuré à la Russie une « humiliation » et une « déception ». Le prestige de la Russie avait été fortement entamé par la condescendance à laquelle elle avait été obligée par l'Allemagne. Cette constatation de Greindl est particulièrement intéressante si on la compare à son rapport — mentionné plus haut — du 1er avril 1909 (n° 58) et dans lequel il ne peut trouver assez d'éloges pour « l'attitude très nette et très résolue qu'a prise l'Allemagne » dans la question bosniaque, attitude qui « *seule a imposé la paix* ». Les rapports n°s 58 et 62 sont en contradiction insoluble l'un vis-à-vis de l'autre : le dernier correspond à la conception générale qui régnait en Europe ; le premier à la conception bornée et arrogante de Berlin. Dans celui-ci, comme en beaucoup d'autres passages, on voit deux courants de pensée en lutte dans l'âme du diplomate belge : d'une part la considération de la paix européenne, qui exige de chaque côté, en cas de conflits des grandes puissances, certaines concessions pour que soit évitée une guerre générale ; d'autre part, un certain enthousiasme — doublé d'une crédulité aveugle — pour les allures tranchantes de la Prusse-Allemagne qui, dans tous les conflits intéressant l'Allemagne ou l'Autriche, cherche à faire triompher sans réserve la volonté des deux puissances impériales au moyen de menaces, de bluffs et de cliquetis de sabres, sans égard aux conséquences que peut avoir pour l'Europe cette attitude provocante. C'est qu'il y a un Greindl européen et un Greindl prusso-berlinois. C'est ce dernier qui parle au n° 58, le premier qui parle au n° 62.

6) La crise bosniaque — remarque Greindl — a convaincu le tsar et son gouvernement de « l'inefficacité de la coalition formée par le feu roi d'Angleterre », dès la première épreuve à laquelle cette coalition a été soumise. Cette phrase n'est exacte que si l'on attribue à la coalition de l'Entente un but qu'elle n'a jamais eu, et que jusqu'ici aucune preuve n'a établi : à savoir d'isoler, de brusquer l'Allemagne et l'Autriche, de les faire mat dans tous les conflits de grandes puissances en Europe et hors de l'Europe. Si *tel* avait été le but de l'Entente, le cours de la crise bosniaque aurait prouvé assurément que ses efforts avaient misérablement

échoué. Mais pareil but n'a jamais été envisagé par la Triple-Entente ; cela ressort déjà du fait qu'elle n'a pas profité, pour le réaliser, de l'occasion favorable qu'offrait l'annexion de la Bosnie, et où tous les torts étaient du côté de l'Autriche. Le cours de la crise ne constitue donc pas une preuve de *l'inefficacité* de la coalition, mais, au contraire, une preuve de ses tendances absolument pacifiques, tendances qui allaient jusqu'à imposer à la Russie une humiliation directe et une diminution de prestige à la seule, fin de sauvegarder la paix européenne quoi qu'il pût arriver. Ainsi le rapport de Greindl (n° 62), si on le lit bien, est *le plus éclatant témoignage* en faveur de la politique des puissances de l'Entente, et la réfutation absolue de toutes les légendes pan-germanistes que le gouvernement allemand a accueillies aujourd'hui dans son arsenal de défense, parce qu'il est à quia, — de ces légendes qui mettent sur le dos de la Triple-Entente le désir de provoquer une catastrophe européenne, et font remonter la conclusion ferme du complot au mois de juin 1908, soit *deux ans et demi avant l'entrevue de Potsdam.*

7) La remarque finale du rapport de Greindl est positivement calomnieuse, et témoigne de la plus révoltante partialité ! C'est de nouveau un échantillon de la plus authentique école de Schie-mann. La visite de Postdam — Greindl lui-même ne peut le nier — est un événement qui améliorera les relations entre l'Allemagne et la Russie, et peut-être aussi entre Vienne et Pétersbourg. Mais « les *sentiments du peuple russe* pour l'Allemagne n'en devien-dront pas plus cordiaux. Le langage des journaux russes le démon-tre déjà. » De nouveau l'infâme remarque que ce diplomate neutre, fidèle à ses modèles pangermanistes, rattache à tous les événements politiques favorables à la paix. Les monarques se rencontrent dans une ancienne amitié ; les hommes d'Etat diri-geants dans une nouvelle sympathie ; toutes les questions politi-ques pendantes sont discutées dans un esprit politique et conci-liant, à la satisfaction des deux parties ; toutes les ombres du passé sont dissipées. Mais cela ne convient pas aux fauteurs de guerre allemands et à leur docile perroquet, l'ambassadeur belge ; aussitôt entrent en scène les prétendus sentiments hostiles du peuple russe (comme si les peuples éprouvaient de l'hostilité les uns pour les autres !), et le langage soi-disant hostile des jour-naux russes. Ne faut-il pas, en effet, ajouter au tableau pacifique quelque noire retouche, et que l'état de tension désiré se per-pétue? L'Office des Affaires étrangères de Berlin se hâte naturelle-

ment d'imprimer en caractères gras cette phrase finale calomnieuse, et que rien ne prouve, du rapport de Greindl, afin d'effacer immédiatement l'impression favorable à la Russie de l'exposé qui précède. C'est qu'il importe de faire disparaître le pacifique intermède de Potsdam — comme tant d'autres entr'actes de même nature de la dernière décade avant l'explosion de la guerre — afin de montrer — se poursuivant en ligne droite — les intentions d'encerclement et d'étranglement de l'Entente, et de légitimer la guerre « imposée » à l'innocente Allemagne. M. le professeur Helmolt appelle l'entrevue de Potsdam *le grand mensonge de Potsdam*. C'est à appuyer cette invention mensongère d'un mensonge que doit servir la phrase finale du rapport de Greindl.

* * *

J'ai encore trouvé en divers autres endroits de la collection des interruptions d'une longueur surprenante, dont la raison d'être est évidemment que, dans l'intervalle, il n'est rien rapporté de favorable pour l'Allemagne ou qu'il y est rapporté des choses favorables aux puissances de l'Entente. Pourquoi ces messieurs de Berlin se chargeraient-ils eux-mêmes ? Je constate, par exemple, entre les rapports 62 et 63, tous deux de Greindl, une interruption de quatre mois, qui comprend tout l'hiver de 1910-1911. M. Greindl ne reprend la parole que le 3 mars 1911 (nº 63) pour mentionner l'entrée de Delcassé au cabinet Monis comme ministre de la marine, et pour administrer quelques horions à la politique française, en la personne de Delcassé. Voici ce qu'écrit le diplomate belge *sur le retour au pouvoir de Delcassé* :

Nº 63.

Berlin, le 3 mars 1911.

Monsieur le Ministre,

Comme il fallait s'y attendre on a d'autant plus mal accueilli *la nomination de M. Delcassé au ministère de la marine* que le portefeuille de la guerre a été confié à M. Berteaux dans le nouveau cabinet péniblement formé par M. Monis. Le gouvernement Impérial ne fera vraisemblablement pas connaître, au moins publiquement, son impression afin d'éviter toute apparence d'intervention dans les affaires intérieures de la France ; mais elle ne diffère évidemment pas de celle des journaux. Ainsi que je l'ai écrit à M. le baron de Favereau, M. le baron de Richthofen m'avait dit au moment de la retraite de M. Delcassé en 1905 que l'ancien ministre des Affaires étrangères français avait depuis des années affecté de traiter l'Allemagne en quantité négligeable. On considérait ici la longue administration de M. Delcassé comme ayant créé une situation très grave. Ce n'était pas sans raison, *puisque la première fois que M. Delcassé a pris la parole après sa chute, il l'a*

fait pour se vanter d'avoir organisé une ligue agressive contre l'Allemagne.
On ne prend pas toutefois très au tragique le retour au pouvoir de M. Delcassé. Ce n'est plus le ministère des Affaires étrangères qui lui est confié. Il n'a plus à côté de lui le roi Édouard VII dont il se croyait le collaborateur et dont il était l'instrument. L'entrevue de Potsdam a diminué la confiance des Français dans l'alliance russe, parce qu'à Paris et à Londres on persiste à lui attribuer une portée qu'elle n'a pas. Enfin le ministère Monis a été si mal accueilli en France même qu'il n'aura probablement qu'une durée éphémère.....

Sur la démission de Delcassé en juin 1905 et sur sa portée pour celui qui veut apprécier la politique française ; sur le détail des circonstances dans lesquelles s'est retiré le ministre des Affaires étrangères ; sur les délibérations du Cabinet sous la présidence de Rouvier ; sur les révélations du *Matin* à ce sujet des 7 et 8 octobre 1905, je me suis étendu longuement ailleurs [1], et j'ai cherché à prouver :

1) que ces révélations du *Matin*, précisément, établissent le caractère purement *défensif* de l'entente anglo-française, et

2) que le débarquement de Delcassé comme ministre des Affaires étrangères manifeste les tendances absolument *pacifiques* de la politique française dans cette période de détente.

Dans les phrases ci-dessus citées de son rapport, le baron Greindl fait allusion au discours que *Delcassé a fait en janvier 1908* à la Chambre des députés pour justifier la politique qu'il a suivie jusqu'en 1905. Le diplomate belge a déjà fait un rapport détaillé sur ce discours, au moment où il a été prononcé (27 janvier 1908, rapport n° 39). Quand, en mars 1911, donc trois ans plus tard, il en est venu à parler de nouveau du discours justificatif de Delcassé, il avait déjà oublié son rapport antérieur, et il a affirmé carrément que Delcassé s'était glorifié autrefois (1908) d'avoir organisé *une ligue agressive contre l'Allemagne.* Dans le rapport du 27 janvier 1908, on lit au contraire :

.....En d'autres termes, M. Delcassé se vante *d'avoir préservé la paix* du monde grâce à la campagne menée par lui de concert avec le roi d'Angleterre pour isoler l'Allemagne.
M. Delcassé dit qu'il ne faut pas laisser défigurer une politique étrangère (la sienne), *qui a, par deux fois, conservé la paix à l'Europe.....*

Cette affirmation de Delcassé (1908), le rapport de Greindl à cette date la soumet, il est vrai, à une critique dont on peut se représenter la tendance sans qu'il soit nécessaire de longues explications. Mais il est dans tous les cas faux de reprocher à l'homme

---

[1] Voir le *Crime*, vol. II, p. 113 et suiv.

d'Etat français, comme le fait Greindl dans un rapport de 1911, de s'être *glorifié lui-même* d'avoir organisé une ligue agressive contre l'Allemagne. Delcassé a toujours soutenu, et particulièrement dans son discours de janvier 1908, que l'entente conclue par lui et par Landsdowne en avril 1904, et tous ses actes ultérieurs comme ministre, n'avaient jamais eu d'autre but que de garantir la paix européenne, que d'assurer *une protection contre des attaques ou des projets éventuels de guerre de l'Allemagne.* M. Greindl met dans la bouche de l'homme d'Etat français un aveu de faute que celui-ci n'a jamais fait. Naturellement, l'Office des Affaires étrangères de Berlin a bien soin, en l'imprimant en lettres grasses, de faire ressortir justement cette phrase mensongère du rapport rédigé par Greindl en 1911, rapport directement contredit par celui de 1908. *C'est ainsi que l'on fabrique des pièces à conviction diplomatiques !* Le rapport du 3 mars 1911 explique d'ailleurs à tort et à travers des faits diplomatiques connus, attribue quantité de projets malveillants aux puissances de l'Entente, cherche sans cesse à affaiblir la portée de l'entrevue de Potsdam, etc. Cela nous mènerait trop loin d'approfondir ici tous ces points.

* * *

Je trouve une autre lacune, pas très importante en vérité, mais néanmoins très caractéristique, après le n° 65, qui est le rapport de Greindl, du 20 mars 1911. Ce rapport traite en détail et avec assez de sympathie du discours sensationnel que Grey prononça le 13 mars 1911 à la Chambre des communes sur les relations entre l'Allemagne et l'Angleterre, et sur les funestes armements maritimes de tous les Etats, armements qui, si l'on n'y mettait un terme, conduiraient forcément à une *ruine complète de la civilisation.* (Voir aussi *J'accuse*, p. 74.) Voici le texte de ce rapport de Greindl sur le discours de Grey :

N° 65.

Berlin, le 20 mars 1911.

Monsieur le Ministre,

Le discours sur la politique extérieure prononcé, il y a huit jours, par Sir Edward Grey, à l'occasion de la discussion du budget de la marine, a provoqué de nombreux commentaires dans la presse anglaise et dans celle de tous les pays, à l'exception de l'Allemagne. La *Norddeutsche Allgemeine Zeitung* a témoigné la satisfaction du gouvernement impérial. *De la part de l'organe hautement officieux, c'était obligé. Le silence eût été à bon droit considéré à Londres comme une injure ;* mais les autres journaux se sont bornés à reproduire le résumé du discours transmis par les agences télégraphiques ou n'y ont ajouté que *de courtes réflexions insignifiantes*. C'est ici cependant que les paroles du secrétaire d'Etat britannique auraient dû causer le plus de sensation et produire la plus agréable impression, si l'on avait la confiance qu'elles expriment bien toute la pensée du gouvernement anglais. Elles marqueraient un *revirement notable* de la politique inaugurée naguère par le cabinet unioniste et dont ses successeurs libéraux ont continué la tradition. L'évolution n'impliquerait pas un dérangement du groupement actuel des grandes puissances ; mais elle signifierait *que l'Angleterre ne veut plus conserver à la triple entente le caractère agressif* que lui avait imprimé son créateur le roi Edouard VII. A voir *l'indifférence du public allemand*, on dirait qu'il est blasé par les innombrables entrevues et échanges de démonstrations courtoises qui n'ont jamais produit aucun résultat positif et qu'il veuille se mettre en garde contre de nouvelles déceptions. Cette méfiance se comprend, puisque tout récemment encore le gouvernement anglais prenait part à l'intrigue de Flessingue. Nous en avons eu la preuve, par la démarche qu'a faite auprès de vous Sir A. Hardinge pour essayer de nous y entraîner.

Toutefois, on peut se demander si *le scepticisme n'est pas dans le cas présent quelque peu exagéré*.

Le rapprochement avec la Russie et l'Angleterre faisait partie du programme politique tracé par M. de Kiderlen-Wæchter, lorsqu'il a accepté la direction du département impérial des Affaires étrangères. La première partie de ce plan a été exécutée par l'entrevue de Potsdam. Les pourparlers entre Berlin et Saint-Pétersbourg sont interrompus depuis que M. Sazonow est malade ; mais auparavant, il y a eu un échange d'idées très actif entre les deux cabinets. Aucun résultat positif n'a encore été obtenu, et peut-être n'arrivera-t-on pas à grand'chose de concret ; mais *les relations des deux pays sont redevenues normales*. Elles n'ont plus le caractère de réserve hargneuse qu'elles avaient pris depuis l'affaire de l'annexion de la Bosnie.

Les circonstances se prêtent à la réalisation du programme du secrétaire d'Etat des Affaires étrangères. *Il y a six semaines environ, le roi d'Angleterre a écrit à l'empereur d'Allemagne pour l'inviter à assister à l'inauguration de la statue de la reine Victoria.* C'est la première lettre que le roi George V adressait à Sa Majesté depuis qu'il est monté sur le trône. Elle était conçue *en termes particulièrement cordiaux*, qui ont produit ici la plus agréable impression. Vous vous souviendrez sans doute, Monsieur le Ministre, de ce qu'a dit, quelques jours après, le chancelier de l'Empire dans son discours au Reichstag sur les affaires étrangères au sujet de sa confiance dans la loyauté de la politique anglaise envers l'Allemagne. On peut considérer l'attitude de M. de Bethmann-Hollweg comme la conséquence du message du roi d'Angleterre.

Le discours de Sir Edward Grey ne s'est pas borné à de vaines paroles comme dans des occasions antérieures. Il a été accompagné, ou plutôt précédé, d'un acte. Pendant des années, la presse anglaise a émis l'arrogante prétention de contrôler et même d'interdire l'achèvement du chemin de fer de Bagdad ; c'est-à-dire d'avoir la haute main sur une entreprise qui ne concerne que la Turquie, la compagnie concessionnaire et indirectement le gouvernement allemand, qui a appuyé celle-ci. Sir Edward Grey a replacé la question sur le terrain du droit, en reconnaissant que l'Angleterre n'a aucun titre l'autorisant à intervenir dans une affaire intérieure ottomane et en annonçant qu'elle se bornerait à garantir ses intérêts par les moyens légaux dont elle dispose. *C'est une base sur laquelle on peut s'entendre.* Personne ne niera l'existence de ces intérêts anglais et ne songera à faire au gouvernement britannique un grief de les défendre.

Enfin, le moment est propice pour une tentative d'amélioration des relations entre l'Allemagne et l'Angleterre. Il n'y a maintenant à l'ordre du jour aucune question irritante de nature à l'entraver.

Je dois vous prier de noter, Monsieur le Ministre, que le présent rapport ne signifie pas que je considère comme déjà acquis ou imminent un rapprochement entre l'Angleterre et l'Allemagne que j'appelle de tous mes vœux, parce qu'il constituerait une sensible augmentation de sécurité pour la Belgique. Tout ce que je veux dire est *qu'à mon avis les journaux allemands n'ont pas prêté une attention assez sérieuse au discours de Sir Edward Grey* et qu'il faut attendre les événements pour asseoir un jugement sur sa véritable portée. Le dépit manifesté par le journal *Le Temps* démontre qu'à Paris l'opinion publique lui en attache beaucoup plus qu'on ne l'a fait à Berlin. A la manière dont s'exprime le journal français, on dirait qu'*il ne considère plus la triple entente que comme une formule vide de sens.*

GREINDL.

A la différence de presque toutes les autres pièces signées par Greindl, ce rapport est relativement objectif et, contrairement aux habitudes de son auteur, rend une certaine justice au roi Georges d'Angleterre, — qui avait invité, en termes particulièrement cordiaux, l'empereur à l'inauguration du monument de la reine Victoria, — ainsi qu'au gouvernement anglais et à ses intentions conciliantes. Le diplomate belge tient le moment pour favorable à une tentative d'améliorer les relations anglo-allemandes. Il s'aventure même jusqu'à reprocher à la presse allemande *de n'avoir pas prêté une attention assez sérieuse au discours de Grey.* Il loue l'attitude du gouvernement anglais dans la question du chemin de fer de Begdad, et signale « un revirement notable de la politique inaugurée naguère par le cabinet unioniste ».

Au discours de Grey, M. de *Bethmann* a répondu le 30 mars 1911 au Reichstag par une douche glacée, en niant catégoriquement toute possibilité d'accord sur les armements en raison de l'impossibilité d'exercer sur eux un contrôle quelconque, et en déclarant exclues une fois pour toutes les ententes sur les armements « tant que les hommes sont hommes et que les Etats sont Etats ». (Voir *J'accuse*, p. 74.)

Cette douche glacée de Bethmann, faute particulièrement grave parmi les fautes allemandes, n'est pas même mentionnée d'un mot dans la collection des documents belges. L'ambassadeur belge, qui s'étend complaisamment sur le discours prononcé par Grey à Londres, ne dit pas un traître mot du discours prononcé par Bethmann à Berlin. Ce qui veut dire : il a évidemment fait un rapport à ce sujet, mais, comme on peut le conclure avec certitude de la façon dont il juge le discours de Grey, ce rapport a été si défavorable à Bethmann qu'on n'a pas voulu l'imprimer. Ce fait est d'une gravité extraordinaire pour le gouvernement allemand, et contribue puissamment à établir le caractère tendancieux et mensonger de la collection de documents belges. A elle seule, et abstraction faite de toutes les autres, cette circonstance suffit à enlever toute valeur probante à cette collection.

Le n° 66 est également constitué par un rapport de Greindl, du 21 avril 1911. Mais ce rapport ne contient aucune mention de cette séance du Reichstag et de ce discours significatif de Bethmann, qui a causé la plus douloureuse impression dans tout le monde politique. C'est là « l'exposé diplomatique objectif de la politique internationale » dont la collection allemande de documents tire tant d'avantages.

Voyage de Haldane à Berlin.

Le *voyage de Haldane à Berlin* fait l'objet d'un rapport détaillé de l'ambassadeur à Londres, comte Lalaing, en date du 9 février 1912, et dont voici le texte :

N° 88.

Londres, le 9 février 1912.

Monsieur le Ministre,

Le départ de Lord Haldane, ministre de la Guerre, pour Berlin a éveillé la curiosité ; la presse trouve diverses explications pour ce voyage, entrepris au lendemain d'un conseil de Cabinet et presque à la veille de l'ouverture des Chambres. On a suggéré que le Ministre était chargé, ou :

1° de traiter la question d'un échange de renseignements sur les armements anglo-allemands ;

2° de demander la grâce d'un espion anglais Stewart, récemment condamné en Allemagne ;

3° de travailler à une entente anglo-allemande ;

4° de s'occuper d'une rectification de frontières en Afrique ;

5° d'un partage des colonies portugaises ;

6° d'une cession de Walfish Bay à l'Allemagne ;

7° d'une mission personnelle du roi George au kaiser.

Ce qui est certain est que le but que l'on a en vue est pacifique. On voudrait à tout prix diminuer la tension existante entre les deux pays. *C'est la politique actuelle du Cabinet et, de tous les ministres de la Couronne, celui de la Guerre est le plus philo-allemand.* Lord Haldane a été en son temps étudiant à Heidelberg, parle bien la langue si peu familière aux Anglais, et a des amis personnels à Berlin. Le choix de l'envoyé est sous ce rapport un nouvel indice de la tendance de la mission officieuse. De toutes les hypothèses, celle d'une *conversation amicale*, cherchant un *terrain d'entente* et déplorant les dépenses imposées aux deux nations par les *programmes de constructions navales* semble la plus probable. L'Angleterre est disposée *à ne plus contrecarrer l'Allemagne* dans les questions secondaires, mais on ne doit pas lui disputer la suprématie sur mer.

Comte DE LALAING.

Dans un autre rapport encore de l'ambassadeur à Londres, en date du 16 février 1912 (n° 90), le voyage de Haldane est mentionné, et le désir manifesté par le gouvernement anglais d'une entente avec le gouvernement allemand est constaté avec satisfaction :

N° 90.

Londres, le 16 février 1912.

Monsieur le Ministre,

Le Premier Ministre, lors de la discussion de la réponse au discours du Trône, a eu l'occasion de fournir quelques éclaircissements sur le but de la récente visite du ministre de la Guerre à Berlin.

Dans mon rapport du 9 de ce mois je vous disais que de toutes les hypothèses mises en avant celle d'une conversation amicale, en vue de rechercher un *terrain d'entente et de diminuer la tension existante* était la plus vraisemblable.

Le discours de M. Asquith confirme cette impression.

Il a admis que dans les derniers mois *l'amitié traditionnelle* entre les deux nations avait subi des atteintes sérieuses, à cause de la méfiance qui existait de part et d'autre.

Le public allemand a été jusqu'à croire que la flotte britannique avait préparé *une attaque contre les escadres germaniques* pendant l'été et l'automne 1911. — C'est *une pure invention*. Les deux gouvernements ont le sincère désir d'arriver à une entente meilleure, et le cabinet de Berlin a fait comprendre à Londres que ce but commun serait peut-être plus facilement atteint si un ministre anglais se rendait en Allemagne.

C'est peut-être contraire aux usages diplomatiques, mais il en a résulté d'heureuses et franches explications de nature à *détruire l'impression que les gouvernements en cause ont des intentions agressives*. M. Asquith croit que les conversations de son collègue à Berlin pourraient avoir d'autres heureux résultats dans l'avenir, sur lesquels il ne s'est pas expliqué.

Si *les deux nations désirent voir s'établir entre elles des relations plus cordiales*, le Premier Ministre a eu soin d'ajouter qu'il ne s'agissait cependant en aucune façon de modifier la situation spéciale dans laquelle l'Allemagne, d'une part, la Grande-Bretagne, de l'autre, se trouvaient vis-à-vis d'autres puissances, mais les deux États examinent en ce moment ce qu'il serait possible de faire.....

Comment admettre que l'ambassadeur de Belgique à Berlin, le senior des diplomates belges, qui jouissait dans sa capitale d'une autorité particulière, n'ait pas, lui aussi, formulé une opinion sur la visite de Haldane à Berlin et sur ses résultats ? Tel a naturellement été le cas, mais il s'est évidemment exprimé d'une manière défavorable sur l'attitude du gouvernement allemand, et c'est pourquoi l'on a *supprimé ses rapports de ce temps-là*. Depuis le rapport de Greindl du 9 décembre 1911 (n° 86) il n'y en a aucun du même ambassadeur jusqu'au 26 avril 1912 (n° 91). On a donc condamné ce témoin de la couronne au silence pendant à peu près cinq mois, évidemment parce que, pendant ces cinq mois, il a dit beaucoup de choses souverainement déplaisantes au gouvernement de Berlin.

Un rapport de Greindl absent.

Dans cet intervalle, Greindl a adressé à Bruxelles (le 23 décembre 1911) un rapport qui a été publié — partiellement — *ailleurs* et à un autre propos, mais qui, chose surprenante, a été laissé de côté dans la collection de documents.

Comme on le sait, la *Norddeutsche Allgemeine Zeitung* a fait le 13 octobre 1914 sa première révélation sur les documents trouvés à Bruxelles, révélation qui a été complétée ensuite, le 25 novembre de la même année, par la publication des rapports connus sur les entretiens Barnardiston-Ducarne (1906) et Bridges-Jungbluth (1912). Le premier article de la *N. A. Z.* renfermait des extraits d'un *rapport de Greindl du 23 décembre 1911*, avec une note disant que la «publication complète de ce rapport restait réservée». A cette date-là, — immédiatement après la conclusion du traité négocié par Kiderlen relativement au Maroc — avait été communiqué au baron Greindl un plan de l'état-major belge *pour la défense de ce pays neutre en cas de guerre entre l'Allemagne et la France*. L'hypothèse sur laquelle était basé ce plan était précisément celle qui s'est réalisée en 1914 : la violation de la neutralité belge par l'Allemagne. Chose incompréhensible, — ou plutôt bien compréhensible, — cette éventualité d'une invasion *allemande*, le germanophile Greindl, — qui, comme nous l'avons déjà remarqué, était presque plus Allemand que Belge de par son origine, de par son éducation, de par sa tournure d'esprit et ses relations personnelles — poussait l'aveuglement — en dépit de toutes les déclarations claires et nettes de la littérature militaire allemande — jusqu'à ne pas la tenir pour plus probable que l'autre, celle d'une invasion *française ;* aussi recommandait-il d'une manière pressante à son gouvernement de prendre des précautions militaires en prévision aussi de ce cas-là. La *N. A. Z.* ne reproduit *que cette dernière partie* des observations de Greindl. Le rapport complet nous est resté caché jusqu'à aujourd'hui, et il *manque aussi dans la collection* des rapports d'ambassade belges. Du mois de décembre 1911, nous y trouvons deux rapports de Greindl, un du 6 et un du 9 (nos 85 et 86), mais c'est en vain que nous y cherchons l'important rapport du 23, dont la *N. A. Z.* avait fait espérer la publication pour plus tard.

Quel peut bien avoir été le motif de cette suppression ? A ce que je suppose, la première partie du rapport, que la *N. A. Z.* a laissée de côté, et qui traite de l'éventualité d'une invasion allemande en Belgique, renferme — en dépit de toute la germanophilie de l'ambassadeur belge — certaines remarques compromettantes pour le cabinet de Berlin sur les *plans stratégiques de l'état-major allemand.* L'Allemagne ne peut avouer et n'a jamais avoué — ce qui

n'est pas moins, sans cet aveu, un fait historique — que le passage à travers la Belgique était à la base des plans stratégiques de
son état-major dans l'éventualité d'une guerre franco-allemande
depuis l'achèvement de la ligne de fortifications le long de la frontière orientale de la France. On a cherché à faire croire au monde,
et avant tout au peuple allemand — et l'on persévère encore
aujourd'hui dans cette louable entreprise — que la crainte seule
d'une attaque de flanc projetée par la France en août 1914, avait
mûri la résolution de passer à travers la Belgique. Il est donc à
supposer que le rapport de Greindl, en date du 23 décembre 1911,
s'inscrivait en faux contre ce calcul mensonger ; aussi a-t-on
préféré n'en imprimer que la *seconde* partie, qui accusait la France,
et de renvoyer la publication de la première aux calendes grecques. Pour le cas où je me tromperais dans ma supposition, l'Office
des Affaires étrangères a toujours la ressource de publier le rapport in extenso. Mais aussi longtemps que l'on ne s'y décide pas,
je me permets de voir aussi dans ce fait un symptôme caractéristique de la méthode allemande de falsification des documents.

Le successeur de Greindl, baron Beyens.

En juin 1912, le *baron Beyens* a succédé au baron Greindl en
qualité d'ambassadeur de Belgique à Berlin. Beyens, appelé plus
tard à la présidence du ministère belge, est l'auteur du livre mentionné plus haut : *L'Allemagne avant la guerre*. Les rapports du
nouveau représentant de la Belgique sont, dès le début, animés
d'un tout autre esprit que ceux de son prédécesseur. Plus trace
de prévention germano-nationaliste. Partout on constate chez lui
l'effort — effort couronné de succès — pour juger les choses européennes objectivement, sans lunettes colorées. De Beyens, nous
avons *onze rapports*, répartis sur les deux ans de son activité. Le
dernier est du 2 juillet 1914, donc postérieur de peu de jours à
l'attentat de Serajewo. Entre ces rapports, il y a d'assez *longues
interruptions*, par exemple entre les n°s 92 et 93, à peu près
quatre mois ; entre les n°s 96 et 102 trois mois et demi; entre
les n°s 103 et 106 sept mois ; entre les n°s 106 et 111 neuf
mois; entre les n°s 111 et 113 deux mois, etc. Il semble d'après
cela que le gouvernement allemand n'ait pas trouvé dans le
successeur du baron Greindl un témoin particulièrement favorable de sa politique prétendue innocente. Cela est déjà confirmé d'une manière générale par les rapports reproduits du

baron Beyens, d'après lesquels on peut se représenter ce qu'il peut y avoir dans ceux qui ne sont *pas* reproduits.

Ecoutons quelques-uns de ses rapports, ou du moins des extraits de ces rapports : je fais remarquer expressément que dans mes extraits — ici comme ailleurs — sont souvent reproduits des passages mis en relief dans l'édition allemande par des caractères gras, donc considérés par le gouvernement allemand comme particulièrement favorables à sa défense. Je fais ainsi preuve d'une impartialité qu'on ne peut vraiment pas reconnaître aux « extracteurs » allemands.

N° 92.

Berlin, le 28 juin 1912.

......L'Ambassadeur d'Angleterre m'a paru assez sceptique quant au succès de cette mission [1]. Ce qui rend, m'a dit Sir Edward Goschen, le rétablissement de la bonne entente d'autrefois si difficile, c'est qu'il n'existe entre les deux nations aucun motif concret d'irritation ou d'éloignement. Nous n'avons pas eu à régler avec l'Allemagne un incident pénible comme celui de Fachoda. *La mésintelligence date de l'envoi du télégramme de l'Empereur au Président Krüger.* Ç'a été pour nous comme un trait de lumière qui nous a montré qu'un abîme s'était creusé silencieusement, et sans que nous nous en fussions aperçus, entre nous et le peuple allemand. *La question de la limitation de la flotte de guerre allemande est insoluble. Nous n'avons aucun droit de l'imposer au Gouvernement Impérial. Nous ne pouvons que le suivre dans la voie ruineuse* où il s'est engagé, car le salut de l'Angleterre dépend de sa supériorité navale. L'Ambassadeur croit, comme M. Winston Churchill, que la flotte allemande, création personnelle de l'Empereur, est *l'objet de ses prédilections, qu'il prend plaisir à l'augmenter* et qu'il ne renoncera pas à la rendre plus redoutable que ne l'exige la protection du commerce allemand.....

Le rapport du baron Beyens (n° 93), du 18 octobre 1912, qui se rapporte à cette question, sera cité ailleurs.

N° 94.

Berlin, le 24 octobre 1912.

.....*La politique de M. Sazonow est d'autant plus sage que les événements actuels ont surpris la Russie en pleine réorganisation de ses forces militaires* et qu'un désastre ou un simple échec en Europe lui serait autrement funeste que ses défaites en Extrême-Orient. Il serait *le signal d'une révolution sociale qui s'arme dans l'ombre et menace sourdement le Trône des Czars.* A comparer le peu d'avantage personnel que la Russie retirerait d'une intervention avec les risques qu'elle encourrait, on devrait avoir confiance dans le bon sens de ses gouvernants et envisager l'avenir prochain avec assez de tranquillité, n'étaient les sentiments panslavistes et ceux qui les attisent.....

Baron BEYENS.

---

[1] Il s'agit de la mission du baron de Marschall à Londres.

N° 106.

Berlin, le 26 mai 1913.

.....On peut dire, tout au moins, sans risquer de se tromper que *la visite du couple royal d'Angleterre à Berlin* apparaît comme la confirmation et comme *la consécration aux yeux de l'Europe du rapprochement* qui s'est incontestablement opéré entre l'Allemagne et la Grande-Bretagne *pendant la guerre balkanique, où les deux Etats ont agi de concert pour la préservation de la paix européenne.* C'est un avertissement que la France ferait bien de méditer, au moment où elle se consume en efforts peut-être inutiles et destinés en tout cas à révéler à l'étranger l'état de décomposition interne de son armée, en vue de rétablir l'équilibre des forces entre elle et l'Allemagne.

Quant au voyage du Czar, il est une nouvelle preuve des *bonnes relations, inaugurées lors de l'entrevue de Potsdam et cimentées par celle de Port Baltique,* qui existent entre les Maisons régnantes des deux Empires voisins et aussi entre leurs Gouvernements. La guerre balkanique n'y a pas porté atteinte.....

Faut-il conclure de la visite des Souverains anglais à Berlin qu'un rapprochement anglo-allemand est en préparation, qui poursuivrait un but concret, tel que celui de l'absorption du Congo belge par l'Allemagne, un rapprochement de ce genre ne pouvant être réalisé, comme le prétend la *Post* de Berlin, que sous la forme d'une entente coloniale ? Nous sommes avertis par l'expérience de 1909 qu'un arrangement secret, conclu aux dépens du Congo par les Cabinets de Londres et de Berlin, n'aurait rien d'impossible. Mais en 1909 il ne s'agissait que d'une faible portion du territoire de la colonie belge, dont la possession nous était, d'ailleurs, contestée par l'Angleterre. *Aujourd'hui la « Post » parle, comme d'une chose toute naturelle, de la cession volontaire ou forcée de notre empire africain:* Il n'est pas admissible, quelles que soient *les convoitises des coloniaux et des pangermanistes allemands,* que l'Angleterre consente à introduire au cœur de l'Afrique une rivale dont la puissance expansive et économique menacerait les colonies britanniques elles-mêmes, et à lui céder le magnifique bœssin du Congo, sans que l'Allemagne soit en mesure de lui offrir une compensation équivalente.....

N° III.

Berlin, le 20 février 1914.

L'accord franco-allemand relatif à l'Asie Mineure conclu tout dernièrement à Berlin après de difficiles négociations et grâce à l'intervention personnelle du Chancelier, assure à la France une sphère d'action et d'influence considérable en Syrie.....

.....La difficulté des négociations a résidé principalement dans la *délimitation précise des zones d'influences françaises et allemandes (60 kilomètres de chaque côté de la voie ferrée),* de façon à éviter qu'elles ne se pénètrent réciproquement. La France conserve en outre les concessions de chemin de fer qu'elle a obtenues de la Turquie dans la riche région minière de l'ancienne Cappadoce, le long de la Mer Noire, et le railway très productif de Smyrne à Kassaba.

Sans doute elle est éliminée à tout jamais de la grande entreprise du Bagdadbahn, de cette ligne principale qui traversera de part en part l'Asie Mineure et drainera ses produits.....

N° 113.

Berlin, le 24 avril 1914.

.....*Les Allemands sont persuadés que l'Angleterre ne prendra jamais les armes, afin d'aider la France à reconquérir les provinces perdues.*

M. Cambon voit encore la main de M. Isvolsky dans cette campagne inutile des journaux russes et français. M. Isvolsky est de nouveau en grande faveur à St-Pétersbourg, comme en témoigne la haute distinction, le cordon de Saint Alexandre Newski, qu'il vient de recevoir, *mais à Paris il n'a pas l'oreille du Cabinet radical.* Aussi l'Ambassadeur de France à Berlin espère-t-il que l'intrigant diplomate ira bientôt représenter le Czar à Londres. Il pourra s'y convaincre que l'opinion publique *n'est pas disposée à voir l'Angleterre perdre sa liberté d'action par un traité formel* qui lierait son sort à celui de la Russie et de la France.

Il est curieux de constater que c'est le parti radical anglais qui éprouve le plus de répugnance à s'allier à la République. Ses tendances intransigeantes et son programme de réformes sociales devraient au contraire le rapprocher des radicaux français qui poursuivent, de l'autre côté de la Manche, le même but politique. *Ses sympathies vont pourtant de préférence à l'Allemagne, malgré son gouvernement conservateur et plutôt réactionnaire.....*

Il semble à un observateur vivant à Berlin que *les liens de l'Entente cordiale se sont quelque peu détendus, que la pointe de cette arme défensive n'est plus tournée exclusivement contre l'Allemagne,* comme elle le fut du temps du Roi Edouard, et que la *Triple Entente est devenue plutôt un concert qu'une Union de Puissances,* agissant ensemble dans certaines questions déterminées pour la poursuite *d'intérêts communs.* Mais cette façon de voir peut être fausse ou influencée par la lecture d'écrits politiques dus à des plumes allemandes. Il serait fort intéressant pour moi de savoir ce que pensent, du caractère qu'a pris l'Entente cordiale, mes collègues de Londres et de Paris.

Baron BEYENS.

N° 118.

Berlin, le 12 juin 1914.

.....*Les élections* législatives en France, comme j'ai eu l'honneur de vous l'écrire le 14 mai dernier, *avaient causé ici une grande satisfaction qui s'était fait jour dans le langage de la presse,* avec cette restriction cependant qu'il ne fallait pas espérer de la majorité de la nouvelle Chambre l'abrogation immédiate de la loi sur le service militaire de trois ans.....

.....Le peuple français n'a pas montré à cette occasion l'abnégation patriotique dont il avait donné des preuves dans d'autres circonstances. Cela tient sans doute à la propagation des idées socialistes dans les classes inférieures de la nation.....

Il est résulté de cette agitation montrée par les Français une plus grande tension dans leurs rapports avec l'Empire voisin et *l'idée, faussement répandue ou acceptée sans contrôle par les meilleurs esprits de ce pays-ci, que la guerre est inévitable dans un avenir rapproché,* parce que la France la désire violemment et s'arme fébrilement pour s'y préparer. A Paris les mêmes intentions sont prêtées au *Gouvernement Impérial* dont plusieurs membres ont eu parfois, il faut en convenir, des *paroles malheureuses ;* tel le Ministre de la Guerre parlant d'une « *offensive foudroyante* » et d'une « *attaque brusquée* » pour donner la victoire à l'armée allemande. Il n'y a peut-être encore aujourd'hui qu'une effroyable méprise chez l'un comme chez l'autre des deux peuples. *La majorité de la nation française ne veut certainement pas d'une guerre et cette guerre ne serait pas nécessaire à l'Allemagne.....*

N° 119.

Berlin, le 2 juillet 1914.

Monsieur le Ministre,

La nouvelle que le Ministre d'Autriche-Hongrie à Belgrade avait été chargé de demander au Gouvernement serbe d'ouvrir une instruction contre les menées anarchistes dont l'Archiduc François-Ferdinand et la Duchesse de Hohenberg ont été les victimes et *de laisser des agents de la police austro-hongroise prendre part aux recherches* a excité un certain émoi dans les cercles diplomatiques de Berlin. Le fait que la résolution d'adresser cette demande au Cabinet de Belgrade a été prise à la suite d'une *conférence entre le Ministre des Affaires Etrangères, Comte Berchtold, le Chef de l'Etat-major général Conrad von Hötzendorff, et le Ministre de la Guerre, Krobatin,* grossit les commentaires que la nouvelle provoque.....

Mais tout de même *la demande sort des règles ordinaires du droit.* Quand un Etat accepte, à la suggestion d'un gouvernement étranger, de poursuivre sur son territoire des criminels, il confie les recherches à ses propres agents. La Serbie consentira-t-elle à subir le concours de policiers austro-hongrois ? Si elle le refuse, comme *une atteinte portée à ses droits de souveraineté,* un conflit s'en suivra-t-il qui, étant donnée la colère légitime des gouvernements de Vienne et de Budapest et les manifestations anti-serbes dont des villes de la monarchie sont le théâtre, pourrait dégénérer en histilités ?

La Serbie n'en viendrait là, se dit-on à Berlin, que si elle se sentait appuyée par la Russie et le gouvernement du czar ne la soutiendrait pas, car il doit lui-même partager l'horreur et les craintes causées par le crime des régicides de Sarajewo.

Baron BEYENS.

Nulle part, dans ses rapports, — sur lesquels je reviens encore à plusieurs reprises dans la suite de cet ouvrage — le baron Beyens ne reprend le thème, si affectionné de Greindl, du danger que, seule, fait courir à la paix la politique de l'Entente. Sans dissimuler certains courants qui se manifestent particulièrement en France et en Russie, le successeur de Greindl insiste à réitérées fois, et avec toute la force possible, sur le caractère dangereux de la politique intransigeante poursuivie dans les Balkans par l'Autriche avec l'appui de l'Allemagne, sur les funestes effets de la propagande pangermaniste et autres faits de ce genre. La prépondérance des éléments pacifiques en France, la victoire des radicaux et des socialistes, partisans sans réserve de la paix, aux élections de 1914, les intentions pacifiques de la politique russe dirigée par Sazonow, la *tendance purement défensive* de la coalition de l'Entente — cette « arme défensive » —, la signification symptomatique des accords conclus par l'Allemagne avec l'Angleterre et la France relativement à leurs sphères d'intérêts en Asie Mineure etc. — bref, tous les facteurs favorables à la paix sont mis en relief d'une manière tout à fait impartiale par le nouvel ambassadeur belge, qui, d'autre part, stigmatise comme il convient les trouble-paix *des deux côtés.*

Des rapports de Beyens, le gouvernement allemand ne peut certes tirer l'ombre d'un argument qui lui permette d'imputer aux puissances de l'Entente l'intention de l'attaquer ou même seulement de l'encercler. Ce qui lui eût dans tous les cas le mieux convenu, c'eût été de bâillonner cet incommde diplomate, mais cela ne se pouvait pas. Après avoir déjà criblé les rapports d'ambassade trouvés aux archives belges au point de ne mettre au jour que ceux qui provenaient de trois capitales, et même de ne donner de ces derniers qu'une toute petite fraction, on ne pouvait pas mettre fin brusquement aux rapports de Berlin dès le départ de Greindl en juin 1912. Car cela eût constitué une manipulation par trop surprenante et suspecte. On a donc trié parmi les rapports de Beyens ceux qui étaient relativement les plus favorables, mais on a prudemment clos la série par *celui du 2 juillet 1914,* parce qu'il contient déjà les attaques les plus vives contre les exigences *présumées* de l'Autriche à l'égard de la Serbie, dont on commençait à parler, et que les rapports subséquents étaient à coup sûr accablants pour l'Autriche, bélier qu'on poussait en avant, et pour l'Allemagne, instigatrice proprement dite de la guerre.

Résumé des défauts extérieurs de la collection.

Nous voyons donc que la collection de documents publiée par l'Office des Affaires étrangères ne soutient pas le plus simple examen critique. *Les défauts extérieurs que l'on y relève suffisent déjà à lui enlever toute valeur probante.*

Je résume ces défauts encore une fois dans les propositions suivantes :

a. La collection ne contient que des rapports de trois capitales de grandes puissances ; ceux des trois autres capitales manquent complètement.

b. Des rapports adressés de Berlin, de Paris et de Londres, pendant les années 1905 à 1914, il n'a été publié qu'une faible partie, après un choix tendancieux ; la partie de beaucoup la plus considérable fait défaut.

c. Parmi les rapports mis au jour, ceux de l'ambassadeur belge à Berlin, baron Greindl, occupent une place démesurément grande. L'explication de ce fait se trouve dans les rapports eux-mêmes, qui se meuvent complètement dans le sillage de la politique berlinoise et des journalistes ses complices.

d. La collection de rapports se termine brusquement le 2 juillet 1914, c'est-à-dire juste au moment où commençait la crise européenne qui a conduit à cette guerre.

e. La collection de rapports renferme une série de lacunes surprenantes et suspectes, qui « par hasard » coïncident presque toujours avec des événements politiques dans lesquels le gouvernement allemand a joué un rôle funeste et donnant lieu à de sévères critiques.

f. La deuxième conférence de La Haye (1907), et les négociations qui ont eu lieu les années suivantes jusqu'en 1912 entre l'Allemagne et l'Angleterre en vue d'une entente, ne sont traités dans les rapports publiés que d'une manière tout à fait insuffisante.

g. L'exécution typographique de la collection donne au lecteur une fausse idée de son contenu : toutes les remarques favorables à l'Allemagne et défavorables aux puissances de l'Entente sont mises en relief au moyen de caractères gras, tandis que tout ce qui est défavorable à l'Allemagne et favorable aux puissances de l'Entente est imprimé en caractères ordinaires.

h. En divers passages, où les rapporteurs renvoient à des rapports précédents, ces derniers manquent à la collection.

Ces défauts extérieurs enlèvent déjà toute valeur à la collection de documents aux yeux de qui l'examine sans parti pris. Les matériaux trouvés aux archives de Bruxelles ont été à tel point criblés par le gouvernement allemand, recriblés et tamisés, qu'il n'y a pas lieu de s'étonner si, pour finir, il en est résulté un tableau d'ensemble flatteur pour Messieurs de la Wilhelmstrasse. Les fonctionnaires de l'Office des Affaires étrangères à qui l'on a confié cette agréable tâche paraissent s'être inspirés du précepte biblique: « Denn siebenzig mal *sieben*, das ist dem Bethmann lieb [1]. » Ils ont mis dans leur grand crible environ 1400 rapports, en ont laissé passer plus de 1200 à travers les trous, ont fait ensuite un triage attentif parmi les 200 qui restaient, séparé le bon grain de la balle, et enfin, sans épargner l'encre d'imprimerie, ils ont fait ressortir, dans ce qui leur a paru bon à garder, tout ce qui leur était avantageux. Et maintenant, ils viennent dire au monde : « Ce que nous vous offrons ici a été *l'opinion de la diplomatie belge* sur l'attitude des diverses grandes puissances, et cette

---

[1] Il y a ici un jeu de mots intraduisible. *Sieben* = *sept*, et aussi *cribler*, de sorte que la phrase signifie à la fois : soixante-dix fois *sept*, ou soixante-dix fois *cribler*, voilà ce qu'aime Bethmann.

opinion est en même temps *l'expression authentique de la réalité !* »
Vain effort ! La collection de l'Office des Affaires étrangères
prouve exclusivement ce que prouvent toutes les tentatives analogues du gouvernement allemand : l'effort convulsif que font
les coupables pour se blanchir et l'absence raffinée de scrupules
avec laquelle ils se procurent le savon nécessaire.

Les défauts intérieurs des rapports.

La situation personnelle des auteurs des rapports belges.

Même si la collection n'avait *pas* été faite de cette manière
tendancieuse, même si elle n'était pas incomplète, comme elle
l'est, et pleine de lacunes, les opinions des ambassadeurs belges
à Londres, à Paris et à Berlin n'en devraient pas moins être
accueillies *cum grano salis.*

Les ambassadeurs belges étaient les représentants d'un petit
État neutre, et n'étaient naturellement pas invités à assister aux
entretiens politiques de ceux des grandes puissances : tout ce
qui se disait et se traitait dans les cabinets des ministres des
Affaires étrangères, tout ce qui se discutait et se décidait dans
les entrevues des monarques et des ministres dirigeants des
grandes puissances n'arrivait qu'indirectement et par ouï-dire
aux oreilles des ambassadeurs belges, qui peuvent bien avoir
prêté une attention particulière, dans l'intérêt de leur propre
pays, aux conversations et aux décisions des personnalités importantes, mais n'ont certainement été honorés des confidences
d'aucun des ministres ou des diplomates dirigeants. Évidemment,
c'est de la paix de l'Europe que dépendaient l'heur et le malheur
du petit pays si malencontreusement enclavé entre les grandes
puissances, et dont le territoire avait déjà si souvent servi de champ
de bataille quand celles-ci se faisaient la guerre. Les ambassadeurs
de la Belgique ont sans doute, à cause de cela, dressé constamment
l'oreille pour s'apercevoir à temps de tous les orages lointains,
mais justement l'angoisse très compréhensible qu'ils éprouvaient
à chaque chute du baromètre politique de l'Europe peut avoir
troublé la clarté de leur coup d'œil et leur avoir souvent fait voir
des dangers effrayants là où il n'y en avait point du tout. C'est
chose connue de tous les psychiâtres que les sentiments d'angoisse
amènent facilement des représentations maladives et des halluci-
nations.

Si le royaume de Belgique avait été complètement désintéressé des conflits européens, si sa sécurité et son existence en avaient été complètement indépendantes, on pourrait peut-être reconnaître aux rapports de ses ambassadeurs la qualité que leur attribue, dans son introduction, l'Office des Affaires étrangères de Berlin, — celle d'un « exposé diplomatique objectif », fait par les « représentants d'un Etat qui n'était qu'*indirectement* intéressé à la grande politique mondiale, et pour ainsi dire, seulement comme spectateur ». Mais, en réalité, — comme le montre l'expérience, et comme devait le prévoir depuis longtemps tout spécialiste diplomate ou militaire — la Belgique était *directement* et au plus haut degré intéressée aux événements européens ; d'après les plans partout connus de l'état-major allemand, elle était destinée à être le souffre-douleurs sur le dos duquel les grandes puissances videraient leurs sanglants conflits. Dans ces conditions, la situation des ambassadeurs belges était particulièrement *difficile* et *pleine de responsabilités :* ils devaient tenir leur gouvernement au courant de tous les incidents qui se produisaient entre grandes puissances, recueillir et commenter tous les symptômes qui indiquaient des tensions entre elles ou faisaient pressentir un danger de guerre ; mais, d'autre part, ils n'étaient jamais en mesure de rendre compte, *d'après leurs propres observations,* des incidents qui se déroulaient dans les chancelleries des grandes puissances. Ils devaient tendre l'oreille, ausculter, espionner, combiner dans toutes les antichambres, dans tous les corridors, chez tous les diplomates et hommes d'Etat directement intéressés, et soumettre à leur gouvernement le résultat incertain de ces pénibles recherches dans des rapports censés donner la *situation* réelle, alors qu'en réalité ces rapports ne contenaient que des *impressions* personnelles, mélange tiré de toutes les sources possibles, plus ou moins troubles, et que chacun d'eux voyait à travers *ses* lunettes.

L' « amour de la vérité » des diplomates allemands.

Très souvent aussi, à ces ambassadeurs belges, « spectateurs désintéressés » du drame mondial, les acteurs principaux *donnaient intentionnellement le change.* Dans cet art ingénieux de tromper, les hommes d'Etat allemands, en particulier, étaient arrivés à une virtuosité tout à fait étonnante : n'avaient-ils pas — en présence des bruits qui couraient en Europe depuis des années, et d'après lesquels l'Allemagne marcherait sur Paris à travers la

Belgique lors de l' « inévitable » guerre avec la France — à tranquilliser le petit pays voisin et à le bercer dans une trompeuse sécurité ? Le n° 12 du premier Livre gris belge — auquel j'ai déjà rendu attentif dans *J'accuse* (p. 207) — est extraordinairement instructif à cet égard. En 1911, lors des discussions diplomatiques que souleva la fortification de Flessingue, les craintes d'une violation de la neutralité belge par l'Allemagne s'étaient fait jour avec une intensité particulière. M. de Bethmann fut prié par le gouvernement belge de les dissiper par une déclaration publique au Reichstag, dans l'intérêt des bons rapports entre les deux pays. Que répondit le chancelier allemand ? Que l'Allemagne n'avait pas l'intention de violer la neutralité belge, *mais qu'il ne pouvait faire une déclaration officielle dans ce sens* parce que la situation militaire de l'Allemagne pourrait par là être affaiblie, en cas de guerre, au profit de la République française : assurée du côté du nord, la France pourrait concentrer toutes ses forces sur sa frontière orientale.

Pareille assurance fut donnée par le secrétaire d'Etat pour les Affaires étrangères, M. de Jagow, à la Commission du budget du Reichstag, le 29 avril 1913, lors de la discussion du grand projet militaire : à la question qui lui fut posée à ce sujet par un social-démocrate, il répondit en déclarant expressément que l'Allemagne était résolue à *respecter en tout état de cause la neutralité belge*, garantie par des traités internationaux. Le ministre de la guerre d'alors, M. de Heeringen, confirma cette déclaration. (Voir l'annexe au n° 12 du premier Livre gris belge.)

Comme personne n'osera prétendre que les plans de l'état-major allemand, qui prévoyaient le passage à travers la Belgique, ne reposaient pas dans ses cartons à Berlin, fixés jusqu'au moindre détail, des années déjà avant l'explosion de la guerre, on peut se faire une idée de l'« amour de la vérité » et du sang-froid avec lesquels les hommes d'Etat belges à Berlin — et peut-être aussi ailleurs — étaient trompés suivant les besoins de la grande politique. Il est vraiment amusant de voir les mêmes hommes, MM. de Bethmann et de Jagow, qui font preuve d'un si grand amour de la vérité à l'égard des diplomates belges, représenter les rapports de ces derniers — pour autant qu'ils leur sont favorables après un consciencieux criblage — comme *des modèles d'exposés historiques*. Pour peu que les ministres dirigeants des autres grandes puissances aient trompé la moitié autant les ambassadeurs belges que l'ont fait les Messieurs de la Wilhelmstrasse, on peut se représenter combien fidèle à la vérité doit être le tableau que les Belges ont fait, dans leurs rapports, de la situation européenne.

* * *

Il vaut la peine de noter encore, à ce propos, que les faits ci-dessus mentionnés, de 1911 et de 1913, ne font l'objet d'*aucune mention quelconque* dans la collection de rapports, bien que la question du passage éventuel des armées allemandes à travers la Belgique fût pour ce petit pays une question de vie ou de mort. Dans ses rapports de 1911 — pour autant que l'Office des Affaires étrangères les reproduit — le baron Greindl ne dit mot de la question adressée à Bethmann et de la réponse de ce dernier. Or il est impossible qu'il n'y ait pas abordé ce sujet d'une importance capitale. Ou bien, donc, le rapport était par avance défavorable aux hommes d'État allemands, ou bien l'on a eu à Berlin le sentiment juste qu'après les événements d'août 1914 la déclaration antérieure et tranquillisante de Bethmann ferait l'effet d'un mensonge flagrant. Voilà pourquoi l'incident n'est pas mentionné dans la collection allemande de rapports.

On a exécuté la même manœuvre relativement à l'incident de 1913. Mais ici nous pouvons prouver par les pièces la tactique de la suppression. Le Livre gris I (annexe au n° 12) nous apporte le *rapport original du baron Beyens*, qui raconte jusque dans les moindres détails ce qui s'est passé à la Commission du budget. Mais justement ce rapport — du printemps de 1913 — qui doit pourtant s'être trouvé parmi les documents dénichés à Bruxelles — manque dans la collection allemande.

La suppression de ces deux pièces de la plus haute importance fournit un élément précieux à qui veut juger la publication allemande.

* * *

Un autre et joli exemple de la façon dont les diplomates allemands ont trompé leurs collègues belges nous est fourni par les *n*^{os} *19 et 20 du premier Livre gris*. Au cours de la journée du 2 août, le ministre belge des Affaires étrangères, Davignon, communiqua à l'ambassadeur d'Allemagne à Bruxelles, M. de Below-Saleske, la déclaration que l'ambassadeur de France, Klobukowski, avait remise le jour précédent à son gouvernement touchant le respect de la neutralité belge. M. de Below remercia du ton le plus poli, mais regretta de n'avoir *encore reçu aucun mandat de son gouvernement* pour une déclaration officielle en cette affaire : son opinion personnelle, ajouta-t-il, au sujet de la tranquillité avec laquelle la Belgique pouvait envisager son voisin de l'Est était bien connue. A la remarque du ministre belge qu'après les innombrables déclarations antérieures de l'ambassadeur allemand, il n'avait sans doute aucun motif de douter de sa parfaite correction, mais qu'il n'en attacherait pas moins, dans l'intérêt de son pays, une grande valeur à une *déclaration formelle* du gouvernement allemand, — à cette remarque de Davignon, l'ambassadeur ne fit pas non plus de réponse. En revanche, le même soir à 7 heures, il remit au ministre belge l'*ultimatum* connu (1er Livre gris, n° 20) dans lequel le gouvernement allemand réclamait le passage à travers la Belgique en prétextant « l'intention de la France de marcher sur l'Allemagne par le territoire belge», et lui demandait de ne pas regarder ce passage comme un acte d'hostilité.

Cet exemple aussi montre avec quel amour de la vérité la diplomatie belge a été traitée par la diplomatie allemande. Représentez-vous que des incidents pareils à ceux qui se sont passés l'après-midi et le soir du 2 août entre le ministre belge et l'ambassadeur allemand se soient produits dans une capitale européenne quelconque entre l'ambassadeur belge et le ministre des Affaires étrangères de cette capitale, que l'ambassadeur ait envoyé sur chacun de ces incidents un rapport *spécial*, mais qu'un collectionneur de pièces n'ait publié que le premier rapport et ait supprimé le second — et vous pourrez vous faire une idée de la façon dont on peut, par un *choix* tendancieux de documents, et sans falsification directe, déformer la vérité et même la transformer en son contraire.

La Belgique, victime à dépouiller en commun.

Je disais plus haut que les rapports belges — abstraction faite de la manière tendancieuse dont ils ont été réunis par le gouvernement allemand — n'ont que peu ou même point de valeur comme matériel de preuve, parce que les ambassadeurs belges n'avaient connaissance de la grande politique *que par oui-dire*, et qu'ils ont souvent été *trompés directement* par les hommes d'Etat dirigeants des grandes puissances. La déloyauté des grands à l'égard des petits reposait parfois sur cette circonstance que la Belgique — comme d'autres petits Etats, par exemple le Portugal — étaient considérés comme des victimes à dépouiller en commun, et que leurs possessions d'outre-mer étaient regardées comme des objets de compensation pour concilier les rivalités des grandes puissances européennes.

Un intéressant exemple de ce fait nous est fourni par le n° 2 du 2ᵉ Livre gris, dont je reproduis ci-dessous le texte en raison de son importance. Il s'agit d'un *rapport du baron Beyens, du 2 avril 1914*, sur une communication confidentielle que lui avait faite l'ambassadeur français, Jules Cambon, relativement à l'entretien qu'il venait d'avoir avec Jagow :

Livre gris II, n° 2.

Berlin, le 2 avril 1914.

Monsieur le Ministre,

M. l'Ambassadeur de France m'a fait part ce matin confidentiellement d'une conversation qu'il avait eue tout dernièrement avec M. de Jagow, après un dîner intime auquel il avait été invité chez ce dernier.

Pendant une récente absence de M. Cambon, le Secrétaire d'Etat aux Colonies, rencontrant le Chargé d'affaires de France dans une soirée et, quelques jours après, l'attaché naval, leur avait dit que l'Allemagne et la France devraient bien s'entendre pour la construction et le raccordement des lignes de chemin de fer qu'elles projetaient de construire en Afrique, afin que ces lignes ne se fissent pas concurrence.

M. Cambon demanda ce que signifiaient ces ouvertures. M. de Jagow répondit que la question était encore à l'étude, mais qu'il était d'avis, comme M. Solf, qu'une entente entre les deux pays et aussi avec l'Angleterre serait des plus utiles. Dans ce cas, reprit l'Ambassadeur, il faudrait inviter la Belgique à conférer avec nous, car elle construit de nouveaux chemins de fer au Congo et, à mon sentiment, il serait préférable que la Conférence se tînt à Bruxelles.

« Oh ! non, répondit le Secrétaire d'Etat, *car c'est aux dépens de la Belgique que notre accord devrait se conclure.* — Comment cela ? — *Ne trouvez-vous pas que le Roi Léopold a placé sur les épaules de la Belgique un poids trop lourd ?* La Belgique n'est pas assez riche pour mettre en valeur ce vaste domaine. C'est une entreprise au-dessus de ses moyens financiers et de ses forces d'expansion. Elle sera obligée à y renoncer. »

L'Ambassadeur trouva ce jugement tout à fait exagéré.

M. de Jagow ne se tint pas pour battu. Il développa l'opinion que *seules les grandes Puissances sont en situation de coloniser.* Il dévoila même le fond de sa pensée en soutenant que *les petits Etats ne pourraient plus mener,* dans la transformation qui s'opérait en Europe au profit des nationalités les plus fortes, par suite du développement des forces économiques et des moyens de communication, *l'existence indépendante* dont ils avaient joui jusqu'à présent. Ils étaient *destinés à disparaître ou à graviter dans l'orbite des grandes Puissances.*

L'Ambassadeur répondit que ces vues n'étaient pas du tout celles de la France ni, autant qu'il pouvait le savoir, celles de l'Angleterre ; qu'il persistait à penser que certains accords étaient nécessaires pour la mise en valeur de l'Afrique, mais que, dans les conditions présentées par M. de Jagow, toute entente était impossible.

Sur cette réponse, M. de Jagow se hâta de dire qu'il n'avait exprimé que des idées toutes personnelles, *qu'il n'avait parlé qu'à titre privé et non en Secrétaire d'Etat* s'adressant à l'Ambassadeur de France.

M. Cambon n'en attache pas moins une signification très sérieuse aux vues que M. de Jagow n'a pas craint de dévoiler dans cet entretien. Il a pensé qu'il était de notre intérêt de connaître *les dispositions dont le dirigeant officiel de la politique allemande est animé à l'égard des petits Etats et de leurs colonies.*

J'ai remercié l'Ambassadeur de sa communication absolument confidentielle. Vous en apprécierez certainement toute la gravité.

Baron BEYENS.

L'entretien ici rapporté a, il est vrai, été démenti par Jagow, mais je n'ai aucune raison d'attribuer à ce démenti une plus grande valeur qu'au récit de l'ambassadeur belge que l'Office des Affaires étrangères de Berlin produit *comme témoin de la couronne* — là où il croit pouvoir tirer de ses rapports des conclusions favorables. Je n'ai pas davantage de raisons de me méfier de l'ambassadeur français Jules Cambon, qui a toujours passé auprès de ses collègues pour une personnalité d'un commerce tout à fait sûr et d'une véracité absolue, à qui même les officieux de Berlin ont rendu hommage au moment de son départ, et dont les nombreux rapports dans le Livre jaune font sur tout lecteur non prévenu l'impression de la sincérité et témoignent d'une sérieuse volonté pacifique.

Jagow n'a nullement contesté l'authenticité du rapport de Beyens, mais seulement *le contenu de son prétendu entretien* avec Cambon. Le rapport de Beyens est donc reconnu authentique ; seul, le récit fait par l'ambassadeur de France, Cambon, à Beyens a été déclaré contraire aux faits. Il eût d'ailleurs été difficile au gouvernement allemand de nier l'authenticité de cette pièce, car il *doit en avoir trouvé l'original aux archives de Bruxelles.* Il publie, en effet, quatre rapports de Beyens remontant à l'année 1914, et datés du 20 février, du 24 avril, du 12 juin et du 2 juillet. Entre le premier et le second de ces rapports se place celui du 2 avril, dont une copie ou un duplicata doit être resté entre les mains du gouvernement belge. *Pourquoi MM. Bethmann et Jagow suppriment-ils le rapport de Beyens du 2 avril ?* Parce qu'il leur est désagréable, parce qu'il est compromettant pour eux, parce qu'il fournit la preuve du manque brutal d'égards de la grande Allemagne pour la petite Belgique, la preuve des tendances conquérantes et impérialistes de l'Empire central.

La suppression de ce rapport est un nouveau symptôme de la tactique de fa ssaires de Messieurs de la Wilhelmstrasse. Il est extrêmement regrettable que le gouvernement belge ne paraisse pas être en mesure de remplir les autres lacunes de la collection allemande en publiant les autres rapports. On peut se représenter, d'après cet exemple fortuit, à quel point le tableau serait changé si tous les vides de la publication de Berlin étaient remplis comme celui du 2 avril 1914, si, surtout, les rapports des trois capitales manquantes y étaient ajoutés, et si la collection était continuée jusqu'au moment où la guerre a éclaté. Comme cela paraît être impossible — parce que, comme on peut le supposer, les documents nécessaires font défaut — l'investigateur consciencieux se voit dans la nécessité de concentrer son attention sur les quelques exemples dont il dispose et d'étendre à l'ensemble les conclusions qu'il en tire.

Le rapport du 2 avril 1914 — ou du moins les déclarations de Jagow qui y sont reproduites — respirent l'esprit qui animait avant la guerre et qui anime encore, pendant la guerre, toute la littérature pangermaniste, l'esprit de *rapacité insatiable* des Grands et Puissants aux dépens des Faibles et Petits, cet esprit que Bernhardi a défini dans les phrases suivantes : Le temps des petits États neutres est passé ; ils doivent ou bien disparaître de la surface du globe ou bien chercher à s'appuyer sur l'un des grands États ; surtout ils ne sont ni justifiés ni aptes à posséder de vastes colonies, qu'ils ne pourraient exploiter dans la même mesure qu'une grande puissance [1]. L'esprit de Bernhardi et de l'All-deutschland se meut sur les eaux de l'entretien Jagow-Cambon et lui confère — indépendamment de l'attestation d'authenticité fournie par le diplomate français — la *vraisemblance interne.*

* * *

J'ai déjà parlé de la teinte noir-blanc des idées du baron Greindl. Mais le *comte Lalaing* et le *baron Guillaume*, ambassadeurs à Londres et à Paris, devaient naturellement, eux aussi, en qualité de membres du gouvernement conservateur clérical qui a présidé aux destinées de la Belgique bien des années avant la guerre, avoir plus de sympathies pour les puissances impériales absolues et réactionnaires que pour celles de l'Occident, démocratiques et amies du progrès. Il ne faut d'ailleurs pas oublier qu'en Belgique gouvernement et peuple étaient loin d'être bien disposés pour les Anglais à cause de la politique africaine de ces derniers, qui mettait en péril l'indépendance de l'État du Congo, et qui parfois menaçait de dégénérer en conflit ouvert entre la Grande-Bretagne

---

[1] A ce sujet, voir aussi *J'accuse*, p. 174.

et le petit royaume neutre. Les Anglais avaient à certains moments donnés — c'est là un fait généralement connu et confirmé par nombre d'incidents politiques — un fort appétit pour le Congo belge, ou tout au moins pour une partie de son territoire, à l'effet d'arrondir leurs possessions africaines. Le danger était là, que cet appétit anglais ne se rencontrât avec la faim dévorante qu'éprouvent les Allemands pour l'extension de leur puissance coloniale, et que l'empire africain plein d'avenir du petit État sans défense ne devînt l'innocente proie de la voracité des deux grandes monarchies. Combien sérieusement ces Messieurs de Berlin avaient envisagé ce pillage en commun d'un tiers, l'entretien ci-dessus mentionné de Jagow avec Cambon l'a montré. (Livre gris II, n° 2.) La circonstance que l'Angleterre avait été la première à jeter ses regards avides sur l'empire du Congo belge, et la vive campagne qui en était résultée entre les gouvernements et la presse des deux pays, peuvent avoir contribué aussi pour une part à indisposer par avance les ambassadeurs belges pour la politique anglaise.

Ainsi donc — abstraction faite des défauts extérieurs, qui se peuvent statistiquement établir, de la collection allemande de documents — beaucoup de *motifs internes* nous font voir dans les rapports des trois ambassadeurs belges des récits partiaux et subjectifs bien plutôt que des exposés objectifs et historiques.

La légende de l'alliance offensive anglo-belge.

Mais je voudrais, dès maintenant, faire ici une remarque entre parenthèses : en publiant les rapports d'ambassade belges avec les charges partielles, mais indéniables, qu'ils portent contre la politique de l'Entente, et en les donnant comme l'image historique fidèle de la réalité européenne, le gouvernement allemand — naturellement sans le vouloir, ou même sans seulement y prendre garde — enlève tout fondement à son affirmation d'un *complot tramé par la Belgique avec les puissances de l'Entente* contre l'Allemagne. Que la Belgique n'eût et ne pût avoir *qu'un intérêt déterminant,* le maintien de la paix européenne — qui était en même temps le maintien de sa neutralité — cela va de soi ; cela ressort de toutes les phrases des rapports de ses ambassadeurs, et n'est même pas contesté par le gouvernement allemand. Comment donc la Belgique eût-elle pu en venir à s'allier justement avec *les* puissances dont la politique est représentée bien souvent dans les rapports de ses ambassadeurs comme provocante à l'égard du chauvinisme allemand, et, en *ce* sens, comme de nature à déchaîner la guerre ? Pourquoi se serait-elle justement alliée contre la puissance en qui la tendancieuse collection de rapports fait voir une amie et une sauvegarde de la paix, la victime innocente des courants militaristes et nationalistes qui se manifestent de l'autre côté ? Comme la Belgique n'avait intérêt qu'à la paix, il était naturel, si elle voulait sortir de sa stricte neutralité, qu'elle associât ses destinées à celle des puissances qui — à ce que prétend l'Allemagne et à en croire certains passages des rapports de Greindl — était le plus sûr asile de la paix en Europe.

En ce qui concerne en particulier le prétendu *complot anglo-belge* Barnardiston-Ducarne de 1906 — cette prétendue « convention » qui en réalité était une simple « conversation » entre militaires et n'engageait à rien — nous savons par le rapport de Greindl du 5 avril 1906 (*Belgische Aktenstücke*, n° 17), que cet entretien entre l'attaché militaire anglais et le chef de l'état-major belge était *bien connu* de l'ambassadeur à Berlin. Nous connaissons également les sympathies de Greindl pour l'Allemagne, sa confiance aveugle dans l'amour de l'Allemagne pour la paix. Veut-on nous faire croire que Greindl eût conservé, ne fût-ce qu'un moment, sa charge d'ambassadeur à Berlin si ces conversations entre le lieutenant-colonel anglais et le chef de l'état-major belge avaient eu le plus vague caractère d'une « convention », d'un rapprochement entre la Belgique et l'Angleterre ou même d'une complicité de la première avec la seconde, en un mot si elles avaient eu une *pointe* contre l'Allemagne ? Cette simple considération suffit déjà à enlever tout fondement au reproche fait à la Belgique d'avoir perfidement violé sa neutralité.

Mieux que par quoi que ce soit d'autre, la légende de l'alliance offensive anglo-belge contre l'Allemagne est radicalement détruite par la collection allemande de rapports : ou bien ces rapports disent la vérité, c'est-à-dire n'ont pas été tendancieusement rassemblés pour donner une image fausse, et alors le complot anglo-belge est démasqué sans autre comme invention ; ou bien ces rapports disent la contre-vérité, c'est-à-dire que leur groupement tendancieux *fausse* le tableau général de l'Europe (qui apparaîtrait tout autre si l'on publiait *tous* les rapports des ambassadeurs belges de toutes les capitales), et alors s'écroulent toutes les conclusions que le gouvernement allemand tire de son recueil. Alors s'écroule la prétendue preuve de « l'amour de la paix de l'empereur allemand, des tendances pacifiques de la politique allemande et de la grande longanimité de l'Allemagne », d'une part ; des «provocations de l'Angleterre et de la France», de la « soif de vengeance d'Iswolsky», d'autre part, faute d'un moyen approprié pour l'administrer. Ainsi que le dit la vieille expérience : Qui veut trop prouver ne prouve rien...

Que doivent prouver les rapports ?
Que prouvent-ils en réalité ?

Voilà ce que nous avions à dire de la valeur générale du recueil de documents. Mais si nous admettons que tous les défauts extérieurs et intérieurs dont ce recueil est entaché n'existent pas ; que ces rapports donnent de la politique européenne pendant les années 1905 à 1914 un tableau fidèle peint par des observateurs impartiaux — que contiennent-ils donc en réalité, ces fameux rapports ? Que doivent-ils prouver, de l'avis de l'Allemagne ? A établir quelle thèse défensive du gouvernement allemand doivent-ils servir ? *Que prouvent-ils en réalité ?*

L'étude de cette question, qui constitue naturellement le point essentiel de l'appréciation de ces documents, personne jusqu'ici, pour autant que je le sache, ne l'a abordée, à part les écrivains qui se sont donné expressément pour tâche de défendre l'Allemagne et l'Autriche, et de prouver qu'elles sont innocentes de la guerre. J'ai déjà fait remarquer plus haut que les extraits des rapports d'ambassadeurs belges constituent un des moyens que l'on affectionne et auxquels on recourt le plus pour prouver l'innocence de l'Allemagne. Si les morceaux officiellement extraits de l'ensemble des matériaux existants donnent déjà l'image partiale que nous offre le recueil, on peut s'imaginer ce qui se produit lorsque des écrivains empressés font *des extraits de ces extraits* et cherchent à nous faire prendre pour vérité historique le résultat de leur double criblage. Le lavis noir-gris du gouvernement allemand se transforme en une nuit qui accumule les noirceurs du charbon, de la poix et du corbeau, et qui entoure de ses sombres ailes les coupables gouvernements de l'Entente.

> Wie konnt'ich über andrer Sünden
> Nicht Wörte g'nug der Zunge finden !
> Wie schien mir's schwarz, und schwärzt's noch gar,
> Mir's immer doch nicht schwarz g'nug war [1].

[1] Je ne pouvais trouver assez de blâme pour les péchés des autres ! Si noirs qu'ils me parussent, je les noircissais encore, mais jamais ils n'étaient assez noirs pour moi.

Ces paroles de Gretchen au bord du puits paraissent être l'astre conducteur des peintres en noir allemands, qui ont entrepris la tâche facile et profitable de tirer de la publication allemande la quintessence de toutes les charges contre les puissances de l'Entente mises en relief par des caractères gras du noir le plus foncé, et d'en composer un poison en apparence mortel pour ces trouble-paix qui s'appellent Angleterre, Russie et France.

A l'encontre de cette méthode d'accusation restée jusqu'ici incontestée et irréfutée, il est grand temps, me semble-t-il, d'aller enfin une fois au fond des choses, de soumettre les rapports belges à une analyse attentive, de déterminer la thèse que l'on prétend prouver par elles, et de rechercher si et jusqu'à quel point cette prétendue preuve doit être tenue pour faite.

Que veut prouver le gouvernement allemand par sa publication ? Il ne peut en définitive tendre qu'à se décharger de la responsabilité de la guerre. Mais il ne pourrait s'en décharger qu'en s'appuyant sur deux faits :

ou bien sur une attaque effective de la part des puissances de l'Entente en été 1914 ;

ou bien — si l'on se place au point de vue des préventionnistes — sur une attaque que ces puissances avaient l'intention prouvée de tenter plus tard, et que l'on devait prévenir au moment le plus favorable.

Si la publication des rapports d'ambassade doit avoir un sens et un but quelconques, elle ne peut donc se proposer que ceci : *justifier ou bien la guerre défensive allemande ou bien la guerre préventive allemande.*

La publication atteint-elle ce but ? Est-elle *de nature* à atteindre ce but ?

a) Elle ne peut servir à justifier la *guerre défensive,* pour ce motif déjà qu'elle s'arrête au 2 juillet 1914, c'est-à-dire trois semaines avant l'ultimatum autrichien. Le rapport de Beyens du 2 juillet renferme praenumerando, comme nous l'avons déjà dit, une critique sévère des exigences probables que l'Autriche émettrait contre la Serbie. Pas question, naturellement, à ce premier stade de l'affaire, de la moindre velléité, intention ou menace de guerre de la part des puissances de l'Entente. Il est d'ailleurs à remarquer que Beyens — à la différence de Greindl — n'impute nulle part des *intentions de guerre* aux gouvernements de l'Entente. De cette seule circonstance déjà — clôture du recueil cinq jours après le meurtre de Sarajevo, vingt-et-un jours avant l'ultimatum autrichien —il résulte que le recueil de documents ne saurait être invoqué pour prouver la guerre défensive, et qu'il n'a d'ailleurs rien à voir avec le conflit actuel qui a conduit à la guerre. *Ainsi est définitivement écartée la thèse suivant laquelle la publication officielle doit prouver que l'Allemagne mène une guerre défensive.*

b) Il ne reste donc plus que la thèse de la *guerre préventive.* Le but de la publication allemande ne peut être que de prouver cette thèse. Mais en se proposant comme but de sa publication d'établir cette thèse, le gouvernement allemand *se désavoue lui-même* ; il donne un démenti à tous les discours, proclamations et appels impériaux, royaux et ministériels qui, jusqu'ici, invariablèment, ont offert comme consolation aux malheureuses victimes de ce grand massacre l'image de « la patrie perfidement attaquée ». Même s'il était vrai que les rapports belges démontrassent l'existence, en fait, de toutes les conditions préalables qui — d'après nos exposés précédents — pourraient justifier une guerre préventive selon les théories des préventionnistes, le gouvernement allemand, en entrant dans cette voie de preuve, avouerait et reconnaîtrait ceci : *Nous ne menons pas une guerre défensive, mais nous avons été contraints de nous livrer à une attaque préventive,* parce que, sans cela, nous aurions été attaqués par nos adversaires.

Le cas est donc extraordinairement défavorable au gouvernement allemand. S'il réussit à prouver que les autres *voulaient* nous attaquer, il prend aux yeux du monde et de son propre peuple l'attitude d'un menteur en parlant de « guerre défensive ». Mais s'il n'y réussit pas, la publication belge a complètement manqué son but : la guerre allemande n'est *pas même justifiée comme guerre préventive* et encore bien moins comme guerre défensive.

Les rapports révèlent-ils un complot agressif des puissances de l'Entente ?

Je le déclare hautement :

Les rapports d'ambassade réunis par le cabinet de Berlin, si tendancieusement et partialement qu'ils aient été triés, si attaquables qu'ils soient dans le détail, si incomplets qu'ils soient dans l'ensemble, *ne renferment pas la moindre trace, pas l'ombre d'un indice que les puissances de l'Entente aient projeté en 1914 ou pour plus tard une attaque contre l'Allemagne.*

Même les extraits des extraits que l'on nous sert partout dans la littérature de guerre allemande ne révèlent aucune intention agressive, aucun complot offensif, aucun projet d'attaque, mais seulement des *courants* nationalistes en France, des *sentiments* de jalousie en Angleterre, des *antipathies* panslavistes en Russie. Il serait ridicule de vouloir nier, dans les pays de l'Entente, les tendances de pensée mentionnées à diverses reprises dans les rapports — tout au moins comme expression de l'opinion des députés belges. Je concède expressément que les ambassadeurs de Londres, de Paris et de Berlin parlent à maintes reprises d'une politique dangereuse du roi Edouard, de l'apparition de courants chauvinistes en France, de la soif de vengeance et de l'esprit de chicane d'Iswolsky, etc. Tous les passages où il en est question sont mis en relief dans la publication allemande par des caractères gras, et faciles à trouver pour chacun. Il n'est donc pas nécessaire que je les reproduise ici ; *je constate leur existence,* et j'espère me mettre ainsi à l'abri du reproche de donner, de mon côté, un compte-rendu partial des faits, de laisser malicieusement dans l'ombre ceux qui sont défavorables à mes thèses accusatrices. Mais, en faisant cette concession, je dois encore une fois faire remarquer que ces charges portées contre les puissances de l'Entente apparaîtraient sous un tout autre jour, et seraient pour le moins compensées par des charges égales ou plus graves portées contre les puissances impériales, si l'on avait publié *tous* les rapports d'ambassade de *toutes* les capitales.

Je n'en peux et n'en veux pas moins concéder tranquillement que les ambassadeurs belges, pour autant que nous avons leurs rapports, apportent plus d'une charge contre les souverains et les gouvernements des puissances de l'Entente. Je puis concéder cela d'autant plus facilement que ce qu'ils nous apportent n'est *absolument d'aucun poids* dans la question qui nous occupe ici. La guerre défensive est, comme nous l'avons vu, exclue déjà pour des motifs extérieurs, en tant que l'on invoque les rapports belges comme moyens de preuve. Mais, pour la guerre préventive, il ne suffit pas qu'on relève au compte du parti adverse des sentiments de jalousie, de vengeance et de chicane, ou même une politique de provocation ; la guerre préventive exige pour sa justification — si tant est qu'on veuille la justifier, chose, selon moi, à repousser en principe — cette guerre, conçue comme la conçoivent les préventionnistes, exige *l'intention précise et démontrable d'une attaque armée* de la part du parti adverse [1].

La question que nous avons à examiner est donc tout simplement celle-ci :

> Ressort-il des rapports d'ambassade belges l'intention des puissances de l'Entente de se livrer à une attaque armée contre l'Allemagne ou son alliée ? Oui ou non ?

Si oui, la guerre préventive est justifiée — du moins selon les théories des préventionnistes ; si non, la guerre préventive n'est pas justifiée, et les documents n'ont pas plus de valeur en ce qui la concerne qu'en ce qui concerne la guerre défensive.

* * *

Si les documents contenaient la moindre chose indiquant des intentions réelles d'agression *militaire* de la part des puissances de l'Entente, le gouvernement allemand se serait empressé de le faire ressortir avec une netteté particulière dans son introduction. Or il n'en fait rien. Même le gouvernement allemand ne peut tirer des rapports belges autre chose qu' « un matériel d'accusation contre la *politique* des puissances de l'Entente » :

Le gouvernement anglais comme instigateur, le roi Édouard VII comme porte-bannière des efforts de l'Entente en vue de *l'isolement de l'Allemagne,* tel est le thème qui revient constamment dans les rapports.....

L'orgueil anglais et la prétention de l'Angleterre de monopoliser le commerce mondial et de dominer sur les mers, les menées de la presse excitatrice anglaise, sont caractérisés comme il convient. Le manque de sincérité de la *politique marocaine* de la France, les perpétuelles violations de traités dont la France s'est rendue coupable au Maroc grâce à l'appui de l'Angleterre, sont constatés. On y rend attentif à la recrudescence menaçante du *chauvinisme français* et à la résurrection des antagonismes franco-allemands comme résultat de l'entente avec l'Angleterre.....

Ces phrases, et le reste de l'introduction, attestent, par le vague et l'imprécision des charges relevées contre les adversaires du gou-

---

[1] Voir, à ce sujet, le *Crime*, vol. II, chap. I, « La guerre préventive », et chap. II, « Théorie et pratique de la guerre préventive ».

vernement allemand, que celui-ci ne peut établir par les rapports belges l'existence d'un complot agressif. Le point essentiel de l'accusation allemande, c'est le reproche formulé contre la politique du roi Édouard d'avoir eu pour but l' *« isolement »* de l'Allemagne, et d'avoir ainsi créé l'état de tension européenne qui a finalement conduit à la guerre.

Qu'est-ce que c'est que l' « isolement de l'Allemagne » ?

En effet, les ambassadeurs belges — et naturellement, en première ligne, Greindl — parlent en maints passages de cette « politique d'isolement » de l'Angleterre et dépeignent les dangers qu'elle renferme en elle et fait courir à l'Europe. *Mais qu'est-ce que cet isolement ?* Peut-on parler d'isolement, alors que depuis plusieurs décades l'Allemagne formait avec ses alliées l'Autriche et l'Italie une Triplice, *à une époque où il n'était nullement question encore d'une entente quelconque ?* Peut-on soutenir sérieusement que la Triplice ait été un organisme plus faible, moins influent, moins imposant que la Triple-Entente ? La Triplice, précisément, — ainsi que je l'ai fait ressortir déjà dans mon premier livre, — n'a-t-elle pas eu, ne fût-ce que grâce à la puissance militaire de l'Allemagne, une voix si déterminante dans le concert européen, que presque tous les conflits des dix dernières années auxquels un de ses membres était intéressé ont été résolus en faveur de ce membre-là ? L'Autriche n'a-t-elle pas réussi à s'annexer la Bosnie, et l'Italie n'a-t-elle pas pu mener à bien la guerre tripolitaine ? Toutes les questions adriatiques soulevées par la guerre des Balkans n'ont-elles pas été liquidées selon les vœux de l'Autriche et de l'Italie ? S'il n'a pas abouti à une victoire diplomatique de l'Allemagne, le conflit marocain ne lui a-t-il pas procuré une précieuse compensation territoriale ? Les questions d'intérêt se rattachant à l'Asie Mineure n'ont-elles pas été réglées immédiatement avant la guerre, par des compromis satisfaisants entre l'Allemagne d'un côté, l'Angleterre et la France de l'autre ? Un accord relatif à certains territoires du centre de l'Afrique n'avait-il pas déjà été arrêté entre l'Angleterre et l'Allemagne, accord auquel il ne manquait plus que les signatures et les ratifications au moment où la guerre a éclaté [1] ? L'industrie

---

[1] Sur tous les détails de ces accords, voir le mémoire du *prince Lichnowsky* : *Ma mission à Londres*, 1912-1914, paru en allemand au printemps de 1918 chez Orell Fussli, à Zurich.

et le commerce de l'Allemagne n'étaient ils pas entrés sans entrave en une voie de développement toujours plus brillante dans tous les pays et sur toutes les mers ? Que signifie le mot « isolement » appliqué à une puissance comme l'Allemagne qui, indépendamment de sa propre force, avait à ses côtés deux acolytes liés à elle par des traités, tandis que le parti adverse ne disposait que d'une alliance à deux et d'une entente avec l'Angleterre, *qui laissait celle-ci presque entièrement libre ? Où, quand et comment s'est manifesté le prétendu isolement de l'Allemagne ?* Quel dommage ont subi, par suite de ce prétendu isolement, le peuple allemand, sa civilisation, son commerce, son industrie, sa puissance, son influence dans le monde ? J'ai montré ailleurs — en me basant justement sur les écrits du secrétaire d'Etat allemand, Dr Helfferich — l'essor phénoménal de l'Allemagne pendant les vingt-cinq premières années du régne de l'empereur Guillaume [1].

Si *tel* a été le résultat de la politique anglaise d'isolement, il serait vraiment à souhaiter pour tout pays et tout peuple d'être « isolé » de cette manière.

Nous avons assisté, au cours de l'histoire diplomatique récente de l'Europe, à l'isolement d'un Etat. Cet Etat était l'Angleterre, avant la conclusion de l'entente avec la France. Mais comment les Anglais appelaient-ils eux-mêmes cet isolement ? « Splendid *isolation* », splendide isolement. Ils étaient fiers de pouvoir jouer leur rôle influent, même isolés en Europe, sans alliances, sans ententes. Le cabinet unioniste, précisément, qui, beaucoup plus que le cabinet libéral dont il a été suivi, était porté aux idées d'expansion, le cabinet unioniste a été lui-même l'objet de cet isolement, et il y a vu un fier monument de sa propre puissance et de sa propre grandeur. Comme le dit Tell à Stauffacher : « C'est quand il est seul que l'homme fort est surtout fort. » Est-ce que l'Angleterre, quand elle était si splendidement isolée, s'est moins bien trouvée aux points de vue économique et politique, et à celui de la culture ? Est-ce que l'Allemagne s'est sentie malheureuse, est-ce qu'elle a manqué de puissance, d'influence et d'activité économique dans les années qui ont précédé la guerre, et où elle a été, soi-disant, isolée ? Soi-disant ! En réalité, Triplice et Triple-Entente, deux groupes puissants se trouvaient en face l'un de l'autre, mais il y avait un important excédent de puissance du côté de celui que dirigeait l'Allemagne. Le cours de

---

[1] Voir *J'accuse*, p. 35 sq. ; *le Crime*, vol. II, p. 364 sq.

cette guerre ne prouve-t-il pas, d'ailleurs, que l'Allemagne et l'Autriche presque seules — avec le médiocre appui de la Bulgarie et de la Turquie — sont en état de soutenir avec succès *sans* la troisième alliée, l'Italie, et même *contre* celle-ci, et les trois autres grandes puissances, une lutte titanesque depuis quatre ans accomplis ? L'Allemagne, la toute-puissante Allemagne, qui se vante aujourd'hui d'avoir tenu tête, moyennant l'appui d'une grande et de deux petites puissances, aux quatre autres grandes puissances, renforcées de l'Amérique et du reste du monde, qui se vante d'être invincible malgré l'accablante supériorité de ses ennemis — l'Allemagne se plaint humblement d'avoir été abandonnée et « isolée » avant la guerre ! A un moment où il lui suffisait de lever son poing ganté de fer, de montrer son armure étincelante pour faire mettre à genoux les autres puissances, et les forcer de se plier à sa volonté en toutes occasions !

Je le demande encore une fois : *Que veut dire le mot « isolé ? »* Est-ce qu'isoler est synonyme de vouloir attaquer, de vouloir anéantir ? On isole un criminel pour l'empêcher de continuer à nuire à la société humaine. On isole une bête féroce pour l'empêcher de nous tuer et de nous dévorer. On isole un fou afin de le rendre inoffensif à ses semblables. Veut-on pour cela anéantir le criminel, la bête féroce, le fou ? On veut seulement *mettre leur entourage à l'abri de l'anéantissement.* L'Allemagne — et les Allemands le savent mieux que personne — n'a rien moins été qu'isolée: elle avait ses alliés, sa propre puissance, sa liberté de mouvement illimitée dans le monde. Ce que la littérature pangermaniste, ceux des ambassadeurs belges qui nageaient dans ses eaux, et surtout le cabinet de Berlin dans son introduction au recueil de documents, désignent par les mots « isolement de l'Allemagne », n'était autre chose qu'une *mesure de précaution* contre les tendances criminelles, les instincts de bête féroce, les accès de folie guerrière que l'on redoutait de la part de l'Allemagne pangermaniste et de ses grands et très grands chefs. Dans mon livre déjà, j'ai caractérisé l'Entente comme alliance défensive. Le motif qui a poussé les puissances de l'Entente à se grouper a été la *crainte de l'Allemagne*, et cette crainte sans cesse grandissante a eu pour cause le mouvement pangermaniste toujours plus puissant, l'influence toujours plus grande à la cour impériale allemande du parti militaire dirigé par le kronprinz, la politique de Bülow et de Bethmann qui, par ses armements sur terre et sur mer, par son refus ouvertement proclamé de s'associer aux efforts des conférences de La

Haye, par ses reculades continuelles devant les excitations du pangermanisme, faisait paraître toujours plus imminent le danger d'une guerre offensive allemande. Isolement, quand il s'agissait de l'Allemagne, ne signifiait autre chose que *précaution contre une attaque ;* il n'était question ni d'encerclement, ni d'étranglement au sens d'une limitation de la liberté de mouvement. *La cellule d'isolement dans laquelle on enfermait l'Allemagne était le monde entier :* partout, dans les territoires des États étrangers, la libre concurrence lui était ouverte avec toutes les nations qui pratiquent le commerce, et ses possessions d'outre-mer pouvaient — bien que l'Allemagne fût venue un peu tard, comme le poète de Schiller, au partage du monde — s'agrandir constamment avec l'assentiment de ses concurrents européens.

* * *

Les ambassadeurs belges, eux aussi — même le germano-nationaliste Greindl — comprenaient comme nous le prétendu isolement de l'Allemagne ; ils y voyaient une *mesure destinée à empêcher de nuire,* mais non un préparatif d'attaque. Quelques exemples tirés des rapports vont le montrer.

N° 31.

Berlin, le 30 mai 1907.

.....Cette défiance est encore nourrie par le soin que met personnellement le roi d'Angleterre à conclure des ententes avec le monde entier sauf avec l'Allemagne contre laquelle il n'a aucun grief à formuler. La presse y aide *en représentant chacun des succès de la politique extérieure de l'Angleterre comme tendant au but final de l'isolement de l'Allemagne.* Qui oserait affirmer qu'elle se trompe sur ce point ?.....

N° 32.

Berlin, le 8 juin 1907.

.....Que restera-t-il de toutes ces démonstrations ? Probablement rien. Le rapport que vous avez bien voulu me communiquer par votre dépêche d'avant-hier me montre que mon collègue de Londres, mieux placé que je ne le suis pour juger la situation, est encore plus sceptique que moi. Comme le dit très justement M. le comte de Lalaing, le Roi d'Angleterre dirige personnellement *une politique dont le but final est l'isolement de l'Allemagne.....*

N° 54.

Berlin, le 13 février 1909.

.....Déjà avant l'arrivée du Roi d'Angleterre, les journaux avaient prémuni leurs lecteurs contre la tentation d'exagérer les résultats possibles de l'entrevue. On attend, pour voir si les actes répondront aux paroles et l'on a éprouvé trop de déceptions, pour s'abandonner à la conffance.

Le Roi d'Angleterre affirme que la conservation de la paix a toujours été le but de ses efforts ; c'est ce qu'il n'a pas cessé de dire depuis le début de la campagne diplomatique qu'il a menée à bonne fin, *dans le but d'isoler l'Allemagne ;* mais on ne peut pas s'empêcher de remarquer, que la paix du monde n'a jamais été plus compromise que depuis que le Roi d'Angleterre se mêle de la consolider.....

N° 84.

Londres, le 30 novembre 1911.

.....Lord Courtney of Penrith, libéral et ami de l'Allemagne, a attaqué la politique du gouvernement parce qu'elle avait visé *l'isolement de l'Allemagne* (il est rare d'entendre cette vérité au parlement britannique), et parce qu'elle n'avait pas soutenu l'acte d'Algésiras.....

Un passage du discours de Lord Lansdowne est à noter. C'est celui où il a parlé des articles secrets de 1904, récemment publiés. Il a admis que, dans un cas de ce genre, la promesse de donner simplement un appui diplomatique à une autre puissance peut amener l'obligation de lui fournir une assistance d'un autre genre (lisez militaire et navale). Une entente cordiale amène d'étroites relations entre deux pays et ils ne peuvent rester indifférents. *Si l'un des deux se trouve dans une situation difficile sans que ce soit de sa faute,* il s'attendra à être soutenu par son ami.

Il sufft de lire entre les lignes pour voir que d'après Lord Lansdowne, un des auteurs de *l'entente cordiale,* celle-ci, sans être une alliance, pourrait produire, dans certaines éventualités, *tous les effets d'un traité défensif entre les deux nations.....*

La crainte de l'Allemagne.

Les exemples suivants tirés des rapports, feront voir que la *crainte de l'Allemagne* a été le motif déterminant de la conclusion de l'Entente :

N° 35.

Berlin, le 22 juin 1907.

.....*L'accord entre l'Angleterre, la France et l'Espagne* n'est pas encore publié et l'intention des puissances contractantes était de ne le faire connaître qu'au mois d'août. Une indiscrétion commise à Rome l'a livré prématurément aux journaux. J'ai eu l'occasion de m'assurer que leurs renseignements sont exacts. Les trois puissances reconnaissent le *statu quo* dans la Méditerranée et dans l'Atlantique et s'entendront sur les mesures à prendre si leurs possessions venaient à être menacées.

Il n'y a rien là-dedans qui touche aux intérêts de l'Allemagne. Le gouvernement Impérial a été tenu au courant des négociations entre la France et le Japon par les soins des gouvernements japonais et français. Les ambassadeurs d'Espagne, de France et d'Angleterre ont séparément communiqué au département Impérial des affaires étrangères, depuis plusieurs jours déjà, les notes échangées pour constater l'accord intervenu entre leurs pays. Tout a donc été *d'une correction parfaite* et il n'y a rien qui pourrait servir de base à une plainte officielle......

S'ils ne contiennent aucune clause secrète, ils semblent n'avoir été conclus que pour le plaisir de laisser une fois de plus l'Allemagne en dehors du règlement des intérêts mondiaux. *Ces précautions prises contre des périls imaginaires sont de nature à éveiller et à nourrir chez les peuples l'idée que l'Allemagne est la puissance agressive contre les entreprises de laquelle les autres pays sont obligés de se liguer.....*

N⁰ 56.

Berlin, le 22 mars 1909.

Je n'ai pas à vous donner d'informations sur les *débats relatifs à la marine de guerre* qui ont eu lieu à la commission du budget du Reichstag en même temps qu'à la Chambre des communes anglaise. Les journaux en sont pleins et je ne pourrais rien ajouter à ce qu'ils rapportent. Je me borne à noter qu'à entendre les orateurs qui ont discuté à Londres la question de savoir ce que doivent être les forces navales de l'Angleterre *pour parer à tout danger*, il semblerait qu'en dehors de la Grande-Bretagne, l'Allemagne soit la seule puissance entretenant une marine de guerre. On n'a parlé que d'elle comme si les autres n'existaient pas ; cela se passe un mois après l'échange des toasts chaleureux prononcés à l'occasion de la visite du Roi d'Angleterre à Berlin. *Cette préoccupation exclusive tenant de l'hypnose* en dit plus long que les courtoisies officielles obligées dont l'omission est à coup sûr un symptôme alarmant, mais dont l'accomplissement ne signifie rien du tout. Avant comme après le prétendu rapprochement ce qui domine les relations des deux pays est une *profonde défiance mutuelle.*

GREINDL.

N⁰ 71.

Londres, le 22 mai 1911.

.....La mort du Roi Edouard semble avoir amené une légère détente dans les relations anglo-allemandes. On dirait qu'à l'époque des « ententes » dont le défunt Souverain était si friand, la nation même avait conscience de la tentative d'encerclement à l'égard de l'Allemagne que favorisait si ouvertement le Cabinet de Londres et qui ne pouvait manquer de froisser celui de Berlin. On en craignait un peu les conséquences possibles, et, de la crainte à la haine, il n'y a qu'un pas, que la presse antigermanique n'a pas manqué de faire franchir. *La panique dont on s'est tant moqué en Allemagne, était humiliante et on en souffrait ici.* Malgré les Cassandres des milieux navals et militaires, il semble que l'on se soit un peu ressaisi et, au moment très opportun où *le public commençait enfin à faire la part de l'exagération, Guillaume II a paru, délaissant l'armure étincelante pour la redingote bourgeoise* et promenant à travers Londres l'Impératrice et la Princesse avec les enfants Royaux d'Angleterre. L'effet, pour momentané qu'il puisse être, a été bon. Le petit-fils de la Reine Victoria n'a pas à regretter la démarche qu'il a faite dans des circonstances propices.....

Au *roi Edouard* personnellement, à l' « homme noir » de la politique d'encerclement, les ambassadeurs belges rendent aussi ce témoignage, qu'il n'a pas été poussé par des tendances agressives, mais seulement par le désir de *maintenir la paix européenne* contre des velléités belliqueuses éventuelles de l'Allemagne :

Nᵒ 2.

Berlin, le 18 février 1905.

.....*On dit le Roi Edouard VII profondément pacifique ;* mais un Roi d'Angleterre n'a qu'une influence très limitée sur la direction politique de son pays. Le gouvernement anglais partage jusqu'à un certain point le sentiment public ou du moins il est incapable de résister au courant, puisqu'il dépend exclusivement de la Chambre des communes à laquelle le pouvoir exécutif est de plus en plus subordonné.....

L'humeur pacifique du gouvernement anglais.

L'humeur pacifique du gouvernement libéral anglais, qui a dirigé le vaisseau de l'Etat depuis 1905, donc pendant toute la période à laquelle appartiennent les rapports, est constatée entre autres dans les passages suivants :

Nᵒ 69.

Londres, le 9 mai 1911.

.....Bien entendu, on est loin de croire que le Gouvernement Impérial veuille la Guerre ; on est persuadé que l'Empereur ne la désire pas, mais on se demande si le Cabinet de Berlin ne serait pas tenté, dans certaines éventualités, de s'affirmer par quelque réclamation, et de donner ainsi une *preuve éclatante de sa puissance qui serait humiliante pour le Gouvernement de la République, et désagréable pour l'Angleterre et la Russie. Le Gouvernement Allemand, en affichant sa prépondérance dans les conseils de l'Europe,* justifierait ainsi vis-à-vis des partis de l'opposition parlementaire allemande, l'utilité du maintien de ses énormes forces militaires et navales, dont le coût lui est constamment reproché au Reichstag.

Une occupation de Fez, qui revêtirait par exemple un aspect trop définitif, ou un manquement à l'esprit, si pas à la lettre des engagements pris à Algésiras, pourrait fournir à Berlin une occasion d'intervenir.

L'Ambassadeur de France à Londres a constamment de longs entretiens au Foreign Office où il s'efforcerait plus particulièrement d'insister sur les droits prépondérants de la France au Maroc, à côté desquels ceux de l'Espagne seraient insignifiants.

Certains organes chauvins de la presse londonnienne déclarent que la Grande-Bretagne devrait soutenir énergiquement le Cabinet français si le Gouvernement Impérial faisait mine d'exercer une pression. *Cette attitude ne semble pas devoir être celle qu'adopterait un Gouvernement aussi pacifique que celui de M. Asquith*.....

Nᵒ 85.

Berlin, le 6 décembre 1911.

.....Il n'eût pas été possible sans casser les vitres de repousser les avances de M. de Bethmann-Hollweg. M. Asquith et le chef de l'opposition M. Bonar Law, les ont accueillies en fort bons termes. Sir E. Grey s'est efforcé aussi d'être correct, mais avec une froideur marquée. Sir E. Grey a dit à la vérité qu'il est disposé à faire tout *ce qui sera en son pouvoir dans le but d'améliorer les relations de l'Allemagne avec l'Angleterre.* Les amitiés actuelles de la Grande-Bretagne auxquelles il entend rester fidèle ne l'empêchent pas *d'en contracter d'autres.* Loin de chercher à troubler les récentes négociations entre l'Allemagne et la France, *il s'est sincèrement félicité de l'accord intervenu. Il comprend le besoin d'expansion de l'Allemagne et n'a nul dessein de l'entraver.* Il indique même le terrain sur lequel pourra s'exercer l'action coloniale allemande. C'est l'Afrique où l'Angleterre n'a pas le projet d'étendre ses possessions. (Est-ce des nôtres qu'il entend trafiquer suivant les principes du droit international nouveau tel qu'on le pratique à Londres et malheureusement ailleurs aussi ? Le Maroc, Tripoli, la Perse.) Sir E. Grey ne croit pas, dit-il, à des plans allemands hostiles à l'Angleterre. *Celle-ci non plus n'entretient aucun dessein hostile à l'Allemagne et n'accorderait pas son appui à une puissance tierce dont l'attitude serait hostile ou provocatrice.*

C'eût été parfait si Sir E. Grey se fût arrêté là ; mais tout son discours est pénétré d'un sentiment de *défiance non déguisée envers l'Allemagne* et ses assertions amicales sont atténuées par des restrictions qui en détruisent complètement la portée. C'est ainsi qu'il met pour condition à un rapprochement avec l'Allemagne que ses amis français et russes y soient aussi compris comme s'il n'était pas notoire qu'aucun Gouvernement Français n'oserait se livrer à une tentative de ce genre qui serait réprouvée par l'opinion publique en France.

Les commentaires des journaux allemands ont presque exclusivement porté sur les restrictions. *Les déclarations d'où il faudrait déduire des aspirations conciliantes sont restées inaperçues* ou si elles ont été mentionnées, ce n'est qu'en passant et de façon à laisser entendre que les Allemands sont blasés sur les assurances de ce genre prodiguées à l'occasion de chacune des nombreuses tentatives de rapprochement entre l'Allemagne et l'Angleterre et dont l'effet a toujours été des plus éphémères.....

N° 106 [1].

Berlin, le 26 mai 1913.

.....On peut dire, tout au moins, sans risquer de se tromper, que la visite du couple royal d'Angleterre à Berlin apparaît comme la confirmation et comme la consécration aux yeux de l'Europe du *rapprochement* qui s'est incontestablement opéré *entre l'Allemagne et la Grande-Bretagne pendant la guerre balkanique où les deux Etats ont agi de concert* pour la préservation de la paix européenne. C'est un avertissement que la France ferait bien de méditer, au moment où elle se consume en efforts peut-être inutiles et destinés en tout cas à révéler à l'étranger l'état de décomposition interne de son armée, en vue de rétablir l'équilibre des forces entre elle et l'Allemagne.....

N° 108.

Londres, le 7 novembre 1913.

Monsieur le Ministre,

Sir Edward Grey a prononcé à Newcastle un speech sur les devoirs d'un

---

[1] Ce rapport ,comme plusieurs autres, est cité en divers endroits de mon étude. Il était inévitable que j'invoquasse à plusieurs reprises les mêmes documents — et que, en conséquence, je les reproduisisse à réitérées fois — par ce que le même rapport fournit souvent la preuve de diverses affirmations.

Ministre des Affaires Etrangères. Il s'est renfermé dans les généralités en faisant prévoir que le Premier Ministre, au banquet du Guildhall le 10 de ce mois, ferait une allusion plus précise au programme gouvernemental en ce qui concerne les relations extérieures.

Sir Edward Grey a commencé par constater que l'Angleterre, de concert avec les autres Grandes Puissances, avait essayé, pendant les hostilités balkaniques, *d'empêcher que ce conflit ne dégénérât en guerre générale.* Le succès avait couronné ces efforts. L'opposition au Parlement britannique avait loyalement soutenu le Gouvernement dans les moments difficiles et s'était montrée patriotique.

Ensuite le Ministre a défini la tâche de son Département, qui devait avoir quatre grands buts en vue :

1° empêcher les changements ou combinaisons politiques qui, du dehors, menaceraient la sécurité de l'Empire ;

2° *ne pas augmenter les responsabilités territoriales de l'Empire, assez grandes déjà* et se borner à garder et à développer ce que l'Angleterre possède ;

3° encourager le commerce britannique, *surtout en évitant la guerre ;*

4° employer l'influence de la nation *en faveur des buts humanitaires dans le monde.*

On peut résumer pratiquement ces desiderata comme suit :

1° le Ministre est en faveur du maintien de la triple entente ;

2° il est *hostile à toute politique de conquête,* qui exciterait l'animosité des grands rivaux ;

3° il veut favoriser l'expansion économique du pays, au dehors, en éliminant l'anxiété que produit la crainte de complications internationales, c'est-à-dire *en maintenant avec l'Allemagne les meilleures relations possibles;*

4° il ne renonce pas à user vis-à-vis d'autres nations (surtout vraisemblablement vis-à-vis des Etats faibles), du prestige et de l'influence de l'Angleterre, pour *appuyer les campagnes humanitaires.*

Cette formule, dangereusement élastique, est destinée au parti philanthropique, si puissant dans ce pays, et permet des interventions souvent injustifiées et irritantes.

Cte DE LALAING.

N° 113.

Berlin, le 24 avril 1914.

......Les Allemands sont persuadés que l'Angleterre ne prendra jamais les armes, afin d'aider la France à reconquérir les provinces perdues.....

......Il pourra s'y convaincre, que l'opinion publique *n'est pas disposée à voir l'Angleterre perdre sa liberté d'action par un traité formel* qui lierait son sort à celui de la Russie et de la France.....

N° 115.

Paris, le 8 mai 1914.

.....Quelle est la nature des engagements qui lient entre eux les deux Etats, ont-ils conclu une Convention militaire ? Je l'ignore, mais je n'oublie pas que des esprits réfléchis et sérieux *doutent quelque peu de l'assistance que la France trouverait chez les Anglais au jour d'une conflagration européenne.* Il se trouve même des gens qui ne croient pas à un concours britannique bien sérieux sur mer.....

Je ne crois pas au désir ni de l'un ni de l'autre des deux pays de jouer l'effroyable coup de dés que serait une guerre ; mais il est toujours à craindre, avec le caractère français, qu'un incident mal présenté n'amène sa population ou pour mieux dire, les éléments les plus nerveux voire même les moins respectables de la population, à créer une situation qui rendrait la guerre inévitable.....

La presse est mauvaise dans les deux pays. *La campagne qui se poursuit en Allemagne au sujet de la Légion étrangère est excessivement maladroite,* et le ton des journaux français ne cesse d'être acerbe et agressif.....

.....Il n'y a rien à attendre du Parlement ; le premier tour de scrutin des élections nous a déjà montré comme nous nous y attendions, que la prochaine Chambre des Députés sera à peu de chose près la même que la devancière. Les Socialistes pourront gagner quelques voix, mais dans l'ensemble, la suprématie restera au parti radical-socialiste, malgré ses fautes et ses erreurs. Quoi que l'on puisse penser des événements récents, M. *Caillaux, le seul financier que compte aujourd'hni la Chambre, semble devoir rester l'instigateur de la politique française avec un peu de fiel et de mauvaise humeur en plus.*

GUILLAUME.

L'amour de la paix en France.

Au témoignage des ambassadeurs belges, les dirigeants français eux aussi, les présidents aussi bien que les différents gouvernements qui se sont succédé les uns aux autres n'ont, en dépit de l'existence de courants chauvins dans le pays, en dépit de certaines tendances nationalistes de quelques personnalités influentes, *jamais songé à déchaîner une guerre européenne, pour reconquérir l'Alsace-Lorraine par la force des armes.* Sans doute, il y a eu en France aussi des agitateurs belliqueux, mais, depuis que la République existe, — exception faite pour le court épisode du boulangisme, — ils n'ont jamais exercé une influence déterminante sur les décisions gouvernementales, sur les destinées du pays. On se rappelle le tact et la retenue du gouvernement français au printemps 1913 — donc sous la présidence déjà de ce M. Poincaré qu'on prétendait d'humeur si belliqueuse — lors des incidents de Lunéville et de Nancy, quand la presse chauvine d'Allemagne procédait à des orgies d'agitation guerrière et aurait préféré déclancher la guerre européenne à ce moment-là déjà, pour ces événements insignifiants.

Ecoutons la façon dont s'exprime l'ambassadeur belge à Paris, le baron Guillaume, au sujet de l'*incident de Nancy :*

N° 104.

Paris, le 16 avril 1913.

Je viens de voir M. le Ministre des Affaires Etrangères avec lequel j'ai causé assez longuement de l'incident de Nancy, que les journaux vous ont rapporté.

M. Pichon se montre très désolé de l'esprit de susceptibilité chauvine dont la presse allemande donne le spectacle.

Les organes officieux du Gouvernement Impérial sont prudents mais *les pangermanistes jettent feu et flamme, et il est regrettable que l'agence Wolff s'empresse de répandre dans toute l'Allemagne de si déplorables articles.....*

Lors du conflit de Casablanca également, la France, ainsi qu'on le sait, a su garder son sang-froid — en dépit de l'indicible campagne d'agitation menée par la presse chauvine d'Allemagne — et a permis de régler l'affaire par arbitrage. Je n'ai pas besoin de revenir ici sur la *question du Maroc*. Nous verrons plus loin la façon dont les ambassadeurs belges jugent celui qui passe pour le principal bouc émissaire de la France, Delcassé. Il me faut d'ailleurs renoncer à énumérer une fois encore tous les symptômes prouvant que rien n'était plus étranger aux dirigeants français que l'intention de provoquer une guerre européenne pour la question d'Alsace-Lorraine. Et jamais les Français n'ont été plus éloignés de visées belliqueuses de ce genre qu'en cet été de 1914 précisément, après les élections du printemps qui avaient sensiblement renforcé les partis socialiste, radical et radical-socialiste, et avaient ainsi assuré une influence prépondérante aux tendances politiques allant au maintien de la paix européenne et même, si possible, à un accord avec l'Allemagne. C'est un fait notoire que la victoire électorale des partis de la paix alla jusqu'à remettre en question la loi de trois ans, acceptée l'année précédente, et déchaîna dans le pays entier une vive agitation en faveur d'un adoucissement et d'un affaiblissement de cette loi. On peut affirmer, sans crainte de s'entendre contredire, que la France n'a jamais autant aimé la paix, et n'en a jamais eu autant besoin que dans cet été de 1914 précisément, où l'on prétend qu'elle nous a attaqués par les bombes de ses avions, ou avait du moins projeté une agression contre laquelle nous avons dû nous protéger préventivement.

Un acte d'accusation écrasant.

J'ai abondamment prouvé dans mes ouvrages antérieurs à quel point était fausse et même odieuse l'accusation portée par l'Allemagne officielle et officieuse contre la France, et qui reproche à cette dernière d'avoir voulu la guerre et de l'avoir déchaînée. Comme le présent ouvrage était en impression — mars 1918, — le ministre français des Affaires étrangères a publié un document resté inédit jusque-là, grâce auquel même les plus aveugles pourront voir de *quel* côté se sont trouvés l'intention préméditée de faire la guerre et le déclanchement effectif de celle-ci. L'ultimatum du gouvernement allemand qui forme l'annexe 25 du

Livre blanc allemand et qui a été remis au président du Conseil français Viviani le 31 juillet 1914 à 7 heures du soir, exigeait, comme on le sait, du gouvernement français une déclaration — à faire dans les dix-huit heures — sur la question de savoir « quelle serait, en cas de conflit entre l'Allemagne et la Russie, l'attitude de la France ». Aux termes du télégramme de l'ambassadeur impérial à Paris, M. de Schön, daté du 1er août à 1 heure 5 minutes, le président du Conseil français, en réponse à l'ultimatum de la veille au soir, déclarait à l'ambassadeur allemand « que la France s'inspirera de ses intérêts ». (*Livre blanc* annexe 27, *Livre jaune* n° 117.)

Mais, par les révélations de Pichon, on apprend maintenant que les instructions de Bethmann à son ambassadeur à Paris (*Livre blanc* annexe 25) contenaient une clause additionnelle que le gouvernement allemand a eu bien soin de ne pas imprimer dans son Livre blanc et qui n'a pu être déchiffrée par le gouvernement français que trois ans et demi plus tard, lorsqu'a été découvert le chiffre qui avait servi à la rédaction du télégramme.

Cette annexe portait les mots que voici (selon la version parue dans le *Berliner Tageblatt* du 3 mars 1918) :

« Si le gouvernement français déclare rester neutre, Votre Excellence voudra bien lui déclarer que nous devons, comme garantie de neutralité, exiger

la remise des forteresses de Toul et Verdun,

que nous occuperions et restituerions après achèvement de la guerre avec la Russie. La réponse à cette dernière question doit être ici avant samedi après-midi, quatre heures. »

Il me semble inutile de perdre, ne fût-ce qu'un seul mot, sur le sens et le but de cette instruction rigoureusement secrète donnée par le gouvernement allemand à son ambassadeur. Rien ne saurait démontrer plus clairement la *volonté arrêtée et inébranlable* des maîtres de l'Allemagne de *déchaîner une guerre européenne*, que ne le fait cette exigence incroyable vis-à-vis d'une grande nation, et telle qu'on n'a pas encore vu sa pareille dans l'histoire diplomatique. On sait qu'en 1870 Napoléon III exigeait que le roi de Prusse, après avoir retiré la candidature Hohenzollern au trône espagnol, donnât l'assurance que *jamais plus à l'avenir*, il ne soutiendrait pareille candidature. Dans ses *Mémoires* (tome II, p. 78 sq.), Bismarck qualifiait cette exigence — qui ne revendiquait aucune garantie *effective* — « d'insolence internationale », « d'offense et d'insulte », « d'atteinte à l'honneur et à l'indépendance de la nation » ; au regard de ces demandes de garantie *formelles* et relativement inoffensives de Napoléon, que dire des garanties *effectives* réclamées par Guillaume, la remise des forteresses de Toul et de Verdun, jusqu'à la fin de la guerre germano-russe ? Le prince de Bismarck a traité ailleurs de « scélératesses bonapartistes » certaines manœuvres diplomatiques qui excitent l'adversaire à la guerre pour lui imputer ensuite la faute d'avoir provoqué le conflit. La scélératesse des Hohenzollern, le 31 juillet 1914, dépasse tous les actes analogues qui ont jamais été commis par un Bonaparte.

Il va sans dire qu'on ne pouvait songer à une *exécution* des demandes de garanties faites par l'Allemagne, au consentement à l'occupation des places fortes françaises les plus importantes, dont la possession aurait été, pour les généraux allemands, un revolver braqué sur le cœur même de la France. Pour comprendre à quel point ces exigences étaient monstrueuses, on n'a qu'à se représenter le cas inverse ; imaginer que la France fût entrée en guerre avec l'Italie — au cours de la guerre de Libye, par exemple, alors que les causes de conflit entre les deux nations ne manquaient pas, — et que le gouvernement français eût demandé à Berlin, — mettons en vue de fixer les obligations éventuelles de son alliée russe — si l'Allemagne resterait neutre en cas de guerre franco-italienne, et qu'on eût, après coup, exigé, comme garantie de la neutralité accordée par l'Allemagne, *la remise, à titre de gage, de Metz et de Strasbourg.* On aurait probablement répondu à une insolence aussi déshonorante, non par des paroles, mais par l'épée, et le monde entier eût montré la France du doigt comme ayant consciemment et de propos délibéré déchaîné la guerre.

Il ne s'agit pas ici d'une « maladresse » de Bethmann ou de Jagow — ainsi que les défenseurs de l'innocence allemande, le social-patriote Dr David à leur tête, cherchent immédiatement à présenter l'affaire, — non, il s'agit ici d'une *volonté clairement exprimée de faire la guerre* non seulement contre la Russie, mais encore contre la France. Il s'agit du *désir d'une guerre européenne,* qu'à ce moment-là on croyait pouvoir faire dans des conditions favorables ; et l'on était décidé à ne laisser en aucun cas échapper aux filets de cette guerre le voisin français — le possesseur des colonies de l'Afrique du nord, que l'on convoitait ardemment depuis longtemps déjà, et d'autres richesses encore à ses frontières, au nord-est. La partie orientale de la Belgique, ainsi qu'Anvers et la côte des Flandres, ces objets des désirs les plus ardents des rêves des pangermanistes, ne pouvaient non plus être assimilés par l'estomac allemand, si l'on n'en venait à une guerre avec la France et par suite à l'invasion et à la conquête de la Belgique.

Cette fois, c'était : *tout ou rien*. La guerre russe à elle seule n'eût *rempli* qu'une *partie* des ambitions allemandes. A l'est, l'appétit aurait été satisfait, mais à l'ouest, la faim extrême des pangermanistes serait restée inassouvie. Non, cette fois-ci, il fallait « faire d'une pierre deux coups ». La guerre — d'après les plans depuis longtemps arrêtés de l'état-major — devait tout d'abord être conduite et terminée en occident, avec la rapidité de l'éclair, pour qu'on pût ensuite tourner toutes ses forces contre le « rouleau compresseur » russe, à l'orient. C'est d'un seul coup, et non en deux étapes, dont la seconde pourrait être entravée par toute espèce d'incidents et de hasards impossibles à prévoir, qu'il fallait s'emparer de l'hégémonie continentale. Si la France restait fidèle à son alliance avec la Russie — et tel a été effectivement le cas, — le prétexte à une guerre contre la République s'offrait de lui-même. Si elle était infidèle à son alliance avec la Russie, le motif de guerre devait être *créé artificiellement*, et c'est à quoi devait servir la demande d'une remise des places fortes de la France orientale, — exigence *dont le refus était d'emblée un fait absolument certain*. Telle était cette fameuse manière de « brouiller les cartes », dont Bernhardi avait déjà si chaudement recommandé l'usage dans son livre, — opération qui consiste à provoquer son adversaire par les moyens les plus violents, à le forcer au refus d'exigences illégitimes, et si possible à la déclaration de guerre.

Telle est la « guerre défensive allemande » à laquelle le malheureux peuple croit depuis bientôt quatre ans, aveugle qu'il est à toutes les révélations, et sourd à toutes les démonstrations. Telle est la guerre que la France aurait déchaînée au dire du grand discours mensonger de Bethmann du 4 août 1914. Parmi ceux qui sont au courant des affaires en Allemagne, de l'empereur jusqu'au dernier gratte-papier gouvernemental, qu'il le soit de son propre gré ou malgré lui, pas un seul n'a jamais cru à la légende d'une guerre défensive. Les augures sourient entre eux lorsqu'on parle de l' « agression » dont l'Allemagne a été victime. Cela, c'est de la pâtée pour le peuple — *pâtée bonne à nourrir la chair à canon.* « Nous avions besoin de cette guerre, et c'est pourquoi nous l'avons faite » — telle est la thèse que les initiés professent, avec un sang-froid cynique, lorsqu'ils se trouvent entre eux. *On a trompé le peuple allemand de façon formidable.* Quand donc Michel, toujours assoupi, se réveillera-t-il, — quand donc ôtera-t-il son bonnet de nuit et se coiffera-t-il du bonnet phrygien... ?

Ecoutons — après cette digression — ce que les ambassadeurs belges nous disent au sujet de l'amour de la paix des Français :

N° 75.

Paris, le 8 juillet 1911.

......Nous ne tarderons sans doute pas à savoir dans quels termes le Gouvernement de la République répondra à la communication de la Chancellerie de Berlin *relative à l'intervention allemande au Maroc.*

Il ne manque pas de gens pour trouver que l'attitude du Cabinet de Paris a manqué d'ampleur, et que l'insistance que l'on a mise à faire remarquer que la France ne peut prendre de décision sans consulter la Russie et l'Angleterre, *est peu digne du rôle d'une grande Puissance.*

La vérité est que le Cabinet Caillaux, à peine entré en fonctions, a été pris au dépourvu. L'inexpérience du Ministre des Affaires Etrangères et de plusieurs de ses collègues, le désarroi dans lequel se trouvent tant de rouages administratifs en France, *une sainte crainte des complications et de la guerre, ont fait naître dans les régions gouvernementales une véritable timidité.....*

N° 79.

Paris, le 28 juillet 1911.

......La situation présente, certes, un certain caractère de gravité ; des incidents peuvent surgir qui se grefferaient sur un état de choses troublé ; *mais personne ne veut la guerre ; on cherchera à l'éviter.....*

......La France ne veut pas et ne peut pas vouloir que les affaires se gâtent complètement. Son Gouvernement *sait que la guerre marquerait la dernière heure de la République.....*

......Or, la situation politique intérieure de l'Angleterre est aujourd'hui fort troublée et c'est le parti libéral qui est au pouvoir.

Comme je l'ai pensé, dès le premier jour, c'est à Londres qu'est le nœud de la situation. C'est là seulement qu'elle peut devenir grave. *Les Français céderont sur tous les points pour avoir la paix.* Il n'en est pas de même des Anglais qui ne transigeront pas sur quelques règles et quelques prétentions. Mais on n'éprouve nul désir de les pousser à bout.

Vous trouverez, sous ce pli, un article intéressant du *Temps* et un article assez modéré du *Matin.*

GUILLAUME.

N° 93.

Berlin, le 18 octobre 1912.

......*L'initiative prise personnellement par M. Poincaré en vue du rétablissement de la paix a reçu l'approbation et même les éloges de la presse alle-*

mande, quoiqu'elle ait trouvé qu'il était trop tôt pour parler de la réunion d'une Conférence. Enfin le *Matin* a chanté les louanges de M. de Kiderlen, si l'on peut qualifier ainsi l'article qu'il lui a consacré.....

Il était, d'ailleurs, assez naturel que l'attention et les préoccupations du public des deux côtés des Vosges se détournassent des sujets habituels de discussion et de polémique pour se concentrer sur les événements balkaniques. Sans vouloir exagérer la portée de la détente que je signale, il est permis d'espérer que *la communauté de vues de l'Allemagne et de la France dans les circonstances présentes servira puissamment au rétablissement de la paix.*

Baron BEYENS.

N° 101.

Paris, le 3 mars 1913.

.....On demande le vote immédiat et presque d'acclamation de toute mesure capable d'accroître la puissance défensive de la France. *Les plus raisonnables soutiennent qu'il faut s'armer jusqu'aux dents pour effrayer l'adversaire et empêcher la guerre.*

C'est ce que prêchait encore récemment, au sein d'une association, M. Pichon, homme d'expérience, qui fut longtemps Ministre des Affaires étrangères. Il disait :

« Travaillons à l'accroissement continu de nos forces, c'est là encore *une des garanties les plus efficaces de la paix.* Les efforts de notre diplomatie seraient vains si notre puissance militaire n'était pas crainte et respectée.

» Pas de déséquilibre diplomatique en Europe. Pas de déséquilibre militaire non plus *au détriment de l'une des nations qui représentent au plus haut degré l'idéal pacifique des démocraties modernes.* Qu'aucune charge reconnue nécessaire ne soit au-dessus de notre patriotisme. *Ce n'est pas pour la guerre que nous nous armons ; c'est pour l'éviter, la conjurer.* Et nous ne fortifions l'armée dont nous sommes fiers et qui est notre sauvegarde, que dans la mesure où il le faut pour prévenir toutes les surprises et *décourager toute velléité de provocation.* »

J'ai rencontré hier soir M. Pichon qui m'a répété ces mêmes paroles : *il faut armer de plus en plus pour empêcher la guerre.....*

N° 110.

Paris, le 16 janvier 1914.

.....*M. Caillaux a voté contre la loi de trois ans ; nombreux sont les hommes politiques qui le soutiennent et partagent son avis à cet égard.* Le Président du Conseil poussé par les hauts personnages de la République a promis le respect loyal de la loi de trois ans ; mais il n'est pas exagéré de supposer que dans sa pensée et dans celle de ses amis, on conserve le dessein d'adoucir considérablement les rigueurs du régime actuel.

M. Caillaux, qui est le véritable Président du Conseil, est connu pour ses sentiments en faveur d'un rapprochement avec l'Allemagne ; il connaît admirablement son pays et sait qu'en dehors des états-majors politiques, des poignées de chauvins et de gens qui n'osent pas avouer leurs idées et leurs préférences, le plus grand nombre des Français, des paysans, des commerçants et des industriels subissent avec impatience le surcroît de dépenses et de charges personnelles qui leur est imposé.....

Mais je tenais à vous faire remarquer que nous n'avons certes pas à désirer, comme Belges, la chute de M. Caillaux. Cet homme d'État peut être dangereux pour les finances du pays ; il peut amener des divisions malsaines et regrettables pour la politique intérieure de la France, mais j'estime que sa présence au pouvoir *diminuera l'acuité des rivalités internatio-*

nales et constituera une meilleure base pour les relations entre la France et l'Allemagne.

GUILLAUME.

Ce serait ici la place du rapport déjà cité de Beyens, du 20 février 1914 (n° 111), qui raconte la conclusion de l'accord franco-allemand au sujet de l'Asie Mineure et ajoute : « La majorité des Allemands et des Français désire incontestablement vivre en paix. »

N° 118.

Berlin, le 12 juin 1914.

Les journaux allemands consacrent depuis dix jours en première page des articles quotidiens à la crise ministérielle française. Elle accapare leur attention et celle de leurs lecteurs. La question albanaise, l'imbroglio mexicain, sont relégués au second plan. *Les élections législatives en France,* comme j'ai eu l'honneur de vous l'écrire le 14 mai dernier, *avaient causé ici une grande satisfaction* qui s'était fait jour dans le langage de la presse, avec cette restriction cependant qu'il ne fallait pas espérer de la majorité de la nouvelle Chambre *l'abrogation immédiate de la loi sur le service militaire de trois ans.* Cette loi a acquis en effet *une importance extraordinaire,* et suivant moi *quelque peu exagérée,* aux yeux des Allemands. C'est le leitmotiv, le refrain obligé de leurs appréciations sur la politique française à l'égard de l'Allemagne. C'est pour eux la preuve manifeste des desseins agressifs qu'ils prêtent à ses dirigeants.

La démission du Cabinet Doumergue, l'échec de la combinaison Viviani, le refus de MM. Deschanel, Delcassé et Jean Dupuy d'assumer la responsabilité de constituer un Ministère, avaient rendu confiance à la presse allemande dans la réalisation de son désir : *l'abolition du service militaire de trois ans par une majorité de radicaux-socialistes.* Mais si la pensée était la même chez tous les organes de l'opinion publique allemande, l'expression en était bien différente, suivant la couleur politique du journal. *Là où la presse libérale applaudissait sans mesure au triomphe du radicalisme français, les pangermanistes ne trouvaient que matière à raillerie et à dénigrement ; on peut même dire que la plupart des journaux conservateurs n'ont observé aucune mesure dans leurs jugements.* Tous cependant sont d'accord pour voir dans l'obstination des radicaux-socialistes à ne pas faire partie d'un Ministère qui ne promettrait pas de résoudre immédiatement la question militaire, un plan de campagne ourdi contre l'Elysée, la crise ministérielle en se prolongeant devant se transformer en crise présidentielle.

.....Le peuple français n'a *pas montré à cette occasion l'abnégation patriotique* dont il avait donné des preuves dans d'autres circonstances. Cela tient sans doute à la propagation des idées socialistes dans les classes inférieures de la nation. Quoi qu'il en soit, on doit se demander si le Cabinet Barthou et le Président de la République n'ont pas agi avec trop de précipitation ; si, mal éclairés sur les véritables intentions du Gouvernement Impérial lorsqu'il a déposé l'an dernier son projet de loi pour le renforcement de l'armée, *ils ont eu raison de riposter du tac au tac par la loi sur le service de trois ans,* au lieu de s'assurer que l'augmentation des effectifs allemands était réellement une arme tournée contre la France. Je crois en définitive, comme l'a dit M. de Bethmann-Hollweg à la tribune du Reichstag, que le danger d'une confédération balkanique, qui paralyserait plus tard une grande partie des forces autrichiennes, a été la raison dominante de la loi allemande de 1913. *Quelques semaines après le dépôt de cette loi,* la confédération balkanique avait cessé d'exister. Mais le Gouvernement Impérial se trouvait en présence d'un autre danger qu'il n'avait pas prévu : le dépôt d'une loi augmentant les effectifs de combat de l'armée française, suivi d'une campagne violente de discours et d'articles de journaux dirigée contre l'Allemagne. Il est résulté de cette agitation montrée par les Français une plus grande tension dans leurs rapports avec l'Empire voisin et l'idée, *faussement répandue ou acceptée sans contrôle par les meilleurs esprits de ce pays-ci, que la guerre est inévitable dans un avenir rapproché, parce que la France la désire violemment* et s'arme fébrilement pour s'y préparer. A Paris les mêmes intentions sont prêtées au Gouvernement Impérial dont plusieurs membres ont eu parfois, il faut en convenir, des paroles malheureuses : tel le *Ministre de la Guerre parlant d'une « offensive foudroyante » et d'une « attaque brusquée » pour donner la victoire à l'armée allemande.* Il n'y a peut-être encore aujourd'hui qu'une effroyable méprise chez l'un comme chez l'autre des deux peuples. La *majorité de la nation française ne veut certainement pas d'une guerre et cette guerre ne serait pas nécessaire à l'Allemagne.* Dans peu d'années l'équilibre des forces ne sera plus possible entre elle et sa voisine. *L'Allemagne n'a qu'à prendre patience, qu'à poursuivre* en paix le développement incessant de sa puissance économique et financière, qu'à attendre les effets de sa natalité prépondérante, *pour dominer sans conteste et sans lutte toute l'Europe centrale.....*

Ce n° 118, avant-dernier rapport du baron Beyens, daté de Berlin, le 12 juin 1914, et dont nous avons déjà parlé ailleurs, est tout particulièrement intéressant. Il en ressort ce qui suit :

1. Les élections aux Chambres françaises de 1914 ont suscité dans l'Allemagne tout entière une vive satisfaction, parce qu'on espérait de la nouvelle majorité l'abandon ou, tout au moins, une atténuation de la loi de trois ans.

2. Seules les presses conservatrice et pangermaniste d'Allemagne rivalisèrent en paroles excessives et en jugements dédaigneux à l'endroit des événements français. Cela n'a rien d'étonnant : les tendances pacifistes de là-bas rendaient plus difficile, pour ces agitateurs, l'exécution de leurs desseins de guerre.

3. L'enchaînement chronologique et causal du projet de loi militaire en Allemagne et de la loi de trois ans en France, nous est exactement donné par les dates où ces deux lois ont été déposées, puis acceptées. *Le projet de loi militaire a précédé, la loi de trois ans a suivi.* Quant à la légende de Schiemann, d'après laquelle la loi de trois ans aurait été acceptée dans l'été 1912 déjà, par le président du Conseil alors en charge, M. Poincaré, à Pétersbourg, et que, cet assentiment ayant été connu à Berlin, on aurait alors mis en œuvre le projet de loi militaire, — quant à ce renversement mensonger des événements, il n'en est question nulle part dans les rapports belges. Le baron Beyens confirme que les deux lois se sont suivies exactement dans l'ordre indiqué par leurs dates.

4. Le projet de loi militaire allemand, qui contraignit la France à une prolongation très onéreuse et impopulaire du service militaire, avait déchaîné, comme il était à prévoir, au delà

des Vosges, une violente campagne de presse contre ceux qui, en Allemagne, poussaient à l'aggravation des armements. L'excitation avait été encore augmentée par les déclarations malheureuses du ministre de la Guerre allemand. « La *majorité du peuple français ne veut certainement pas la guerre. Pareille guerre ne serait pas une nécessité pour l'Allemagne* » parce que, même sans cela, elle jouira bientôt de l'hégémonie dans l'Europe centrale, grâce à l'accroissement de sa population et de sa puissance économique. Qu'on remarque la différence que fait Beyens dans son diagnostic de l'état des choses en France et en Allemagne : la France ne *veut* pas la guerre, l'Allemagne *n'en a pas besoin*. En d'autres termes : l'Allemagne serait insensée de rechercher la guerre ; mais l'ambassadeur belge ne dit pas qu'elle ne se rend pas coupable de cette folie ou qu'elle ne pourrait pas le faire dans l'avenir. Ce n'est que lorsqu'il est question de la France qu'il insiste sur la *volonté* de paix, et non point quand il s'agit de l'Allemagne.

Il serait intéressant et séduisant, à coup sûr, d'analyser de la même façon bien d'autres rapports belges encore. Mais cela nous mènerait trop loin, et je me vois obligé de laisser au lecteur le soin de tirer lui-même des textes les conclusions qui s'imposent.

L'amour de la Russie pour la paix.

Les rapports belges reconnaissent formellement et à plusieurs reprises *l'amour de la Russie pour la paix*. La volonté de paix du tsar n'y est jamais mise en doute, et le ministre russe des Affaires étrangères, Sazonow, qui succéda vers la fin de 1910 à Iswolsky, se voit, lui aussi, adresser des louanges flatteuses, même par le diplomate qui représentait alors la Belgique à Berlin, le baron Greindl, à l'occasion de l'entrevue de Potsdam. Voyez le rapport déjà cité du 7 novembre 1910 (nº 62), — et en outre, à titre d'exemples, les passages suivants qui démontrent que les diplomates belges ne prêtaient non plus aux dirigeants russes *aucune intention belliqueuse* :

Nº 60.

Berlin, le 21 juin 1909.

......« Il a de plus été reconnu que les arrangements internationaux en vigueur auxquels participent la Russie et l'Allemagne *n'empêchent nullement ces bonnes relations.* »......

Ici, comme j'ai eu l'honneur de vous l'écrire par mon rapport du 7 juin, on ne s'est pas fait d'illusion sur l'étendue du résultat possible de l'entrevue. *L'initiative prise par la cour et le gouvernement russes* montre seulement qu'à Saint-Pétersbourg de récents événements ont laissé l'impression que la *triple entente ne fournit pas à la Russie un appui suffisant pour se passer de relations au moins normales avec l'Allemagne.* GREINDL.

Le nᵒ 94 (rapport de Greindl déjà cité, du 24 octobre 1912) parle de « la *politique de bonne entente* avec les autres puissances, telle que la pratique M. Sazonow », et déclare cette politique « d'autant plus sage, que les événements actuels ont surpris la Russie en pleine réorganisation de ses forces militaires ». Le nᵒ 103 (rapport de Greindl, déjà cité également, du 4 avril 1913) confirme que M. Sazonow « est de cœur avec ses collègues qui dirigent la politique des grandes Puissances », et qu'il voit les menaces pour la paix européenne « dans la direction imprimée à la Triple-Alliance dans la question balkanique par le cabinet de Vienne ». (Attitude de l'Autriche vis-à-vis de la Serbie et du Monténégro, — question des ports, — question de Scutari, etc.)

But de la Triple-Entente : maintien de la paix.

A côté des nombreux témoignages attestant l'amour de la paix de chacune des puissances appartenant à l'Entente, les rapports belges contiennent aussi bien des passages reconnaissant à l'Entente, *comme groupe,* la seule intention de maintenir la paix. Ces passages ont été en partie déjà reproduits dans les rapports cités jusqu'ici. Je renvoie une fois encore le lecteur au rapport de Greindl du 18 juillet 1908 (nᵒ 50) où il est question, il est vrai, de la politique anti-allemande du roi d'Angleterre, mais en même temps de l'amour sincère pour la paix dont fait preuve la France et de la répulsion de la Russie pour tout effort tendant à faire de l'Entente une coalition hostile à l'Allemagne. Greindl déclare positivement « que ce plan (le plan anglais d'une tentative de ce genre, pour lequel nous manquons d'ailleurs de toute preuve), avait échoué *parce que la France et la Russie l'avaient repoussé.* Ce n'était, il y a un mois, qu'une conjecture de ma part ; maintenant c'est une information positive ».

Le complot d'agression de Reval ?

Ce rapport de Greindl date — notez-le bien — de juillet 1908, d'un mois donc après l'entrevue de Reval. *Que devient alors le fameux complot d'agression de Reval,* cette invention de Schiemann qui fait partie maintenant de l'arsenal de la littérature apologétique allemande ? Le témoin de la couronne allemand,

Greindl, affirme ici précisément l'inverse : à savoir que la Russie et la France avaient opposé *leur refus* à tout remaniement de l'Entente dans le sens d'une union plus *étroite* ou même agressive.

Le fait que la prétendue agression complotée à Reval n'est que l'invention mensongère des chauvins allemands, se trouve encore confirmé par le rapport de Greindl cité ci-dessus, du 21 juin 1909 (n° 60), qui *se rattache immédiatement à l'entrevue de l'empereur allemand et du tsar à Baltisch Port.*

Cette rencontre des deux Empereurs eut lieu un an après l'entrevue de Reval, quelques mois après la fin de la crise provoquée par l'annexion de la Bosnie. Les souverains étaient tous deux accompagnés de représentants de leurs ministères des Affaires étrangères. A ce moment-là, le ministre de l'Extérieur, en Russie, était encore Iswolsky — le ministre que le cliché pangermaniste se plaît à représenter à côté de Delcassé comme un dangereux agitateur de guerre. Le roi Edouard, « l'encercleur » était encore en vie, et trônait encore paisiblement en Angleterre — pareil, si l'on en croit les Pangermanistes, à une araignée venimeuse qui, du matin au soir, ne faisait autre chose que de tendre ses fils sur toute l'Europe, pour y prendre la malheureuse Allemagne et l'étrangler. Tous ces facteurs favorables au fonctionnement puissant de l'Entente subsistaient encore à cette époque — bien que plus pour longtemps —, et nonobstant, Greindl, l'ennemi juré de l'Entente, est obligé de reconnaître que cette coalition commençait à être sérieusement ébranlée, que la « machine » ne réagissait plus lorsque le roi d'Angleterre pressait le bouton, et même que, la première fois qu'elle avait dû fonctionner, lors du récent conflit d'annexion, elle avait fait entièrement défaut. La Russie — tel est l'avis de Greindl — n'avait plus vraiment confiance dans le soutien que pouvait lui offrir l'Entente, et c'est pourquoi *le tsar et son gouvernement avaient pris l'initiative de l'entrevue de Baltisch Port.*

Que devient, — je le demande de nouveau, — que devient, en regard de cet exposé, *le complot de Reval de juin 1908 ?* Si Greindl déjà, qui ne fait que répéter d'un air docte, sans d'ailleurs les juger, les paroles de Schiemann, désavoue la légende du complot imaginée par celui-ci, quelle part de vérité peut-il bien y avoir dans cette invention du collaborateur de la *Kreuzzeitung ?* Que devient la politique d'encerclement dans son ensemble, aux buts soi-disant si nettement définis et poursuivis, si, un an déjà après son éclosion — au témoignage de l'ambassadeur belge — elle avait fait faillite ?

Greindl, d'ailleurs, s'était exprimé de façon fort sceptique, *avant* l'entrevue de Reval déjà, sur les résultats probables de cette conférence dans le sens d'une politique hostile à l'Allemagne. Dans son rapport préliminaire du 30 mai 1908 (n° 47), il avait déjà attiré l'attention sur le *discours de Grey à la Chambre des communes* — lors des débats sur le voyage que le roi d'Angleterre s'apprêtait à faire en Russie. Le bruit avait couru en Angleterre, à ce moment-là, que ce voyage du roi devait conduire à un accord plus étroit entre les Puissances de l'Entente, à une sorte de Triple-Alliance qui contrebalancerait la Triple-Alliance existante des Puissances continentales. Grey avait enlevé tout fondement à ces rumeurs en refusant à l'expédition royale toute signification exceptionnelle, et en la représentant comme une simple confirmation de l'Entente russo-anglaise conclue l'année précédente, au sujet de questions d'intérêts en Asie. Greindl mentionne aussi expressément l'aversion de la presse dirigeante d'Angleterre et de France, pour un renforcement de l'Entente aboutissant à une nouvelle Triple-Alliance. Il va de soi que ce Belge nationaliste allemand — sans tenir compte des *faits* contraires qu'il rapporte lui-même — rattache tous les *soupçons* possibles à l'entrevue de Reval. Les fragments suivants d'un rapport déjà cité ailleurs nous montreront à quel degré d'aveugle partialité peut atteindre ce rapporteur si objectif :

N° 47.

Berlin, le 30 mai 1908.

.....La presse indépendante qui n'est pas tenue aux mêmes ménagements, ne se fait pas faute de manifester ses inquiétudes. Qu'on l'appelle alliance, entente ou comme l'on voudra, le groupement des puissances préparé personnellement par le Roi d'Angleterre, existe et s'il n'est pas une menace directe et prochaine de guerre pour l'Allemagne (ce qui serait trop dire), il n'en constitue pas moins une diminution de sécurité.

Les déclarations pacifiques obligées et qui seront sans doute répétées à Reval signifient bien peu de chose émanant de trois puissances qui comme la Russie et l'Angleterre viennent avec des succès divers d'entreprendre sans autre raison que le désir de s'agrandir et même sans prétexte plausible, les guerres de conquête de la Mandchourie et du Transvaal ou qui comme la France procède en ce moment même à l'envahissement du Maroc au mépris de promesses solennelles et sans autre titre que la cession des droits de l'Angleterre qui n'en possédait aucun. Ce sont les mêmes puissances qui en compagnie des Etats-Unis sortant à peine de la guerre de spoliation contre l'Espagne se sont montrées ultra-pacifistes à La Haye.

La triple alliance a garanti pendant trente ans la paix du monde, parce qu'elle était dirigée par l'Allemagne satisfaite du partage politique de l'Europe. Le nouveau groupement la menace parce qu'il se compose des puissances qui aspirent à une revision du status quo, au point d'avoir fait taire des haines séculaires pour préparer la réalisation de ce désir.

GREINDL.

Presque toutes les phrases citées ci-dessus sont imprimées en lettres grasses dans le recueil allemand — ce qui ne m'empêche pas de les reproduire ici, donnant ainsi une fois de plus la preuve de l'impartialité de ma méthode. Cette expectoration de l'ambassadeur belge constitue, de fait, une des *pierres d'angle* sur lesquelles le ministère des Affaires étrangères de Berlin édifie sa théorie de guerre défensive, — et cependant cette preuve est sans force aucune *dans le sens* précisément où on voudrait lui en donner. On voit bien toute la peine que le rapporteur belge prend pour donner *subjectivement* une note belliqueuse à l'entrevue de Reval qui, *objectivement*, n'avait aucun caractère menaçant pour la paix. Il voit dans la Triple-Entente un affaiblissement de la sécurité de la paix, il honnit les ultra-pacifistes de La Haye » et leur reproche toutes les guerres de conquête possibles du passé (comme si les Puissances de la Triple-Alliance ne s'étaient pas aussi emparées de leur domaine colonial par la force !) Il tient la Triple-Alliance pour un rempart de la paix mondiale et, par contre, le nouveau groupement de Puissances « *qui aspire à une revision du status quo* » pour une menace à la paix. Qu'est-ce que cela signifie : aspirer à une revision du status quo ? Cela se rapporte-t-il à l'Europe ? Quand donc, où et comment pareille revision a-t-elle jamais été envisagée comme but, *en temps de paix*, par une des Puissances de l'Entente ou par toutes ensemble [1] ? La pensée de l'Alsace-Lorraine, qui sommeillait dans nombre d'esprits français, a-t-elle jamais — de façon démontrable — constitué l'objet de stipulations positives entre les Puissances de l'Entente ? Cette pensée s'est-elle jamais développée, ne fût-ce qu'en France, en une *volonté d'agir* positive ? en une volonté formelle dans l'esprit des hommes dirigeants de

---

[1] J'ai exposé tout au long dans le tome III du *Crime* section « Buts de guerre », que les exigences d'ordre territorial formulées par les Puissances de l'Entente *pendant* la guerre doivent être jugées d'après un point de vue *tout spécial*. Le critère applicable aux *buts* de guerre est le même que celui qui s'applique à l'*origine* de la guerre : Qui a attaqué ? Qui s'est défendu ? L'agresseur qui a déchaîné une guerre pour des conquêtes impérialistes et qui réalise ses visées pendant la guerre déjà, n'a pas de reproches à faire à celui qui se défend, si ce dernier aussi, *au cours de sa guerre défensive*, cherche à obtenir — sans compter les autres garanties de protection contre les agressions futures, — un affaiblissement territorial de son adversaire. Les gains territoriaux envisagés ainsi *après* que la guerre a éclaté — qu'on les approuve ou non, qu'on y voie des garanties appropriées ou non — sont, dans tous les cas, *tout autre chose* que les visées de conquête qui ont *précédé* la guerre et l'ont déterminée ; ils n'ont en particulier rien à voir du tout avec la question des responsabilités.

Cette considération ruine du coup toutes les conclusions tirées des documents secrets russes au préjudice des Puissances de l'Entente ; car ces documents — publiés par le gouvernement maximaliste — sont tous, pour autant qu'ils ont une importance quelconque, *postérieurs* à l'explosion de la guerre.

France ? Une fois pour toutes, je le demande : *Où est la preuve qu'un homme influent quelconque en France ait, pendant les quinze dernières années, voulu ou préparé la guerre européenne aux fins de reconquérir l'Alsace-Lorraine ?*

Où est en outre la preuve que jamais un souverain ou homme d'Etat russe ou anglais ait voulu prêter la main à la France pour la reprise de ces provinces ? Dès lors, que peut bien vouloir dire l'observateur belge en prêtant aux Puissances de l'Entente l'intention d'une «revision du status quo» ? Si cette remarque s'applique à des territoires coloniaux, à des sphères d'intérêts en dehors de l'Europe, elle n'est qu'un reproche partialement adressé aux Puissances de l'Entente et n'a aucun sens quelconque. Dans ces domaines, *toutes les Puissances* ont sans cesse visé à des révisions de l'état de choses existant, celles de la Triple-Alliance aussi bien que celles de la Triple-Entente. Dans ces domaines, pareilles révisions ont été menées à bien par accord amiable, un nombre incalculable de fois — quelques-unes même immédiatement avant que la guerre éclatât. Ces compromis d'intérêts ne constituent pas un danger de guerre, mais au contraire une garantie de paix. Qu'est-ce que M. Greindl entend donc par cette dangereuse «revision du status quo» qu'il prête aux Puissances de l'Entente comme but de leur politique ? C'est intentionnellement que je me suis arrêté à ce rapport de Greindl plus longuement qu'il ne le mérite : tout d'abord, pour répondre au reproche qui m'a été adressé de passer sous silence les choses qui paraissent défavorables à mes thèses, mais surtout pour caractériser l'aveugle partialité de l'observateur belge qui, sans critique ni preuves, emprunte ses arguments, voire même en partie ses tournures de phrases, à l'arsenal de la littérature excitatrice du pangermanisme.

Mais aussi est-il intéressant de voir cet observateur perspicace obligé de retirer dans son rapport suivant, du 12 juin 1908 (n° 48) — l'entrevue de Reval avait eu lieu dans l'intervalle, — presque toutes ses prédictions défavorables du mois de mai. Ecoutons la façon dont il s'exprime maintenant, *après* l'entrevue, sur les résultats de cette dernière :

N° 48.

Berlin, le 12 juin 1908.

.....Malgré les dénégations postérieures il a dû exister quelque projet de resserrer les liens entre les puissances groupées par le Roi d'Angleterre dans une pensée hostile à l'Allemagne. Le journal *Le Temps* bien placé pour être exacte-

ment informé, puisque c'est l'organe officieux du gouvernement franç is, paraissait si sûr qu'à Londres on aspirait à transformer l'entente cordiale en alliance qu'il y mettait déjà ses conditions. Il lui fallait une réforme de l'armée anglaise, permettant à l'Angleterre de fournir un contingent pour une guerre continentale. Cela signifiait qu'à Paris on ne se souciait pas d'être engagé dans un conflit dont l'Angleterre pourrait se retirer, après avoir détruit la marine de guerre et de commerce de l'Allemagne et annexé les colonies allemandes, hors d'état de protéger la France et d'empêcher l'Allemagne de s'indemniser aux dépens de celle-ci des désastres maritimes certains.

Mise en demeure de créer une armée de terre dont elle estime n'avoir pas besoin pour elle-même *simplement pour aider la France à la conquête de l'Alsace-Lorraine dont l'Angleterre n'a cure*, celle-ci a répondu par ses journaux à l'unisson, en déclinant l'idée suggérée par l'organe officieux français. C'est seulement alors que *Le Temps* a déclaré qu'il n'avait voulu faire que de la théorie pure. Si c'est vrai, il faut avouer que le moment était singulièrement choisi pour discuter une pareille question de doctrine.

A St-Pétersbourg aussi il faut qu'on ait, malgré les déclarations de Sir Ed. Grey au parlement, *craint une proposition d'alliance* exposant la Russie à un conflit qu'elle est hors d'état de supporter. *Si ce n'est pas pour prévenir toute démarche semblable*, on ne comprend pas l'article par lequel l'officieuse *Rossija* a, à la veille de l'entrevue de Reval, insisté sur *l'amitié séculaire de l'Allemagne et de la Russie*, en termes beaucoup plus chaleureux que ne le comporte la situation véritable. *La Russie ne veut pas se laisser exploiter par l'Angleterre*, comme elle-même elle a exploité la France, en lui empruntant des milliards, *non pour la revanche* comme on l'espérait à Paris, mais pour ses entreprises en Extrême Orient.....

On le voit : aucune Triple-Alliance n'est résultée de l'entrevue de Reval, et bien moins encore un complot d'agression. Les Français n'étaient pas disposés à une union aussi étroite, parce que l'armée anglaise ne leur promettait pas une assistance suffisante. Les Anglais ne songeaient pas à se faire une nouvelle armée pour reconquérir l'Alsace-Lorraine au profit de la France. Les Russes *craignaient* même — que dites-vous de cette parole de Greindl, M. Schiemann ? —, les Russes craignaient de la part de l'Angleterre une proposition d'alliance ; en réalité, cette proposition ne fut pas faite, mais dès l'abord ils avaient décidé de la repousser, n'étant pas disposés, disaient-ils, à se laisser exploiter par l'Angleterre pour ses fins particulières.

Tel est — d'après Greindl — le maigre résultat de cette entrevue de Reval que ce même Greindl, quinze jours plus tôt, représentait à son gouvernement comme un gros présage de guerre. De cette rencontre, il ne subsiste rien que le dessein d' « isoler » l'Allemagne. J'ai déjà exposé ailleurs ce que cela signifie et combien peu cela intéresse la question des culpabilités qui fait l'objet de notre enquête.

*   *

*

Le baron Beyens, dès son entrée en fonctions à Berlin, s'exprime tout autrement que son prédécesseur Greindl, sur les buts de l'Entente. Jamais il ne lui reproche de nourrir des intentions belliqueuses ni même d'exercer une pression en vue de la guerre. L'Entente est à ses yeux ce qu'elle a toujours été pour tout investigateur dépourvu de parti-pris : *une coalition destinée à sauvegarder la paix européenne* par le moyen d'un groupement de Puissances contrebalançant la Triple-Alliance, par la création d'un équilibre européen. On lit dans un rapport du baron Beyens du 24 avril 1914 (n° 113, déjà cité ailleurs) :

N° 113.

Berlin, le 24 avril 1914.

.....Il semble à un observateur vivant à Berlin que les liens de l'Entente cordiale se sont quelque peu détendus, que *la pointe de cette arme défensive* n'est plus tournée exclusivement contre l'Allemagne, comme elle le fut du temps du Roi Edouard, et que la Triple Entente est devenue plutôt *un concert* qu'une Union de Puissances, *agissant ensemble dans certaines questions déterminées pour la poursuite d'intérêts communs.* Mais cette façon de voir peut être fausse ou influencée par la lecture d'écrits politiques dus à des plumes allemandes. Il serait fort intéressant pour moi de savoir ce que pensent du caractère qu'a pris l'Entente cordiale mes Collègues de Londres et de Paris.

Baron BEYENS.

Le rapport suivant de Guillaume, du 25 avril 1914 (n° 114), insiste sur ce que les relations entre la France et l'Angleterre sont « favorables au maintien de la paix générale, tout en permettant d'ailleurs d'autres tentatives de rapprochement également profitables au respect de l'équilibre européen ».

*   *   *

Tout autre commentaire à ces rapports serait superflu. Le résultat auquel nous aboutissons à la fin de ce chapitre, c'est que *les Puissances de l'Entente, tant séparément que dans leur ensemble, n'ont jamais songé à déchaîner une guerre européenne* et encore bien moins préparé l'exécution d'un pareil dessein. L'intention d' « isoler » l'Allemagne est le seul reproche que l'on puisse retirer de ces rapports belges, à supposer qu'on puisse ou veuille même y voir un reproche. Or ce reproche même, si léger soit-il, repose, on le voit, sur des assises très peu sûres lorsqu'on tient compte de la partialité et des lacunes du recueil allemand.

A supposer que ce reproche subsistât, la thèse allemande de défense se formulerait ainsi :

Vous avez voulu m' « isoler », et c'est pourquoi je vous ai attaqués.

En admettant toutes ces prémisses : la force démonstrative des documents belges, l'isolement effectif de l'Allemagne, — si l'on ne tient pas compte du fait qu'en réalité l'Allemagne n'était pas isolée du tout, qu'elle avait ses alliés à ses côtés, qu'elle pouvait sans cesse accroître sa puissance politique, militaire et économique et en faire l'épreuve dans tous les conflits internationaux, — même en admettant toutes ces prémisses (qui ne sont point données), il n'en subsisterait pas moins toujours, à la charge de l'Allemagne, la *conclusion* monstrueuse ci-dessus rapportée : *isolement équivaut à guerre.* Or cette conclusion à elle seule devrait suffire à justifier la condamnation passée par l'univers civilisé tout entier sur les souverains et gouvernements de l'Allemagne

Les chauvins allemands.

Jusqu'ici nous ne nous sommes occupés des rapports belges qu'en ce qu'ils contiennent au sujet des courants et tendances des États de l'Entente. Pour ce qui regarde les jugements portés par les ambassadeurs belges sur les *mouvements d'opinion correspondants dans les États de la Triple-Alliance*, les trois quarts du matériel nécessaire nous font défaut. Nous ne possédons, nous l'avons déjà dit, que les rapports de Berlin, mais ni ceux de Vienne ni ceux de Rome.

Que disent les Belges au sujet du *chauvinisme allemand* et des menaces de guerre qui venaient d'Allemagne ? Écoutons un rapport de l'ambassadeur belge à Paris, Guillaume, en date du 4 mars 1911 (n° 64) c'est-à-dire de l'époque qui a précédé l'incident d'Agadir :

N° 64.

Paris, le 4 mars 1911.

......*L'incident de la Légion Etrangère*, dont vous aurez certes suivi les développements, dans la presse des deux pays, doit être surveillé. Le Ministre de la guerre de l'Empire s'est exprimé de façon assez nette sur ce corps de mercenaires ; *des journaux allemands ont notablement* accentué les reproches faits au recrutement et au traitement des légionnaires, et la presse française s'en est émue ; depuis quelques jours son langage est devenu plus acerbe ; le chauvinisme s'en mêle, on interviewe des autorités militaires et d'anciens Chefs de la Légion, *et la note que vient de publier la « Gazette de Cologne »* n'est guère faite pour calmer l'émotion produite.

Je ne pense pas que cette émotion s'étende bien profondément en France et que l'opinion publique dans la véritable acception du mot, soit touchée ; mais la presse fait du chauvinisme et peut prononcer des paroles malheureuses qui aggraveraient la situation.

Il est à espérer qu'il n'en sera rien, mais il n'est pas douteux que la question est susceptible de s'envenimer, et que, *si elle l'entend ainsi, l'Allemagne peut entretenir cette affaire dans un état de mi-acuité pour le jour où elle voudrait trouver une cause de brouille.*

Il me revient d'ailleurs, que l'on ne cesse de faire en Allemagne, le long de la frontière française, une véritable propagande pour amener dans l'armée Impériale des désertions au profit de la Légion Etrangère française.

GUILLAUME.

Ecoutons ensuite un rapport de Greindl du 1er mai 1911 (no 68) :

No 68.

Berlin, le 1er mai 1911.

Depuis que la *crise marocaine* a repassé à l'état aigu, la presse officieuse allemande s'était bornée à reproduire les informations apportées par les agences télégraphiques en s'abstenant de tout commentaire. Elle a rompu le silence hier matin par l'article inséré en tête de la *Norddeutsche Allgemeine Zeitung* dont la traduction suit :

Malgré les dispositions manifestées par l'article officieux ... la situation reste délicate. Une maladresse quelconque peut obliger l'Allemagne à sortir de l'inaction. Beaucoup dépend aussi de la presse. Des journaux français montrent beaucoup trop ouvertement qu'il s'agit de faire du Maroc une seconde Tunisie. L'attitude des journaux allemands est en général très réservée, *mais ceux qui sont inspirés par les pangermanistes, émettent des prétentions des plus gênantes pour la politique Impériale.*

GREINDL.

Du rapport de Guillaume, du 17 avril 1913 (no 105) :

No 105.

Paris, le 17 avril 1913.

On ne connaît pas encore les résultats définitifs de l'enquête que le Gouvernement a chargé un haut fonctionnaire, M. Ogier, de faire *à Nancy sur les incidents franco-allemands.*

Les nombreuses correspondances que publient les journaux donnent cependant l'impression que j'avais déjà l'honneur de vous communiquer hier, *que les faits n'ont pas eu une importance suffisante pour légitimer la levée de boucliers d'une partie de la presse allemande et les paroles prononcées au Parlement de Berlin par le Sous-Secrétaire d'Etat des Affaires Etrangères.....*

Du rapport de Guillaume, du 8 mai 1914 (no 115) :

No 115.

Paris, le 8 mai 1914.

.....La presse est mauvaise dans les deux pays. La *campagne qui se poursuit en Allemagne au sujet de la Légion étrangère est excessivement maladroite,* et le ton des journaux français ne cesse d'être acerbe et agressif. Personne n'a assez d'autorité et d'indépendance pour essayer de modifier cette situation qui est cependant blâmée par beaucoup de bons esprits.....

Du rapport de Beyens, du 12 juin 1914 (n° 118) :

N° 118.

Berlin, le 12 juin 1914.

.....La démission du Cabinet Doumergue, l'échec de la combinaison Viviani, le refus de MM. Deschanel, Delcassé et Jean Dupuy d'assumer la responsabilité de constituer un Ministère, avaient rendu confiance à la presse allemande dans la réalisation de son désir : *l'abolition du service militaire de trois ans par une majorité de radicaux socialistes.* Mais si la pensée était la même chez tous les organes de l'opinion publique allemande, l'expression en était bien différente, suivant la couleur politique du journal. Là où la presse libérale applaudissait sans mesure au triomphe du radicalisme français, *les pangermanistes ne trouvaient que matière à raillerie et à dénigrement ; on peut même dire que la plupart des journaux conservateurs n'ont observé aucune mesure dans leurs jugements.* Tous cependant sont d'accord pour voir dans l'obstination des radicaux-socialistes à ne pas faire partie d'un Ministère qui ne promettrait pas de résoudre immédiatement la question militaire, un plan de campagne ourdi contre l'Elysée, la crise ministérielle en se prolongeant devant se transformer en crise présidentielle.....

J'ai déjà attiré l'attention sur d'autres passages analogues de ce même rapport.

Le conflit du Maroc 1911 :

Au sujet du conflit du Maroc, et en particulier de l'attitude observée par le gouvernement français dans cette affaire, et de la *volonté arrêtée de la France de maintenir la paix,* ce sont les rapports suivants qui nous renseignent.

Rapport de Guillaume, du 28 juillet 1911 (n° 79) :

N° 79.

Paris, le 28 juillet 1911.

.....La situation présente, certes, un certain caractère de gravité ; des incidents peuvent surgir qui se grefferaient sur un état de choses troublé : *mais personne ne veut la guerre ; on cherchera à l'éviter.*

On se livre à un « bluff » international très caractérisé, un véritable marchandage que des communications officieuses de la presse présentent au public pour tâter l'opinion.

La France ne veut pas et ne peut pas vouloir que les affaires se gâtent complètement. Son Gouvernement sait que la guerre marquerait la dernière heure de la République. J'ai une très grande confiance dans les sentiments pacifiques de l'Empereur Guillaume, *malgré l'exagération assez fréquente de certains de ses gestes.* Il ne se laissera pas entraîner plus loin qu'il ne le voudra par le *tempérament exubérant et la manière lourde de son très intelligent Ministre des Affaires Etrangères.....*

Les Français céderont sur tous les points pour avoir la paix. Il n'en est pas de même des Anglais qui ne transigeront pas sur quelques règles et quelques prétentions. Mais on n'éprouve nul désir de les pousser à bout.

Vous trouverez, sous ce pli, un article intéressant du *Temps* et un article assez modéré du *Matin.*

GUILLAUME.

Rapport de Greindl, du 12 octobre 1911 (n° 81) :

N° 81.

Berlin, le 12 octobre 1911.

.....J'ai lieu de penser que l'on croit ici le Gouvernement Français sincèrement désireux de tenir la parole donnée ; mais il est faible, dépendant des caprices d'une majorité mal assurée. Aura-t-il le courage et la force de résister à une poussée de l'opinion publique si celle-ci s'accentue dans le sens du refus de toute compensation territoriale ?

Nous devons nous féliciter de ce que l'accord soit conclu sur la première moitié de l'arrangement marocain, mais le péril ne sera entièrement écarté pour la Belgique que quand le traité tout entier sera signé et approuvé par les parlements des deux pays.

GREINDL.

Un rapport de Lalaing, du 28 novembre 1911 (n° 83) nous renseigne sur *la conduite favorable à la paix, que l'Angleterre* a observée pendant la crise du Maroc qui venait d'avoir lieu :

N° 83.

Londres, le 28 novembre 1911.

.....Pour le reste, Sir Ed. Grey a dit qu'il n'y avait plus lieu de s'alarmer, aujourd'hui il n'était pas question de guerre. Il n'existe plus aucun traité secret avec la France. *L'Angleterre ne demande qu'à vivre en bons termes avec l'Allemagne, sans sacrifier ses autres amitiés. Elle ne désire aucun accroissement territorial en Afrique.*

Le discours du Ministre a été bien reçu, et a calmé bien des appréhensions. On en a déduit que la crise est passée, que *l'entente cordiale n'est pas une alliance déguisée* et que l'Angleterre a loyalement soutenu la France (d'autant plus que c'était son intérêt), et *est disposée à se montrer conciliante pour l'Allemagne.*

Le nouveau chef de l'opposition, M. Bonar Law, a soutenu le Gouvernement et a approuvé, au nom des conservateurs, la politique de Sir Ed. Grey, qui n'a été attaquée que par le parti ouvrier. Le Premier Ministre a pris aussi la parole pour déclarer *que la Grande-Bretagne était pacifique, et ne refusait à aucune autre Puissance sa place au soleil.....*

Dans ce rapport sur le grand discours de Grey du 27 novembre 1911, il faut relever tout particulièrement le fait que le secrétaire d'Etat aux Affaires étrangères a insisté sur le désir de l'Angleterre de vivre en bons termes avec l'Allemagne, de se montrer conciliante envers elle, et de ne pas lui refuser *sa place au soleil.* Toute la conduite antérieure et postérieure du cabinet libéral d'Angleterre n'est-elle pas conforme à ce programme gouvernemental ? « Vivre et laisser vivre » a été, en politique étrangère, la devise du gouvernement libéral anglais depuis son entrée en charge. Mais pour que, de part et d'autre, on pût vivre et prospérer, il ne suffisait pas d'un accord pacifique sur toutes les questions d'intérêts possibles ; il fallait avant tout un *accord sur ces armements navals ruineux*, qui imposaient les plus lourds sacrifices au bien-être des deux pays, sans modifier le moins du monde le rapport existant entre les forces sur mer des deux nations. Nous avons vu ailleurs que l'Allemagne a rendu impraticable, par ses exigences machiavéliques de neutralité, la voie qui conduisait au soulagement de l'une et de l'autre partie [1].

Dans le *rapport du baron Beyens, du 28 juin 1912* (n° 92), il est question également de cette place au soleil, que l'Allemagne possédait en fait, et en même temps des dangers que présentait la concurrence dans les armements avec l'Angleterre. Beyens, il est vrai, ne passe pas sous silence une certaine « aversion » des Anglais, une certaine « jalousie bien naturelle » à la vue « du terrain gagné chaque année par un peuple européen, dans la lutte économique mondiale ». Toutefois il ne parle, avec raison, que des sentiments de certaines couches intéressées de la population ; mais jamais il n'attribue aux hommes influents aucune intention réelle ou même des plans prémédités quelconques susceptibles de mettre en danger la paix européenne.

*　*　*

Le baron Greindl lui-même ne peut s'empêcher de critiquer la politique allemande dans l'affaire du Maroc, et la déclare fausse et dangereuse. On lit dans son rapport du 21 avril 1911 (n° 66) :

N° 66.

Berlin, le 21 avril 1911.

.....En s'engageant par l'arrangement du 9 février 1909 à ne pas entraver les intérêts politiques de la France au Maroc, le Gouvernement Impérial savait à n'en pouvoir douter que le Gouvernement Français interpréterait cette clause comme un encouragement à persévérer dans la même voie et regarderait la promesse de respecter l'indépendance du Maroc comme lettre morte. *Reculer serait maintenant pour la France une cruelle humiliation.*

L'Allemagne n'a nulle raison de la lui infliger et ne pourrait d'ailleurs pas, après huit ans de tolérance, changer d'attitude sans être déterminée à aller jusqu'à la guerre. C'est démesurément plus que le Maroc ne vaut.

Enfin il ne peut pas déplaire à Berlin que la France soit engagée dans une entreprise coloniale qui pour bien longtemps l'obligera à immobiliser des forces de plus en plus considérables en Afrique et *qui détourne ses regards des provinces perdues. C'était la politique du Prince de Bismarck. On s'en est écarté il y a huit ans,* parce qu'il s'agissait de prouver au Roi d'Angleterre et à

---

[1] *Le Crime* II, p. 204 sqq.

M. Delcassé que l'Allemagne ne se laisserait pas traiter en quantité négligeable, *mais il n'y a plus maintenant de raison pour n'y pas revenir.* Mais il ne dépend pas uniquement du Gouvernement Impérial de pratiquer l'abstention. Il faut qu'on l'y aide de l'extérieur. Il est parfaitement exact que l'opinion publique est émue. Comme j'ai eu l'honneur de vous l'écrire par mon rapport du 11 février 1909, l'arrangement du 9 février a été critiqué par tous les journaux allemands qui n'ont pas d'attaches officieuses. Depuis *on a plus d'une fois reproché au Gouvernement Impérial trop de condescendance envers la France dans l'affaire marocaine.....*

C'est à juste titre que, même par un juge aussi plein de mansuétude que Greindl, la presse pangermaniste est représentée ici comme l'excitatrice qui sans cesse accusait le gouvernement allemand — et avant tout l'Empereur lui-même — de mollesse vis-à-vis de la France, et qui, à ce moment-là déjà, s'efforçait de faire de l'affaire du Maroc la pomme de discorde européenne.

C'est de la même façon et dans les mêmes intentions brouillonnes que la presse chauvine allemande avait exploité alors les fameux *incidents de la légion étrangère.* Voyez à ce sujet le rapport ci-dessus cité de Guillaume du 4 mars 1911 (n° 64), en particulier l'avant-dernière phrase, que le ministère des Affaires étrangères a, pour de bonnes raisons, imprimée en petits caractères :

Il est à espérer qu'il n'en sera rien, mais il n'est pas douteux que la question est susceptible de s'envenimer, et que, si elle l'entend ainsi, l'Allemagne peut entretenir cette affaire dans un état de mi-acuité pour le jour où elle voudrait trouver *une cause de brouille.*

L'ambassadeur à Paris redoute ici que les excès du chauvinisme allemand ne provoquent en retour des explosions de chauvinisme en France, — non point parce qu'un danger de guerre pourrait naître du côté de la France, mais parce que pareilles réponses françaises *encouragent, par contre-coup, les agitateurs belliqueux d'Allemagne,* et pourraient en définitive offrir une *cause de brouille* au gouvernement allemand, au jour qu'il lui plairait.

Le baron Guillaume exprime la même pensée en termes plus explicites encore dans son rapport du 16 janvier 1914 (n° 110 cité en partie déjà) :

N° 110.

Paris, le 16 janvier 1914.

.....Il me semble certain que nous aurions plus d'intérêt à voir le succès de la politique de M. Caillaux — des radicaux et radicaux-socialistes. J'ai déjà eu l'honneur de vous dire que ce sont MM. Poincaré, Delcassé, Millerand et leurs amis qui ont inventé et poursuivi la politique nationaliste, cocardière et chauvine dont nous avons constaté la renaissance. C'est un danger pour l'Europe — et pour la Belgique. J'y vois le plus grand péril qui menace aujourd'hui la paix de l'Europe, *non pas que j'aie le droit de supposer le Gouvernement de la République disposé à la troubler de propos délibéré — je crois plutôt le contraire — mais parce que l'attitude qu'a prise le Cabinet Barthou est, selon moi, la cause déterminante d'un surcroît de tendances militaristes en Allemagne.*

Les folies belliqueuses de la Turquie et la loi de trois ans me paraissent constituer les seuls dangers à redouter pour la paix de l'Europe. Je crois pouvoir relever le péril que fait naître la législation militaire actuelle de la République.....

M. Caillaux a voté contre la loi de trois ans ; nombreux sont les hommes politiques qui le soutiennent et partagent son avis à cet égard. Le Président du Conseil poussé par les hauts personnages de la République a promis le respect loyal de la loi de trois ans ; mais il n'est pas exagéré de supposer que dans sa pensée et dans celle de ses amis, on conserve le dessein *d'adoucir considérablement les rigueurs du régime actuel.*

M. Caillaux, qui est le véritable Président du Conseil, est connu pour ses sentiments en faveur d'un rapprochement avec l'Allemagne ; il connaît admirablement son pays et sait, qu'en dehors des états-majors politiques, des poignées de chauvins et de gens qui n'osent pas avouer leurs idées et leurs préférences, *le plus grand nombre des Français, des paysans, des commerçants et des industriels subissent avec impatience le surcroît de dépenses et de charges personnelles qui leur est imposé.....*

Dans l'extrait qui précède, j'ai intentionnellement reproduit — comme preuve de mon objectivité — une dizaine de lignes qui figurent en lettres grasses dans la publication allemande, et sont évidemment considérées comme une grave charge pour la politique française. De fait, ces lignes contiennent les accusations les plus violentes presque qui aient été portées, dans le recueil de rapports allemand, contre certaines personnalités dirigeantes du monde politique français. Et cependant, vue de près, cette accusation apparente portée contre le nationalisme français se retourne bien plutôt contre *le militarisme prusso-allemand.*

Le rapport de Guillaume, intéressant et important à beaucoup d'égards, établit :

1. que la politique de M. Caillaux, à savoir celle des radicaux et des radicaux-socialistes (qui d'ailleurs l'ont également emporté par la suite aux élections), gagne toujours plus d'adhérents ;

2. que le groupe Caillaux, après avoir voté contre la loi de trois ans, se propose maintenant encore d'adoucir considérablement cette loi ;

3. que Caillaux n'est pas sans doute formellement le véritable président du Conseil, mais qu'il l'est en fait et que, comme tel, il incline à un rapprochement avec l'Allemagne ;

4. que la *majorité des Français sont animés de dispositions*

pacifiques et ne supportent qu'à contre-cœur leurs nouvelles charges ;

5. que la politique des Poincaré, des Delcassé, des Millerand et de leurs amis constitue un danger pour l'Europe, *non point dans ce sens que la France nourrirait quelque dessein de guerre*, mais au contraire parce que certaines manifestations en France ont provoqué « *un surcroît de tendances militaristes en Allemagne* ».

Telle est la pensée fondamentale qui se retrouve dans tous les rapports belges, pour autant qu'ils critiquent certains courants français, — la pensée que les tendances militaristes de la France, bien qu'elles n'aient pour but que la *défense efficace* contre une agression éventuelle venant d'Allemagne, offrent par contre-coup un aliment aux agitateurs belliqueux d'outre-Rhin, et pourraient provoquer une *guerre offensive* allemande. Cette action en retour — par « ricochet » — provoquerait donc *contre la volonté de la France* précisément ce que les Français voudraient empêcher en accroissant leur force militaire : la guerre offensive allemande. Ce raisonnement, loin de décharger l'Allemagne, n'a au contraire pour effet que de la charger davantage. *Les velléités belliqueuses et le danger de guerre ne se trouvent pas du côté de la France, mais de l'Allemagne.* L'affaire apparaît aux rapporteurs belges à peu près de la même façon que lorsqu'un jeune étourdi excite, en le piquant et en le provoquant, le tigre d'un jardin zoologique ; le gardien, qui se tient à côté, avertit l'enfant et lui dit : « N'excite pas cet animal : il pourrait devenir dangereux pour toi et pour ceux qui t'entourent. » Le gardien — ce sont les ambassadeurs belges. Les jeunes étourdis — ce sont les nationalistes français. Mais *l'animal féroce et dangereux, c'est l'Allemagne.* Ce n'est que de sa part qu'on peut redouter une attaque mortelle. De là, l'avertissement donné par les Belges :

> Gefährlich ist's den Leu zu wecken
> Verderblich ist des Tigers Zahn [1].

Les littérateurs de guerre allemands renversent tout simplement les rôles, quand ils cherchent à faire passer l'enfant imprudent pour l'animal dangereux. C'est aux agitateurs pangermanistes, et non aux nationalistes français, ni même aux « encer-

---

[1] Il est dangereux de réveiller le lion ; funeste est la dent du tigre.

cleurs » anglais que les observateurs belges attribuent le méchant instinct des bêtes féroces. Greindl lui-même, le plus grand ennemi de l'Entente parmi les diplomates belges, exprime dans la plupart de ses rapports la même manière de voir ; je n'ai trouvé qu'un seul endroit, dans toute la collection allemande, où il reproche aussi à l'Entente des intentions d'*offensive*. Or, si sur six représentants belges dans six capitales européennes il n'en est qu'un seul, d'ailleurs connu pour ses sympathies allemandes, qui parle d'intentions agressives de l'Entente, — et que celui-là même ne le fasse qu'une seule fois, cela suffit pour juger la valeur de l'affirmation avancée par l'Allemagne que ces intentions existent. Cette assertion est et reste une pure fantasmagorie dénuée de tout fondement ; en tout cas, les rapports belges ne sauraient être invoqués pour en démontrer la vérité. Cette constatation fait tomber du même coup l'argument d'une *guerre préventive,* par lequel on prétend justifier la guerre actuelle, aussi bien que l'invention officiellement proclamée d'une *guerre défensive*, pour laquelle les rapports belges offrent encore bien moins une preuve.

Attitude des Puissances de l'Entente pendant la crise provoquée par l'annexion de la Bosnie et pendant la guerre des Balkans.

Voici encore quelques extraits de rapports complétant de façon précieuse le tableau des intentions pacifiques de l'Entente et de son attitude véritablement favorable à la paix lors des différends européens de ces dernières années. Ces rapports ont été en partie déjà cités ; c'est pourquoi je me bornerai à en reproduire quelques phrases qui confirment le thème que je viens d'indiquer.

Quelle fut l'attitude des Puissances de l'Entente pendant la crise provoquée par l'annexion de la Bosnie et pendant la guerre des Balkans ?

Sur ce point, des éclaircissements nous sont fournis en première ligne par le rapport — déjà cité — de Leghait, daté de Paris, 8 octobre 1908 (n° 52), dont je ne rappellerai ici que ce qui a trait aux propositions russes de conférence :

N° 52.

Paris, le 8 octobre 1908.

.....**Il ne sera pas aisé d'arriver à** *réunir une conférence* **et on ignore quel sera l'accueil qui sera réservé à** *l'invitation lancée par la Russie.* **Cet accueil** dépendra du programme et l'accord sur celui-ci sera fort laborieux à cause du fait accompli en présence duquel on se trouve et des « compensations » que l'on réclame de toute part. Toutefois on semble espérer que toutes les Puissances accepteront la conférence, car, me disait-on, *le désir du maintien de la paix est si unanime et si profond qu'il dominera tout.*

LEGHAIT.

Le rapport de Greindl du 17 février 1909 (n° 55), que nous avons déjà cité plus haut, a également trait à ce point. Et de même, le rapport déjà mentionné de ce même ambassadeur, du 1er avril 1909 (n° 58), dont je ne reproduis que cette seule phrase :

.....Il n'est pas douteux à mon avis *que la Russie et la France ne fussent animées d'un désir sincère de prévenir une conflagration européenne.....*

Le rapport du baron Beyens du 18 octobre 1912 (n° 93), en partie cité déjà — second rapport de ce représentant de Belgique qui venait alors d'entrer en charge — a trait à la position qu'ont prise les Puissances européennes dans la guerre des Balkans et confirme le désir de paix qui s'est manifesté à cette occasion, ainsi que l'effort fourni, dans un but pacifique, par *toutes les grandes Puissances sans exception :*

N° 93.

Berlin, le 18 octobre 1912.

.....Le premier effet de la crise balkanique a été d'opérer un rapprochement entre le Gouvernement Impérial et celui de la République. *Egalement désireux de voir le conflit localisé dans la péninsule et d'éviter une guerre européenne, ils se sont entendus pour agir dans le même sens sur leurs alliés respectifs, la Russie et l'Autriche,* et ils ont pris part en même temps aux démarches tentées, un peu tardivement, à Constantinople et dans les capitales des Balkans. *L'initiative prise personnellement par M. Poincaré en vue du rétablissement de la paix* a reçu l'approbation et même les éloges de la presse allemande, quoiqu'elle ait trouvé qu'il était trop tôt pour parler de la réunion d'une Conférence. Enfin la *Matin* a chanté les louanges de M. de Kiderlen, si l'on peut qualifier ainsi l'article qu'il lui a consacré.....

.....Il était, d'ailleurs, assez naturel que l'attention et les préoccupations du public des deux côtés des Vosges se détournassent des sujets habituels de discussion et de polémique pour se concentrer sur les événements balkaniques. Sans vouloir exagérer la portée de la détente que je signale, il est permis d'espérer que *la communauté de vues de l'Allemagne et de la France dans les circonstances présentes servira puissamment au rétablissement de la paix.*

Baron BEYENS.

Dans ce rapport, il faut noter surtout « l'initiative prise personnellement par M. Poincaré en vue du rétablissement de la paix ». La presse chauvine d'Allemagne accuse toujours —

aujourd'hui comme autrefois — M. Poincaré, alors président du Conseil, de s'être entendu jusque dans le dernier détail avec les dirigeants russes, pendant l'été de 1912 déjà, lors de la visite qu'il fit à St-Pétersbourg, sur les préparatifs à faire pour attaquer plus tard l'Allemagne. Et malgré cela, en automne 1912, — avec l'approbation et les éloges de la presse allemande — il a, de sa propre initiative, fait tout son possible, en vue du maintien de la paix ! Évidemment, ce n'était que pour la forme — n'est-il pas vrai, M. Schiemann ? Pour endormir l'Allemagne et pouvoir d'autant plus sûrement l'assaillir plus tard ! Quand un Poincaré fait quelque chose de bien, c'est par hypocrisie, cela va sans dire ! Ce n'est que lorsqu'il fait quelque mal qu'il est sincère. Au reste, l'approbation et les louanges de l'ambassadeur belge à Berlin jettent aussi un jour particulier sur la « politique nationaliste, cocardière et chauvine » que le baron Guillaume met sur le compte de M. Poincaré dans son rapport déjà cité du 16 janvier 1914.

Du rapport de Beyens, 24 octobre 1912 (n° 94, cité en partie déjà) :

N° 94.

Berlin, le 24 octobre 1912.

......La politique de M. Sazonow est d'autant plus sage que les événements actuels ont surpris la Russie en pleine réorganisation de ses forces militaires et *qu'un désastre ou un simple échec en Europe lui serait autrement funeste que ses défaites en Extrême-Orient.* Il serait le signal d'une révolution *sociale* qui s'arme dans l'ombre et menace sourdement le Trône des Czars.....

Avec quelle clairvoyance l'ambassadeur belge ne prédit-il pas ici l'avenir ! Or la justesse même de cette prédiction — dont le fondement devait être connu des dirigeants russes mieux que de personne autre, — confirme la thèse que j'ai défendue et démontrée dans tous mes ouvrages : à savoir que personne ne devait moins tenir à déchaîner une guerre européenne que le tsar précisément et son gouvernement, qui avaient tout à perdre à une guerre, et rien à y gagner.

Du rapport de Beyens, du 30 novembre 1912 (n° 96) :

N° 96.

Berlin, le 30 novembre 1912.

Le voyage de l'Archiduc Héritier d'Autriche en Allemagne, bien qu'il ait eu pour prétexte un déplacement de chasse motivé par une invitation de l'Empereur, a eu cette année-ci une importance particulière, étant donnés la guerre balkanique et le conflit entre l'Autriche-Hongrie et la Serbie. L'Archiduc a dit à Berlin que *la Monarchie austro-hongroise était arrivée à la limite des concessions* qu'elle pouvait faire à sa voisine. L'Empereur et ses Conseillers ne lui en ont pas moins prodigué des conseils de modération que Guillaume II, en reconduisant son hôte à la gare, a résumés avec la familiarité de langage dont il est coutumier par ces mots expressifs : « *Surtout pas de bêtises !* » Je puis, sur la foi d'Ambassadeurs qui me l'ont répété, vous garantir l'authenticité de ce conseil qui a échappé aux indiscrétions des journaux.....

Quels que soient les projets que M. de Kiderlen-Wæchter, qui a de grandes idées, porte dans sa tête pour concilier à son pays les sympathies des jeunes Puissances balkaniques, un fait absolument certain, c'est qu'il veut fermement éviter une conflagration européenne. *La politique allemande se rapproche sur ce point de celle de l'Angleterre et de la France, toutes deux résolument pacifiques*, et, si les sujets de polémique continuent d'être journaliers entre la presse de Paris et celle de Berlin, celle-ci a adopté un ton beaucoup plus conciliant à l'égard de la Grande-Bretagne et de Sir Edward Grey en particulier. Les relations entre les Gouvernements allemand et britannique sont meilleures qu'elles n'avaient été depuis longtemps et même, à ce qu'assure l'Ambassadeur de France, *une détente très favorable au maintien de la paix* se produit aussi entre les Cabinets de Berlin et de Paris.....

M. Sazonow s'est, paraît-il, ressaisi et il joue activement auprès de la Cour de Belgrade le même rôle que la diplomatie allemande auprès de la Cour de Vienne. *Sous l'influence des Conseils russes l'intransigeance serbe va-t-elle se plier à un compromis* dans la question du port de l'Adriatique ? Mes Collègues à qui j'ai fait cette demande m'ont répondu affirmativement. Or c'est là le nœud de la question.....

Le projet d'une Conférence d'Ambassadeurs qui aurait pour but de déblayer le terrain en amenant une entente préalable entre les six grandes Puissances pour la solution de questions importantes, telles que celle des îles de la **mer** Égée et celle de l'Albanie, à laquelle est fatalement liée la question d'un port serbe sur l'Adriatique, a trouvé un accueil favorable à Berlin. *L'idée de Sir Edward Grey répond à une préoccupation de M. de Kiderlen-Waechter qui s'est plaint à diverses reprises de perdre un temps précieux et de n'aboutir à aucun résultat par des échanges de vues de Cabinet à Cabinet.* En les concentrant dans une seule capitale et en confiant à des diplomates expérimentés, on arriverait sans doute à un accord qui rendrait plus facile la tâche du Congrès appelé plus tard à régler les questions soulevées par la guerre actuelle. *Il semble tout naturel, la proposition émanant du Gouvernement britannique, que la Conférence des Ambassadeurs ait lieu à Londres.....*

Cet éloge de la méthode des Conférences pour résoudre les questions européennes difficiles — sortant de la bouche du secrétaire d'Etat allemand, M. de Kiderlen, — est prodigieusement piquant et jette un jour caractéristique sur l'attitude de MM. de Bethmann et Jagow à l'égard de la même proposition de Conférence faite en 1914. La situation, en 1914, était exactement celle de 1912 : dans l'un et l'autre cas, il s'agissait de donner une solution aux questions épineuses des Balkans ; dans l'un et l'autre cas, les intérêts autrichiens et russes se trouvaient prêts à la lutte, en face les uns des autres ; dans les deux cas enfin, le secrétaire d'Etat anglais, Sir Edward Grey, proposa la réunion à Londres d'une conférence d'ambassadeurs, comme étant le meilleur moyen d'établir un échange de vues rapide et fécond entre les grandes Puissances. La seule différence, c'est qu'en 1912 *l'Allemagne voulait encore la paix*, et accepta par conséquent, sans autre, tout moyen efficace de la maintenir, tandis qu'en 1914, elle était décidée à faire une guerre et dut donc refuser le moyen qui — 1912 l'avait montré — aurait conduit de façon certaine à la solution d'un litige, infiniment moins compliqué cette fois. L'exhortation de l'empereur Guillaume à son ami l'archiduc qui, en automne 1912, avait peine à maîtriser son impatience de marcher contre la Serbie : « Surtout, pas de bêtises ! » — cette exhortation-là n'a point été adressée en été 1914, après la mort de l'archiduc, aux personnalités dirigeantes de Vienne. Désormais toute bêtise autrichienne, si grosse qu'elle fût, et toute attaque de la Serbie, si aveugle qu'elle pût être, convenaient à ces messieurs de la cour de Berlin ; car entre temps s'était opérée dans l'esprit de l'Empereur l'évolution qui ne faisait que poindre en 1912 : l'Empereur s'était complètement rallié au parti de la guerre dont son fils était le chef et, en même temps, l'armement militaire de l'Allemagne sur terre et sur mer avait été porté au point d'achèvement désiré. De là le refus de la Conférence, proposée cette fois aussi par Grey, et que la France, la Russie et l'Italie s'étaient empressées d'accepter. De là, la proposition sans cesse renouvelée du gouvernement berlinois *d'un échange direct de vues de cabinet à cabinet*.

Au milieu du pêle-mêle des entretiens et des dépêches qui s'entrecroisaient, des mesures militaires décrétées dans six capitales différentes, avec le concours de vingt à trente hommes d'Etat différents, de six souverains, et de nombreux chefs d'état-major, généraux et attachés militaires — au milieu de cette pluie d'étincelles qui, jour et nuit, passait d'un bout de l'Europe à l'autre, d'un souverain à un autre souverain et d'un gouvernement à un autre gouvernement, de tous les gouvernements enfin à leurs représentants diplomatiques — dans ce tohu-bohu général, on ne pouvait éviter des complications dangereuses, des malentendus, des retards, des informations défectueuses. Il était relativement facile, pour un gouvernement mal intentionné, de pêcher dans ces eaux troubles quelques excuses apparentes pour son attitude suspecte, de prêter à la partie adverse ses propres intentions, de se livrer à mille tromperies du même genre. La perte de temps découlant des pourparlers entre les capitales d'une part, et, de l'autre, la crainte des militaires de voir l'adversaire prendre les devants, devaient susciter chez tous les intéressés une hâte et une surexcitation nerveuse telles que tout examen tranquille des décisions à prendre n'en était presque plus possible et qu'en tout cas il était impossible au grand public de démêler ce qui se passait. *Ce vaste imbroglio constituait le brouillard désiré sous le couvert duquel Vienne et Berlin pouvaient préparer et exécuter leur crime* — tout comme le pick-pocket peut d'autant mieux exercer son art lucratif que la foule est plus dense. Il ne fallait pas que ce brouillard bienvenu fût dissipé, et remplacé par la clarté qu'eût aussitôt répandue une explication franche et nette des ambassadeurs des quatre Puissances non intéressées, autour d'un tapis vert, à Londres. Là, tous les faux-fuyants de Bethmann, de Berchtold et de Jagow eussent été impossibles ; là, face à face avec les représentants des trois autres Puissances, l'ambassadeur allemand aurait été obligé de déclarer sa couleur ; il n'aurait pu échapper à l'alternative, *ou bien* d'accepter les propositions d'accord à l'amiable des Puissances de l'Entente, dont on lui laissait le choix, *ou bien* de faire de son côté des propositions de paix que les autres Puissances s'étaient d'avance déclarées prêtes à accepter.

Pendant les jours critiques, cette alternative a été posée aux hommes d'Etat autrichiens et allemands à plusieurs reprises par Grey, Viviani, Sazonow, par les ambassadeurs de l'Entente à Berlin et à Vienne, en particulier par Goschen, Bunsen et Jules Cambon. Mais les ministres des Puissances centrales ont sans cesse évité de répondre d'une manière précise aux questions qui leur étaient posées, en recourant à des remarques incomplètes ou équivoques, à des retards et de vaines objections, ce dont j'ai parlé, et tout au long, ailleurs déjà. *Toutes ces hésitations et toutes ces équivoques eussent été impossibles à la conférence de Londres.* Il n'y aurait pas eu moyen, là, de se cacher derrière le paravent de Vienne ; sous prétexte de l'absence fortuite du comte Berchtold qui, pendant les jours critiques, rôdait — intentionnellement — sur les hauteurs d'Ischl, on n'aurait pu alléguer comme excuse le fait que les réponses de Vienne n'étaient pas encore parvenues, que les propositions d'entente anglaises ou russes n'étaient pas encore connues, etc., etc. Il aurait fallu jouer cartes sur table et dire ouvertement ce qu'on voulait, ce qu'on ne voulait pas. La Conférence de 1914 eût été, comme celle de 1912, le grand *clearing-house* où les affaires d'Europe, au lieu de se discuter péniblement aux quatre coins du continent, eussent été réglées par un bureau central. Le but de la Conférence, c'est-à-dire le maintien de la paix européenne, ne *pouvait manquer* d'être atteint et l'*aurait été.* Et c'est pourquoi il ne fallait à aucun prix que la Conférence eût lieu. Telle est la raison du refus obstiné de Vienne et de Berlin. Tel est aussi le pivot des preuves touchant la culpabilité de ces deux gouvernements.

*   *   *

Du rapport Beyens du 18 mars 1913 (n° 102) :

N° 102.

.....On croit que la *question de Scutari se résoudra conformément à la volonté du Cabinet de Vienne, appuyé par l'Allemagne et l'Italie,* d'annexer cette place à l'Albanie, *et en dépit des tergiversations de la Russie* qui ne peut se décider à abandonner le Monténégro.....

Comme on le sait, cette supposition de l'ambassadeur belge s'est réalisée. La question de Scutari a été résolue entièrement dans le sens où l'entendaient l'Autriche et l'Italie, et sur ce point-là aussi, les Puissances de l'Entente, Russie en tête, ont cédé dans l'intérêt de la paix européenne.

Du rapport de Beyens, du 4 avril 1913 (n° 103) :

N° 103.

Berlin, le 4 avril 1913.

.....*A Berlin on n'est pas, au fond, plus satisfait de la direction imprimée à la Triple-Alliance dans la question balkanique par le Cabinet de Vienne,* mais on fait meilleure figure et on envisage avec sang-froid les complications qui peuvent en résulter. Dans les déclarations pleines de réserve faites hier par le Secrétaire d'Etat aux Affaires Etrangères à la Commission du budget du Reichstag, le seul point sur lequel M. de Jagow se soit exprimé avec une netteté qui ne laisse aucun doute quant *aux intentions de l'Allemagne, c'est l'appui qu'elle est résolue de prêter jusqu'au bout à son alliée, l'Autriche-Hongrie.* On ne pense pas dans le monde diplomatique de Berlin, ou plutôt on n'espère plus que la démonstration navale devant Antivari empêchera la continuation du siège de Scutari et l'assaut final auquel les Monténégrins et les Serbes se préparent activement. Si la place tombe entre leurs mains, il faudra autre chose qu'un simple blocus et des sommations inutilement répétées pour les en déloger. *L'entrée des troupes autrichiennes sur un territoire balkanique,* plutôt serbe que monténégrin, parce qu'en Serbie des opérations militaires seraient plus faciles qu'au Monténégro, *motiverait une intervention de la Russie et déchaînerait peut-être une guerre générale.* C'est une éventualité tellement grave qu'elle ferait reculer — on l'espère du moins ici — les deux Puissances, de la décision desquelles dépend aujourd'hui la paix européenne. En d'autres termes, on croit que *la gravité du péril auquel toute décision inconsidérée exposerait l'Europe entière* est la meilleure garantie que l'on ait qu'il sera évité.....

Ce rapport de l'ambassadeur belge prédit avec une certitude prophétique au printemps de 1913 ce qui s'est effectivement réalisé en été 1914 : l'entrée des troupes autrichiennes en territoire serbe a provoqué l'intervention de la Russie et, par suite, la guerre européenne. Le fait que la Russie n'assisterait pas indifférente à l'écrasement d'un petit Etat slave par la monarchie danubienne, ce fait dis-je, *a été prévu de façon certaine au printemps de 1913 déjà*, dans les cercles diplomatiques de Berlin — ainsi que le constate l'ambassadeur belge — ; le Livre blanc allemand montre d'ailleurs qu'à Berlin on ne s'était bercé d'aucune illusion à cet égard. Le rapport du baron Beyens prouve une fois de plus que la proposition de localiser le conflit entre l'Autriche et la Serbie, que l'Allemagne ne cessait de faire — en apparence, comme moyen de parvenir à un accord, — n'avait dès le début, aucune chance de réussite, qu'elle n'était qu'une *feinte*, et que le gouvernement de Berlin était au clair sur son inutilité bien avant qu'éclatât le conflit.

*Le projet de loi militaire allemand
et la loi de trois ans en France.*

Les relations de la loi française de trois ans avec le projet militaire allemand font l'objet des rapports suivants :

Du rapport Guillaume, du 19 février 1913 (n° 98) :

N° 98.

Paris, le 19 février 1913.

Je viens de voir M. le Ministre des Affaires Etrangères qui m'a dit que la situation internationale ne s'est guère modifiée. L'armée bulgare ne fait pas de progrès appréciables, et la Conférence des Ambassadeurs de Londres semble dans un certain marasme.

Le Cabinet de Vienne est toujours intransigeant pour toutes les questions qui l'intéressent, et la Russie défend énergiquement la Serbie et le Monténégro.....

.....La presse allemande se montre étonnée des mesures militaires que le Gouvernement français va prendre *en réponse à l'accroissement des forces de l'Empire*; il ne pouvait en être autrement ; nous savons parfaitement bien, m'a dit le Ministre, quel avantage donne à notre voisin l'augmentation continuelle de la population ; mais nous devons faire tout ce qui nous est possible pour *compenser cet avantage par une meilleure organisation de nos forces....*

Du rapport Guillaume, du 21 février 1913 (n° 99) :

N° 99.

.....L'accroissement notable des armements de l'Allemagne, qui survient au moment de l'entrée à l'Elysée de M. Poincaré, va augmenter le danger d'une orientation trop nationaliste de la politique de la France.

GUILLAUME.

Ici encore apparaît le fil rouge que l'on retrouve dans tous les rapports belges : en dépit de certains courants militaristes et nationalistes, la France veut la paix. Le projet de renforcement de l'armée allemande, qui forcera la France à de nouveaux efforts militaires, favorisera les tendances nationalistes en France plutôt qu'il ne les étouffera.

C'est dans le même sens que l'ambassadeur belge à Londres, lui aussi, traite dans son compte-rendu du 24 février 1913 (n° 100) des rapports du projet de loi militaire allemand avec la loi française de trois ans :

N° 100.

Londres, le 24 février 1913.

Les milieux politiques ont été émus et l'imagination du public fortement frappée, *par les vastes projets militaires de l'Allemagne et plus encore peut-être par la réponse si prompte et si ferme de la France.* Les deux gouvernements sont prêts à faire des sacrifices financiers considérables et paraissent soutenus par l'opinion dans les deux pays, où seuls les socialistes font entendre une voix discordante.

La presse anglaise veut naturellement endosser à l'Allemagne la responsabilité de la nouvelle tension qui résulte de ses projets et qui peut apporter à l'Europe des sujets d'inquiétude nouveaux. Beaucoup de journaux estiment que le Gouvernement français, en se déclarant prêt à imposer le service de trois ans, et en nommant M. Delcassé à St-Pétersbourg, a adopté la seule attitude digne de la grande République *en présence d'une provocation allemande.....*

Dans son rapport du 13 décembre 1913 (n° 109), l'ambassadeur à Londres, comte Lalaing, mentionne la *chute du cabinet Barthou*, qui, comme on le sait, avait fait passer la loi de trois ans, et dépeint l'impression que cet événement a faite sur le monde politique d'Angleterre :

N° 109.

Londres, le 13 décembre 1913.

.....On a constaté, avec une certaine amertume, *l'impopularité plus réelle qu'on ne se l'imaginait, du service de trois ans* et on a été frappé des difficultés dans lesquelles se trouve le Gouvernement de la République au sujet de l'emprunt.....

Le rapport de l'ambassadeur à Paris, baron Guillaume, daté du 25 avril 1914 (n° 114) se rattache à *la visite que le roi et la reine d'Angleterre avaient faite à Paris* — en tant que première visite depuis l'accession au trône du roi Georges. On y lit :

N° 114.

Paris, le 25 avril 1914.

.....Un deuil cruel m'a empêché d'assister aux festivités et réunions qui marquèrent la visite royale ; mais les échos en sont venus jusqu'à moi, et j'ai acquis ainsi la certitude que les trois journées qui ont marqué le séjour de leurs Majestés à Paris, gratifiées d'un temps superbe, ont pleinement réussi et soulevé des manifestations de sympathie très accentuées. Elles s'adressaient surtout au principe de l'« entente cordiale », et trouvaient un aliment particulièrement actif dans la poussée de nationalisme — pour ne pas dire de chauvinisme — que les dirigeants de la nation ont fait naître *pour faire accepter le principe si lourd de la loi de 3 ans, et de toutes ses conséquences personnelles, économiques et financières.....*

.....Il n'y fut naturellement pas question de la possibilité *de donner à ces rapports une portée plus formelle,* sous la forme d'un traité ou d'une convention. Certains journaux avaient rêvé de cette combinaison ; *mais il n'en fut jamais question, et des communications quasi-officielles faites à Londres et à Paris,* comme écho des conversations échangées entre M. Doumergue et Sir Edward Grey, *l'établissent sans détours. La Grande-Bretagne n'aime pas les conventions formelles et* les arrangements conclus entre les deux Gouvernements, tels qu'ils sont aujourd'hui établis, suffisent à la réalisation du but à atteindre, tout en respectant certaines libertés pour les contractants......

La visite en France du Roi d'Angleterre était prévue, nécessaire et opportune. *Il n'était pas venu à Paris depuis son accession au trône,* et il devait répondre à une démarche de courtoisie faite l'année dernière par M. Poincaré.

Mais il est permis de se demander si elle est de nature à modifier sensiblement les relations relativement confiantes qui existent déjà entre les deux pays. *Elles ont d'ailleurs donné, durant ces derniers mois, des preuves d'efficacité indiscutables et furent favorables au maintien de la paix générale,* tout en permettant d'ailleurs d'autres tentatives de rapprochement également profitables au respect de l'équilibre européen.

GUILLAUME.

Le contenu de ce rapport, dont je reproduis de nouveau — comme preuve de mon objectivité — toute une série de passages qui se trouvent en lettres grasses dans la collection allemande, peut se résumer comme suit :

1. Certains courants nationalistes et chauvins en France étaient uniquement destinés à servir les fins de la politique intérieure, à faire accepter la loi de trois ans, si lourde et impopulaire — mais qui constituait la réponse obligatoire au projet militaire allemand. Ces tendances ne signifiaient donc en *aucune façon que la France nourrît des desseins d'agression ;* elles n'étaient qu'un effort pour rendre acceptables au Parlement et au peuple les armements défensifs jugés nécessaires. Tous les gouvernements se sont de tout temps rendus coupables de manœuvres de politique intérieure de ce genre, pour faire voter des

projets militaires, et l'Allemagne a fait preuve dans ce domaine d'une virtuosité toute spéciale.

2. *Au printemps de 1914, il n'y avait encore entre la France et l'Angleterre rien qui pût ressembler à une convention formelle — et encore bien moins par conséquent à une alliance offensive.*

3. La visite du couple royal d'Angleterre était une politesse qui n'avait rien d'extraordinaire, puisque quatre ans s'étaient écoulés depuis l'accession au trône du roi Georges, et en tout cas rien de provocant en soi.

4. La visite royale ne devait servir qu'à la paix générale et — en ce qui concerne les Puissances de l'Entente, — elle a atteint son but.

Cette manière de voir se trouve exprimée de façon plus accentuée encore dans le rapport suivant de Guillaume, du 8 mai 1914 (n° 115, en partie déjà cité) :

N° 115.

Paris, le 8 mai 1914.

.....Quelle est la nature des engagements qui lient entre eux les deux Etats, *ont-ils conclu une Convention militaire ? Je l'ignore,* mais je n'oublie pas que des esprits réfléchis et sérieux *doutent quelque peu de l'assistance que la France trouverait chez les Anglais au jour d'une conflagration européenne. Il se trouve même des gens qui ne croient pas à un concours britannique bien sérieux sur mer.....*

Enfin, l'Angleterre ne cesse de faire des coquetteries à l'Allemagne. Je n'ai pu savoir, ces derniers temps, ce qu'étaient devenues *les négociations germano-anglaises relativement à l'Angola et au Mozambique ;* c'est un point sur lequel il serait intéressant cependant d'avoir des précisions.....

Je ne crois pas au désir ni de l'un ni de l'autre des deux pays de jouer l'effroyable coup de dés que serait une guerre ; mais il est toujours à craindre, avec le caractère français, qu'un incident mal présenté n'amène sa population ou pour mieux dire, les éléments les plus nerveux voire même les moins respectables de la population, à créer une situation qui rendrait la guerre inévitable.....

Un des éléments les plus dangereux de la situation actuelle est le retour de la France à la loi de trois ans.....

La presse est mauvaise dans les deux pays. *La campagne qui se poursuit en Allemagne au sujet de la Légion étrangère est excessivement maladroite,* et le ton des journaux français ne cesse d'être acerbe et agressif. Personne n'a assez d'autorité et d'indépendance pour essayer de modifier cette situation qui est cependant blâmée par beaucoup de bons esprits.

Il n'y a rien à attendre du Parlement ; le premier tour de scrutin des élections nous a déjà montré comme nous nous y attendions, que la prochaine Chambre des Députés sera à peu de chose près, la même que sa devancière. Les Socialistes pourront gagner quelques voix, mais dans l'ensemble, la *suprématie restera au parti radical-socialiste, malgré ses fautes et ses erreurs.*

Quoi que l'on puisse penser des événements récents, M. Caillaux, le seul financier que compte aujourd'hui la Chambre, semble devoir rester l'instigateur de la politique française avec un peu de fiel et de mauvaise humeur en plus.

GUILLAUME.

Il ressort clairement de ce rapport *le contre-coup dangereux que le projet militaire allemand a eu sur les dispositions du peuple français.* En Allemagne aussi, des gens de tempérament rassis ont prévu cet effet du projet et ont sérieusement mis leur gouvernement en garde contre les conséquences de ce nouveau pas, de ce pas provocant dans la voie fatale des armements. Mais leurs exhortations ont été vaines. Le projet militaire constituait déjà la manifestation visible de ce fait que *les maîtres de l'Allemagne étaient décidés à faire une guerre européenne :* pour eux, il ne s'agissait plus d'éviter cette guerre « inévitable », mais seulement de fortifier leur situation militaire de telle sorte que la victoire leur fût assurée. Et du moment qu'ils étaient décidés à faire la guerre, il leur était indifférent que leur projet de loi militaire provoquât en France des réactions militaires et nationales. Ces réactions leur étaient même *bienvenues* parce qu'elles versaient de l'huile sur le feu, promettaient de faire éclater d'autant plus vite cette conflagration universelle qui devait, comme que comme, se produire un jour, et offraient encore cet avantage particulier de permettre à l'Allemagne d'invoquer les courants militaristes et nationalistes de France et de faire passer les Français pour les provocateurs de la guerre mondiale, alors qu'en fait ils n'étaient que les provoqués.

Le fait que ni les Français ni les Anglais ne voulaient tenter *« l'effroyable coup de dés que serait une guerre »*; qu'en France, on n'était pas même sûr de l'aide anglaise; que le véritable chef de la politique française restait, d'après les résultats du premier tour de scrutin de 1914 déjà, l'apôtre convaincu de la paix, Caillaux, — tous ces faits sont mentionnés par l'ambassadeur belge *trois mois avant la guerre.* Mais ils parlent tous en faveur des Puissances de l'Entente et les déchargent de tout soupçon à l'endroit des accusations portées contre elles, d'avoir nourri des intentions belliqueuses ou même d'avoir provoqué la guerre.

Dans le rapport de Guillaume, du 9 juin 1914 (n° 116), le passage suivant est particulièrement intéressant :

N° 116.

Paris, le 9 juin 1914.

.....Est-il vrai que le Cabinet de Pétersbourg ait imposé au pays l'adoption

de la loi de trois ans et pèserait aujourd'hui de tout son poids pour en obtenir le maintien ?

Je n'ai pu parvenir à obtenir des lumières sur ce point délicat, mais il serait d'autant plus grave que les hommes qui dirigent les destinées de l'Empire des Czars ne peuvent ignorer que l'effort demandé ainsi à la nation française est excessif et ne pourra se soutenir longtemps.....

En juin 1914, l'ambassadeur belge à Paris n'a encore aucun renseignement sur l'épineuse question de savoir si le cabinet de Pétersbourg a fait pression ou non sur son alliée française pour l'adoption de la loi de trois ans. M. Schiemann voit plus clair et est mieux renseigné à cet égard : il sait que cette loi a été imposée au Président du Conseil alors en charge, M. Poincaré, à Pétersbourg, *pendant l'été 1912 déjà*. Cet omniscient, ce batteur de pavé, a dû avoir à sa disposition, à la porte de tous les cabinets diplomatiques de l'Europe, des écouteurs à l'ouïe trop fine, qui lui rapportaient sans cesse davantage que n'en savaient les initiés eux-mêmes.

*   *   *

J'ai déjà attiré l'attention du lecteur sur l'avant-dernier *rapport du baron Beyens, du 12 juin 1914* (n° 118). Je me bornerai à relever ici une fois encore que le triomphe du radicalisme et du socialisme français, aux élections de 1914, avait provoqué une grande satisfaction en Allemagne aussi auprès de tous les éléments *pacifiques*, — par contre, et c'est compréhensible, une grosse désillusion chez les *Pangermanistes*.

Les élections aux Chambres françaises d'avril 1914 ont été faites directement sur cette question : *pour ou contre le service de trois ans, pour ou contre une politique de rapprochement et d'entente avec l'Allemagne*. Les socialistes unifiés avaient mené leur campagne électorale au moyen d'une affiche saisissante : la malheureuse Marianne, accablée sous le faix d'armes à feu, et marchant à grand'peine, chancelante, vers l'abîme où la pousse un général. Les partisans de la loi de trois ans, par contre, avaient choisi pour leur affiche les casques à pointe prussiens qui, grâce à la gigantesque augmentation de leur armée l'année précédente, cherchaient à écraser la France et ne pouvaient être empêchés de mettre à exécution leurs desseins criminels que par de nouveaux efforts de la part de la République.

Les adversaires les plus acharnés du maintien de la loi de trois ans étaient les socialistes, dirigés par Jaurès, et les radicaux, dirigés par Caillaux. L'un et l'autre parti ont remporté d'énormes succès au premier tour de scrutin déjà — le 26 avril 1914 : les socialistes à eux seuls ont eu 280 000 voix *nouvelles* (sur 1½ million de socialistes au total). L'adversaire du service de trois ans le plus détesté et le plus combattu par les réactionnaires, Caillaux, a été élu au premier tour de scrutin à une forte majorité. Le chef du pacifisme français, le sénateur d'Estournelles de Constant, avait même fait campagne pour lui dans sa circonscription. D'après les indications, qui ne sont assurément pas suspectes, de feuilles nationalistes telles que le *Temps* et le *Matin*, sur 8 ⅓ millions de votants, il n'y eut que 4 ⅔ millions de voix pour le maintien de la loi de trois ans telle qu'elle était ; les 3 ⅔ autres millions se sont prononcés pour son atténuation ou pour le rétablissement du service de deux ans.

Et l'on ne peut même pas dire que tous les électeurs ou candidats qui ont voté pour le maintien de la loi de trois ans, voulaient manifester ainsi des opinions nationalistes et antipacifistes. Il y avait en France un nombre incalculable d'hommes influents qui, toute leur vie, n'avaient fait que travailler en vue d'un accord franco-allemand, en vue de la réalisation de l'idéal pacifiste, et qui cependant, devant l'accroissement incessant des forces militaires allemandes, devant le pangermanisme qui se faisait de jour en jour plus arrogant et plus dangereux, ne voyaient d'autre issue pour la République menacée que celle d'intimider sa dangereuse voisine par des armements considérables — poussés jusqu'à l'extrême limite du possible — et suffisants pour la forcer à renoncer à l'agression projetée. C'est ainsi, par exemple, que *Léon Bourgeois* ne s'est pas borné à voter au Sénat pour la loi de trois ans, mais que pendant les élections de 1914, s'adressant à son parti, il lui a ordonné de voter pour le maintien de cette loi. Quelle ne devait pas être à cette époque-là déjà, dans des sphères considérables et influentes de France, la conviction que l'Allemagne entretenait des intentions belliqueuses, pour qu'un pacifiste notoire comme Léon Bourgeois recommandât des mesures de défense aussi étendues !

Si l'on soustrait de la majorité électorale en faveur de la loi de trois ans tous les électeurs qui — comme Bourgeois et des milliers d'autres — désiraient à tout prix un rapprochement amical avec l'Allemagne, mais estimaient, en se basant sur les expériences du passé, que ce rapprochement n'avait aucune chance de succès et que, par suite, la nécessité s'imposait de se préparer sérieusement à la défense efficace du pays, on peut·tirer des élections françaises de 1914 la conclusion suivante, que prouveraient les statistiques : *la grande majorité du peuple français et les personnalités dirigeantes de France, voulaient maintenir à tout prix la paix européenne;* elles avaient horreur de la guerre, mais elles voulaient se garantir dans la mesure du possible contre une attaque ennemie. Les avis n'étaient partagés que sur la *façon* de se garantir : les uns (tendance Jaurès-Caillaux) étaient suffisamment optimistes encore pour croire à la possibilité d'une entente pacifique avec l'Allemagne ; les autres (tendance Bourgeois-Briand-Barthou) étaient pessimistes : ils connaissaient et reconnaissaient les puissants courants belliqueux de l'Allemagne, ils savaient que l'empereur s'était depuis assez longtemps déjà rallié aux idées du parti de la guerre, et voyaient le salut de la France non dans quelque vaine tentative d'accord, mais uniquement dans le plus grand perfectionnement possible de ses armements défensifs. Les derniers ont vu plus clair que les premiers. Mais cela n'empêche pas que les deux groupes s'étaient également appliqués à maintenir la paix.

Le résultat des élections manifestait clairement l'humeur pacifique de la France, et promettait, en outre, d'amener à une révision de cette loi accablante des trois ans. Cette loi était, ainsi que le baron Beyens le relève expressément dans son rapport du 12 juin 1914 (nº 118), la *riposte de la France, qui « du tac au tac » a fait suite au projet militaire allemand.* Les élections récentes avaient donné le pouvoir à une coalition de partis qui, sans tenir compte du fait que l'armée allemande continuait à augmenter ses forces, était disposée et prête à adoucir et à affaiblir les contre-mesures françaises — la loi de trois ans — ; cela devrait donner à toute personne dépourvue de parti-pris la conviction que le baron Beyens exprime en ces termes dans son rapport « La majorité de la nation française ne veut certainement pas d'une guerre. » L'ambassadeur belge se demande, il est vrai, si l'introduction de la loi de trois ans constituait ou non, en tant que réponse au projet militaire allemand, une mesure *opportune*. Mais il tient pour un fait indiscutable que « l'idée » a été « faussement répandue ou acceptée *sans contrôle* par les meilleurs esprits de ce pays-ci (l'Allemagne), que la guerre est inévitable dans un avenir rapproché parce que la France la désire violemment et s'arme fébrilement pour s'y préparer ».

Le n° 118 est le dernier rapport belge d'*avant* la guerre qui figure dans le recueil allemand et traite des dispositions régnantes dans les deux pays. Le numéro final (119), du 2 juillet 1914, est déjà exclusivement consacré au différend austro-serbe. Le rapport Beyens, du 12 juin 1914, donne — à mon avis — le coup de grâce à la légende allemande et chauvine suivant laquelle c'est le chauvinisme *français* qui serait responsable de la guerre Le chauvinisme *allemand* y est dénoncé comme faussaire et empoisonneur de fontaines, et le public allemand comme le propagateur sans contrôle de l'invention « nationale », qui vise à rejeter la faute sur la partie adverse. Telle est la vérité historique et, sans le vouloir, le gouvernement allemand lui a rendu un service inappréciable en publiant les rapports belges.

On m'objectera sans doute : Mais puisque le gouvernement allemand a publié des matériaux si défavorables à ses propres buts, comment pouvez-vous lui reprocher d'avoir choisi ces rapports de façon partiale et tendancieuse, pour fausser la vérité ? La réponse est bien simple. Il n'est pas *un seul* rapport dans tout le recueil qui soit *uniquement* à la charge de l'Allemagne. Les remarques et exposés défavorables que j'ai relevés, sont toujours disséminés dans des rapports contenant des choses plus ou moins avantageuses pour l'Allemagne, et qui, pour cette raison, ont été choisis pour la publication. Les passages favorables sont toujours — comme je l'ai fait remarquer plus haut — mis en évidence par l'emploi de lettres grasses, et c'est pourquoi je me suis permis d'user de la même méthode dans *ma* reproduction de ces rapports et de mettre en italiques les passages favorables à *mes* propres thèses. Berlin ne pouvait se risquer à une falsification directe des rapports eux-mêmes ; il a donc été forcé de *prendre le mauvais avec le bon*. De là vient que le recueil, composé en vue de blanchir les dirigeants allemands, contient, à côté de beaucoup de clartés, bien des ombres aussi — ombres que personne encore (à ma connaissance) ne s'est donné la peine de rechercher et de remettre en lumière. Je suis le premier qui se soit astreint à ce travail laborieux, et crois avoir bien mérité, ce faisant, de la vérité historique.

Méthode et résultat de mon enquête.

Je précise encore une fois, pour prévenir tout reproche malintentionné à l'égard de mes « extraits d'extraits », la méthode et le résultat de mon enquête :

1. Les *éléments à la charge* des Puissances de l'Entente dans les antécédents de la guerre forment le thème essentiel du recueil choisi des rapports d'ambassade. Ne fût-ce qu'à cause des nombreuses lacunes dont on peut démontrer l'existence, ce recueil ne prouve rien du tout. Je sais et constate expressément que la collection, *telle qu'elle s'offre à nous*, contient une foule d'éléments à la charge de la politique de l'Entente pendant la période qui a précédé la guerre. Les passages qui s'y rapportent ont été reproduits partout dans la littérature apologétique allemande. Je n'ai aucune raison de les reproduire une fois de plus. Ceux que cela intéresse les trouveront dans la littérature en question ou dans la collection originale.

Ma méthode s'écarte donc de celle du ministère des Affaires étrangères sur ce point capital, que je *reconnais expressément* l'existence de nombreux passages défavorables aux Puissances de l'Entente, tandis que l'office des Affaires étrangères berlinois a composé son recueil avec partialité, faisant comme si jamais rapports défavorables à la politique *allemande* n'étaient sortis de la plume des ambassadeurs belges. Pour ma part, je reconnais expressément que le tableau que nous offrent les rapports publiés a *deux faces* et n'est ni complètement favorable ni complètement défavorable à l'une ou à l'autre des parties. Le gouvernement allemand, par contre, prétend être à même d'exhiber un tableau *absolument favorable* à sa cause et attestant son innocence ; ce faisant, il altère la vérité, même si l'on s'en tient à son seul recueil tendancieux. *Ma méthode d'enquête est ouverte et loyale, celle de l'office des Affaires étrangères est dissimulée et déloyale.*

2. Les passages favorables à l'Allemagne ayant déjà partout été extraits et publiés, il me fallait, pour montrer les deux faces du tableau, rapprocher ici les éléments défavorables à l'Allemagne mais favorables à l'Entente.

Je ne m'en suis pas moins efforcé d'être aussi objectif que possible et, à côté des passages favorables à l'Entente, j'en ai reproduit beaucoup qui semblent témoigner contre elle — et qui, pour cette raison, figurent en caractères gras dans le recueil allemand — ; c'est un fait sur lequel j'ai attiré l'attention à plusieurs reprises déjà en citant les passages en question, et je puis m'en remettre à mes lecteurs de vérifier la justesse de cette assertion par l'examen du recueil de rapports allemand. D'ailleurs, je ne le nie pas : le but des extraits ci-dessus rapportés était tout d'abord de corriger le tableau unilatéral que la littérature apologétique allemande offre en général du contenu des rapports belges, — puis de retirer de toutes les vues contradictoires le *véritable* contenu de ces rapports — pour autant qu'ils figurent dans le recueil de documents allemand.

La vérité, — aux yeux des diplomates belges — c'est que, de part et d'autre, intra et extra muros, chez les deux groupes de Puissances européennes, on a péché, et que la faute se trouve *compensée* pour l'un comme pour l'autre. *Pour le moins* compensée, si même le lecteur attentif et doué d'esprit critique ne conclut pas de la partialité du recueil allemand à un certain *excédent de culpabilité* — à la charge de l'Allemagne. Cet excédent n'entre pas en ligne de compte pour les preuves que j'entends fournir ici. Moi-même j'ai cherché à démontrer dans le second chapitre de *J'accuse* : « Antécédents du Crime » et dans le second volume du *Crime* que même les *antécédents éloignés* de la guerre présentent un excédent énorme de responsabilités au compte de l'Allemagne et de l'Autriche. Les preuves que j'ai citées à l'appui de cette assertion ne figurent presque nulle part dans les rapports des ambassadeurs belges, bien loin d'y être infirmées. Ces rapports, pour autant que le gouvernement allemand les a publiés, passent précisément sous silence les points essentiels de cette histoire reculée de l'avant-guerre — les conférences de La Haye, les négociations en vue d'un accord anglo-allemand et bien d'autres encore — sur lesquels je fais reposer les preuves de culpabilité. Les rapports de trois capitales manquent complètement. Mais, le recueil n'offrît-il pas les lacunes et les absences qu'il offre en fait, mes preuves *documentaires* ne sauraient être infirmées ni réduites à néant par des rapports diplomatiques sur les dispositions régnantes.

Et c'est pourquoi je dis : Cela n'a aucune importance pour mes thèses accusatrices que les ambassadeurs belges, même au cas où tous leurs rapports nous seraient donnés en entier, voient ou non un excédent de culpabilité du côté de l'Allemagne. Le simple fait que les rapports belges, pour autant qu'ils ont été publiés, montrent l'innocence et la culpabilité des deux groupements de Puissances *se compensant à peu près* — ce fait suffit à lui seul, dis-je, pour refuser aux défenseurs de l'Allemagne le droit de se servir de ce recueil de documents pour démontrer son innocence. Ceci s'applique déjà, je l'ai fait remarquer, au recueil de documents que nous possédons. Mais quel serait le tableau qui se dégagerait de la publication *complète* de *tous* les rapports d'ambassade belges des six capitales d'Europe — de 1905 à 1914, et spécialement pendant les derniers jours avant la guerre ? — Les rapports publiés jusqu'ici nous montrent déjà l'existence *de la même culpabilité à peu près* de part et d'autre. Tous les rapports ensemble n'offriraient-ils pas un *excédent* notable à la charge des Puissances centrales ? Est-il risqué de conjecturer et de soupçonner que, si les onze douzièmes des rapports ont été laissés de côté, c'est *précisément pour cette raison ?* Parce que l'on craignait de mettre en plein jour, au lieu du jeu d'ombres et de lumières actuel, un tableau au fusain, d'une obscurité profonde où les dirigeants de l'Allemagne et de l'Autriche auraient *seuls* été peints comme les « hommes noirs » de l'Europe ?

3. Au cours de cet examen déjà, j'ai fait remarquer à quoi se bornent pour l'essentiel les charges portées contre l'Entente par les rapports belges. Ce ne sont pas des *intentions* belliqueuses que lui prêtent les ambassadeurs belges, mais seulement des actes d'*imprudence* politique qui, « *par ricochet* », pouvaient offrir un aliment aux tendances guerrières de l'Allemagne. L'Entente nourrissait parfois le pangermanisme, au lieu de l'affamer et de le laisser périr faute de nourriture. Telle est la note fondamentale des rapports belges : l' « isolement » excitait la bête, en elle-même déjà dangereuse, du pangermanisme, la poussait à aboyer et à mordre ; il eût donc mieux valu abandonner cette politique d' « isolement ». Le danger de guerre, — sur ce point, tous les rapports belges sont d'accord, hormis quelques remarques de Greindl —, le danger de guerre ne venait en aucune façon des Puissances de l'Entente, mais *sans le vouloir*, on provoqua ce danger en pratiquant par moments une politique qui risquait de fortifier les éléments belliqueux d'Allemagne, et, pour finir, de leur donner la haute main.

Tout bien considéré, on ne voit pas comment ni en quel sens le recueil de rapports belges publié par le gouvernement allemand doit servir à sa défense :

> Il n'apporte aucune contribution quelconque à l'*histoire* proprement dite du crime, à l'histoire des douze jours critiques.

Il offre, il est vrai, des indications sur les *antécédents* du crime, mais ces indications ne prouvent rien en faveur de l'Allemagne, à la charge de l'Entente. Tout au plus en résulte-t-il que la *culpabilité se compense de part et d'autre,* que, de part et d'autre, il y a eu faute dans la même mesure à peu près. Mais pour ce qui est de l'accusation portée contre l'Entente, le recueil manque de toute valeur démonstrative, pour des raisons de forme aussi bien que de fond : de *forme*, à cause de la façon tendancieuse dont il a été composé, de ses lacunes et ses défauts, — de *fond,* à cause de l'absence du seul élément décisif quand il s'agit de prouver la culpabilité des Puissances de l'Entente, à savoir l'intention d'attaquer l'Allemagne les armes à la main.

Le gouvernement allemand a donc *échoué à tous égards dans sa démonstration.* Comme résultat de sa publication, il subsiste ce seul fait que les auteurs du plus grand des crimes cherchent de nouveau — comme souvent déjà — à altérer la vérité à leur profit, en défigurant et en étouffant des faits et des documents historiques, et à rejeter la faute sur les autres. Cette tentative — une fois encore avortée — constitue un indice de plus du sentiment que les coupables ont de leur faute.

* * *

Etat de tension n'équivaut pas à guerre.

J'arrive ainsi au terme de mon enquête sur les rapports d'ambassade publiés par le gouvernement allemand. L'arrêté de compte — même en ne prenant en considération que ces seuls rapports choisis dans un but tendancieux — n'offre en aucune manière, comme résultat final, un actif au compte de l'Allemagne ; en mettant les choses au mieux, *le débit et le crédit se balancent,* et ne laissent subsister pour aucune des deux parties intéressées un solde de doit ou d'avoir.

Mais admettons que le résultat *ne soit pas* tel qu'il est en réalité ; admettons que les 1237 rapports manquants (en fixant le nombre au plus bas) soient conçus exactement dans le même esprit que ceux qui ont été publiés, et qu'il ressorte de l'ensemble de tous les rapports (ce qui *n'est pas le cas* pour les rapports publiés) que les Puissances de l'Entente aient eu en réalité une *plus grande* part de culpabilité que les Centraux dans l'état de tension dont a souffert l'Europe avant la guerre. Même si nous admettons comme prouvé ce résultat — que j'ai réfuté par preuves et déductions dans mon premier et dans mon second ouvrage, et qui est contraire à la vérité, — même alors, aboutirions-nous à ne fût-ce qu'une lueur de décharge au profit de l'Allemagne et l'Autriche ? — les verrions-nous délivrées de l'accusation d'*avoir provoqué à dessein et de propos délibéré la guerre européenne qui a éclaté dans l'été de 1914 ?*

A cette question il n'y a qu'une seule réponse : non.

Etat de tension n'équivaut pas à guerre. Notre continent a vu d'innombrables états de tension au cours des derniers cinquante ans, et cependant, durant toute cette période — depuis 1870-1871 — aucune guerre n'en est jamais résultée entre les grandes Puissances européennes. Il y a eu à plusieurs reprises état de tension et danger de guerre entre la France et l'Allemagne, l'Autriche et la Russie, l'Angleterre et la France, la Russie et l'Angleterre, l'Autriche et l'Italie, etc. Il y a toujours eu moyen de détendre la situation, soit en prenant les cas séparément, soit une fois pour toutes par des accords internationaux : alliances, ententes, etc. Des différends innombrables et souvent aussi de ceux que l'on se plaisait à qualifier, dans le jargon des diplomates, de « questions de vie ou de mort », parce que touchant au « prestige » national ou à l'« honneur » national, ont été aplanis par le moyen pacifique des accords, des compromis, de la bonne volonté réciproque. Le différend austro-serbe, lui aussi — et mieux que bien d'autres qui l'ont précédé — pouvait être facilement liquidé, avec tant soit peu d'esprit d'entente, par la voie d'un arbitrage pacifique, ainsi que je l'ai exposé cent fois tout au long dans mes ouvrages. La tension actuelle aussi, insignifiante en comparaison de tant d'autres tensions antérieures, pouvait être calmée dans le plus bref délai et sans peine aucune, si Berlin et Vienne avaient *voulu* arriver à une solution pacifique. Si l'on a pu, par accords et compromis, résoudre les difficultés suscitées par de graves conflits d'intérêts entre l'Angleterre et la France, la Russie et l'Angleterre, l'Autriche et la Russie au cours des premières guerres balkaniques, — si l'on a pu résoudre les difficultés survenues entre l'Autriche et l'Italie dans la question de l'Adriatique, — aussi bien que les différends nés d'une rivalité d'intérêts entre l'Allemagne et la France, l'Allemagne et l'Angleterre, en Asie, en Afrique et ailleurs encore — quelques-uns même le furent très peu de temps avant la guerre — cela prouve que les légères différences existant entre l'ultimatum de l'Autriche et la réponse serbe eussent pu être réglées bien plus facilement et plus rapidement encore — à supposer, bien entendu, que les hommes d'État de Berlin et de Vienne eussent tenu à ce règlement.

Tensions, rivalités et conflits d'intérêts, autant de choses aussi impossibles à extirper de la vie des États que de la vie des particuliers à l'intérieur de chaque État. Entre particuliers, ces affaires sont réglées par accords à l'amiable ou, si ceux-ci n'aboutissent pas, par voie judiciaire. Cette dernière voie n'existe pas encore, il est vrai, pour les États entre eux ; mais il y a suffisamment de moyens aussi pour arriver à une solution pacifique, sans effusion de sang : tout d'abord l'accord direct entre intéressés, puis l'entremise et les bons offices des Puissances non intéressées, enfin le recours au Tribunal d'arbitrage institué à cet effet à La Haye et, dans certains cas, aux commissions d'enquête de La Haye. On le voit : les voies pacifiques ne manquent pas pour régler les conflits entre nations. *Qui provoque un état de tension ne provoque donc pas de ce fait la guerre.* Est responsable de la guerre, celui qui rend impossible une solution pacifique du différend, qui utilise l'état de tension existant pour rompre la paix, qui, au lieu de défaire le nœud gordien, le tranche d'un coup d'épée — ainsi que l'Allemagne et l'Autriche l'ont fait dans l'été de 1914.

On pourrait donc accorder tranquillement ce que le gouvernement allemand cherche à tirer des rapports d'ambassade belges, mais qui ne s'y trouve pas en réalité : que les Puissances de l'Entente sont les principales coupables de l'*état de tension* européenne. Mais cet aveu n'atténuerait en rien la faute de l'Allemagne et de l'Autriche, qui ont repoussé toutes les mesures propres à résoudre pacifiquement le différend, qui par là ont rendu inévitable le règlement de l'affaire par les armes, et qui finalement ont déclanché la catastrophe par leurs déclarations de guerre.

* * *

Provoquer un état de tension, disais-je, ce n'est pas, tant s'en faut, provoquer la guerre. Celui qui a rempli de poudre le baril ne saurait être mis sur le même pied que celui qui y porte l'étincelle. Celui qui fait couler l'eau paisiblement dans le lit qui lui est préparé ne doit pas être assimilé à celui qui ouvre les écluses et déverse les flots dévastateurs sur tout le pays.

Supposons — pour emprunter un exemple à la vie privée —, que deux propriétaires ruraux voisins en soient venus à des relations tendues par des années de disputes au sujet des limites de leurs domaines, de rivalités et de frottements. A la fin, l'un des deux perd patience, il arme ses valets, leur met des torches incendiaires dans les mains et attaque son voisin, tuant les gens et brûlant la maison. Il commet cette agression par la violence, quand bien même son voisin était disposé à régler une fois pour toutes leurs querelles à l'amiable — par voie de sentence juridique ou arbitrale, ou encore par l'entremise de tierces personnes non intéressées. L'agresseur peut-il en toute conscience invoquer pour sa défense l' « état de tension » qui, à l'entendre, l'aurait déterminé à attaquer son voisin ? Personne ne reconnaîtra la validité de cette excuse. *Une seule* excuse serait possible : affirmer et prouver que le voisin assailli était décidé et prêt, de son côté, *à attaquer l'agresseur actuel.* Le droit de prévenir par l'attaque cette menace *immédiate et certaine* d'agression peut être — au besoin — reconnu aux particuliers, en tant que légitime défense, — à condition qu'il leur ait été effectivement impossible de s'assurer la protection nécessaire par la voie normale, la voie juridique. En d'autres termes : le droit naturel et légal de légitime défense qui, par sa nature même, n'existe qu'à l'égard de l' «agression illégale actuelle» et qui est donc un droit défensif, pourrait exceptionnellement — dans des cas particulièrement évidents — être élargi de telle sorte qu'une agression *future*, mais sur le point de se produire, puisse aussi être repoussée par recours anticipé à la légitime défense, en *prévenant* l'adversaire [1].

J'ai exposé tout au long ailleurs ce que présuppose la prévention, et quelles en sont les limites. (Voir *Le Crime*, tome II, chap. I et II). Ce que j'ai dit s'applique aussi bien aux États qu'aux particuliers, et à bien plus forte raison encore, parce que le ursactes préventifs entraînent de bien plus lourdes conséquences pour des pays, pour des continents entiers. Jamais, au grand jamais, on ne reconnaîtra un « état de tension » — que ce soit dans la vie des particuliers ou dans celle des nations — comme constituant une

---

[1] Le code pénal allemand (§ 54) déclare comme n'étant pas passibles d'une peine, en dehors du cas de légitime défense, les actes commis « dans un état de détresse non mérité ou dont on ne peut sortir autrement, pour échapper à un danger immédiat, menaçant la personne ou la vie de l'intéressé ou de l'un de ses proches ». On peut faire rentrer dans l'expression « danger immédiat menaçant la personne ou la vie », l'agression que l'on sait de façon *certaine* être sur le point dese produire.

excuse valable pour une attaque préventive. La *menace d'agression immédiate* de la part de la partie adverse constitue la seule excuse qui puisse être alléguée — au besoin ! — pour une expédition guerrière préventive —, à supposer qu'on admette la légitimité de la guerre préventive en soi, point de vue que pour ma part, comme on le sait, je ne saurais admettre.

Les rapports d'ambassade belges, nous l'avons vu, ne donnent nullement lieu de croire que l'Empire allemand fût menacé d'une attaque de la part des Puissances de l'Entente. Ils ne montrent que l'existence, en Europe, d'un *état de tension*, état qui pouvait être supprimé par toutes sortes de moyens — comme beaucoup d'autres états de tension analogues l'avaient été antérieurement. Mais même si j'admettais que cette *tension* était née en majeure partie par la faute des Puissances de l'Entente, — ce que je conteste, pour toutes les raisons et preuves énumérées au cours de mes ouvrages —, rien ne justifie, cependant, cette *guerre* provoquée par l'Allemagne et l'Autriche. L'argumentation qui consiste à dire : « Vous m'avez isolé, vous m'avez fait mat diplomatiquement parlant, vous êtes responsables de l'état de tension où se trouve l'Europe — c'est pourquoi je déchaîne cette guerre, plus terrible qu'aucune autre ne l'a jamais été ; je réduirai en un champ de ruines les régions les plus florissantes de l'Europe ; je condamnerai des millions et des millions d'hommes à être tués ou mutilés, à souffrir de la faim et de la misère » ; — cette argumentation-là ne trouvera d'écho au xxe siècle chez aucun Européen ayant le sens de la morale, de la justice ou même simplement des sentiments humains. Elle n'en eût pas même trouvé aux temps les plus sombres de l'antique barbarie.

Les barbares partaient à la conquête de terres quand ils se sentaient à l'étroit dans leur territoire, quand ils manquaient du sol nécessaire à la production de leur nourriture, quand ils espéraient trouver dans d'autres régions des conditions de vie meilleures et plus agréables. Tels furent les motifs qui amenèrent jadis les Huns, les Goths et les Langobards dans les riches et fertiles plaines de l'Europe occidentale. *Le manque de place et le manque de nourriture les poussaient aux conquêtes.* L'Allemagne, ce pays florissant, puissant et en plein essor économique et intellectuel — essor prodigieux jusqu'à la guerre — ; l'Allemagne, ce pays qui n'a presque aucune émigration et qui chaque année avait besoin pour cultiver son sol de l'aide de centaines de mille étrangers, — l'Allemagne peut-elle alléguer comme excuse pour sa politique expansionniste ne fût-ce que *celle* que les barbares du moyen âge le plus reculé pouvaient invoquer ? Peut-elle prétendre que sa population n'avait pas, à l'intérieur du pays, la place qu'il lui fallait pour se développer, qu'elle n'avait pas suffisamment d'occasions d'agir dans le monde ? Assurément pas ! A quoi bon dès lors cette publication triomphante et trompeuse des rapports d'ambassade belges qui, cependant, en mettant les choses au pire, ne parlent que d'un *isolement diplomatique* de l'Allemagne — encore le font-ils à tort —, et qui n'offrent pas trace d'un encerclement ou d'un étranglement économique du peuple allemand, d'une entrave à son libre développement, d'une ligature de ses artères vitales ? A quoi bon tout ce bruit ? Que désirent ces messieurs ? Au xxe siècle, Guillaume II verra-t-il un casus belli dans ce qu'un Attila, au ve siècle, n'eût pas osé offrir à ses hordes comme un prétexte de guerre ? Aussi longtemps que ces messieurs des Affaires étrangères ne nous donnent pas la preuve que l'Allemagne devait être, non pas « isolée », mais *attaquée les armes à la main* par l'Angleterre, la Russie et la France, ils ne parviendront pas à justifier leur propre guerre agressive aux yeux des contemporains ni de la postérité, — même au cas où l'on admettrait la légitimité de la théorie allemande de la prévention.

Le voulussent-ils, les rapports d'ambassade belges ne pourraient modifier en rien la conviction que le monde civilisé tout entier s'est faite et a solidement assise en recourant à mille autres sources de preuves, — la conviction que l'Allemagne et l'Autriche sont pour la plus grosse part responsables de l'état de tension dont a souffert l'Europe avant la guerre. Mais supposé qu'il n'en fût *pas ainsi* — supposé que les Puissances de l'Entente eussent tout autant ou même plus contribué à charger l'atmosphère d'électricité, le criminel n'en reste pas moins celui qui a fait fi de tous les moyens de la décharger, qui, choisissant la voie la plus courte, a provoqué le « court-circuit » et par suite, l'incendie. *L'élément décisif reste l'acte de volonté qui a déchaîné la guerre.* Seule la menace imminente et certaine d'une agression aurait, au besoin, pu le justifier, mais non des procédés d'ordre diplomatique quels qu'ils soient, qu'on les qualifie d'encerclement, d'iso lement ou de n'importe quel autre beau nom.

II

Les Livres gris belges.

Puisqu'on attribue, en Allemagne, aux ambassadeurs belges un jugement si absolument objectif et péremptoire, on ne peut faire autrement que de reconnaître aussi leur autorité, non seulement en ce qui concerne les antécédents *reculés* de la guerre, mais encore relativement à l'histoire des faits auxquels se rattache *immédiatement* le conflit. Du moment qu'on nous présente MM. Guillaume, Lalaing, Beyens et consorts comme témoins irrécusables pour l'histoire diplomatique de l'Europe depuis le mois de février 1905 jusqu'au 2 juillet 1914, on est bien obligé de les admettre aussi comme témoins également irrécusables pour *l'histoire du conflit lui-même, soit du 23 juillet au 4 août 1914.*

Mais quel est le jugement que portent les ambassadeurs belges sur cette période ? Ici encore, se prononcent-ils de façon plus ou moins défavorable sur la politique de l'Entente ? Ici encore, se rangent-ils plus ou moins du côté de l'Allemagne ? *A laquelle des puissances européennes imputent-ils la faute d'avoir fait éclater le conflit ?*

Telles sont les questions que nous avons à examiner maintenant en recourant aux deux Livres gris publiés par le gouvernement belge et à l'ouvrage déjà nommé du baron Beyens. Si le résultat de notre enquête est défavorable à l'Allemagne et à l'Autriche, du coup les rapports d'ambassade belges publiés par l'office des Affaires étrangères de Berlin sont biffés d'un gros trait. Peu importe le contenu de ces rapports, qu'ils soient authentiques ou faux, complets ou incomplets, qu'ils répartissent également les responsabilités de l'avant-guerre sur les deux groupements de puissances ou qu'ils les mettent toutes sur l'un des deux seulement — ; au cas où l'examen critique des publications belges nous amènerait, en ce qui concerne l'*histoire des douze jours critiques*, à constater que les ministres belges rendent responsables de la guerre les deux Empires exclusivement, l'Allemagne et l'Autriche, ces deux nations se trouveront en face de toute une série de nouveaux juges qui les condamnent, et dont la sentence viendra renforcer encore le verdict prononcé par tous les Neutres. Leur arrêt de condamnation aura même encore *plus de poids* que celui des autres Neutres : on ne saurait assurément accuser de parti-pris en faveur de l'Entente ceux qui, jusqu'en juillet 1914, ont prononcé un jugement si favorable pour la politique germano-autrichienne et si défavorable pour la politique anglo-russo-française, tel que celui qui ressort — à ce que prétend l'office des Affaires étrangères — des rapports d'ambassade belges ; leur arrêt a donc d'autant plus de poids qu'il sort de la plume d'amis de l'Allemagne qui, jusqu'au moment où fut commis le crime insigne, avaient donné toutes leurs sympathies au malfaiteur et ne l'auraient jamais cru capable d'un pareil forfait. *Lorsqu'un ami accuse son ami d'être un gredin et un criminel, son jugement est plus écrasant que celui qui sort d'une bouche ennemie.*

Et c'est pourquoi il est d'une importance décisive d'entendre ce que disent sur le conflit ces mêmes ambassadeurs belges que l'Allemagne a cités comme témoins pour l'*avant*-guerre et, à cette occasion, de donner aussi la parole à ceux dont l'office berlinois des Affaires étrangères a complètement supprimé les rapports dans son recueil.

*   *   *

Je vais reproduire ci-dessous, dans leur texte original, une série d'extraits tirés des deux Livres gris belges. Dans mon choix, je suis parti de l'idée de laisser autant que possible de côté le casus belli Belgique-Allemagne, issu de la violation de la neutralité belge, et de m'en tenir pour l'essentiel au jugement porté par les hommes d'Etat belges sur les questions *de culpabilité et de responsabilité en ce qui concerne la guerre européenne.* Le conflit germano-belge est une conséquence de la guerre européenne : l'origine en est manifeste ; l'Allemagne est seule coupable d'avoir violé la neutralité belge, c'est un fait indiscutable que M. de Bethmann lui-même a reconnu le 4 août 1914. Je n'ai pas besoin de reproduire les termes dans lesquels s'expriment les diplomates belges sur la violence faite à leur pays, sur les dévastations, sur la destruction de leurs villes, la ruine de leurs industries florissantes, sur les massacres et les déportations de milliers d'innocents civils sans distinction d'âge ni de sexe, sans tenir compte du caractère dangereux ou au contraire inoffensif de ces malheureuses victimes, — en un mot, sur toutes ces barbaries commises contre un pays innocent pour les nier ensuite ignominieusement. Le crime perpétré contre la Belgique a été condamné par le monde entier, et la sentence prononcée sur ce point par les ambassadeurs belges va de soi.

Une seule question importe pour mon enquête :

> Quel jugement les diplomates belges ont-ils porté sur l'origine et le déchaînement proprement dit de la guerre européenne ? A qui en ont-ils attribué la faute ? Ici encore, comme dans l'histoire des antécédents de la guerre, ont-ils réparti les responsabilités sur *toutes* les Puissances également, ou bien ont-ils montré du doigt quelques Puissances prises *séparément* comme étant les *seules* coupables ?

La réponse à ces questions nous sera donnée par les extraits qui vont suivre.

A

Livre gris belge I.

Le 24 juillet déjà, un jour après la remise de l'ultimatum autrichien, le ministre belge des Affaires étrangères voit monter à l'horizon le *danger d'une guerre européenne*: lui aussi, par conséquent, aperçoit dans cet ultimatum un symptôme suspect d'*intentions belliqueuses de la part de l'Autriche*. Le 24 juillet 1914, il envoie à ses représentants dans les principales capitales de l'Europe une déclaration de neutralité du gouvernement belge qui devait être remise aux ministères des Affaires étrangères intéressés, au moment où, selon l'appréciation de l'office des Affaires étrangères de Bruxelles, l'*éventualité d'une guerre franco-allemande* serait devenue plus menaçante :

N° 2.

*Lettre adressée par M. Davignon, Ministre des Affaires étrangères, aux Minis-
tres du Roi à Paris, Berlin, Londres, Vienne et Saint-Pétersbourg.*

Bruxelles, le 24 juillet 1914.

Monsieur le Ministre,

Le Gouvernement du Roi s'est demandé si, dans les circonstances actuelles, il n'y aurait pas lieu d'adresser aux Puissances qui ont garanti son indépendance et sa neutralité, une communication destinée à leur confirmer sa résolution *de remplir les devoirs internationaux que lui imposent les traités* au cas où une guerre viendrait à éclater aux frontières de la Belgique.

Il a été amené à la conclusion qu'une telle communication serait prématurée à l'heure présente, mais que les événements pourraient se précipiter et ne point lui laisser le temps de faire parvenir, au moment voulu, les instructions opportunes à ses représentants à l'étranger.

Dans cette situation, j'ai proposé au Roi et à mes collègues du Cabinet, qui se sont ralliés à ma manière de voir, de vous donner, dès à présent, des indications précises sur la démarche que vous auriez à faire si l'*éventualité d'une guerre franco-allemande* devenait plus menaçante.

Vous trouverez, sous ce pli, une lettre signée, mais non datée dont vous aurez à donner lecture et à laisser copie au Ministre des Affaires étrangères si les circonstances exigent cette communication.

Je vous indiquerai par télégramme le moment d'agir.

Le télégramme vous sera adressé à l'heure où *la mobilisation de l'armée belge* sera décrétée, si, contrairement à notre sincère espoir, et aux apparences de solution pacifique, nos renseignements nous amenaient à prendre cette mesure extrême de précaution.

DAVIGNON.

Un rapport de l'ambassadeur à Berlin, Beyens, du 27 juillet 1914 (n° 6) est conçu en ces termes :

N° 6.

*Télégramme adressé par le Baron Beyens, Ministre du Roi à Berlin,
à M. Davignon, Ministre des Affaires étrangères.*

Berlin, 27 juillet 1914.

D'après un télégramme du Chargé d'Affaires Britannique à Belgrade, le *Gouvernement serbe a cédé sur tous les points de la note autrichienne.* Il admet même l'immixtion de fonctionnaires autrichiens si celle-ci peut s'accorder avec les usages du droit des gens. Le Chargé d'Affaires Britannique estime que *cette réponse devrait satisfaire l'Autriche dans le cas où celle-ci ne voudrait pas la guerre.* Néanmoins, l'impression est plus favorable ici aujourd'hui, surtout parce que les hostilités contre la Serbie n'ont pas commencé. Le Gouvernement Britannique propose l'intervention de l'Angleterre, de l'Allemagne, de la France et de l'Italie *à Saint-Pétersbourg et à Vienne, pour trouver un terrain de conciliation.* L'Allemagne seule n'a pas encore répondu. L'Empereur décidera.

BEYENS.

Il y a lieu de relever dans ce rapport de l'ambassadeur à Berlin :

1. que le gouvernement serbe avait cédé, dans sa réponse, à toutes les exigences de l'Autriche et avait même admis l'immixtion de fonctionnaires autrichiens dans les affaires intérieures de la Serbie — en tant que le permettait le droit international ;

2. que la proposition de Grey, d'une conférence *destinée à agir à la fois sur Vienne et Saint-Pétersbourg*, avait été acceptée par les trois Puissances non intéressées, la France, l'Italie et l'Angleterre, mais n'avait pas même encore reçu de réponse de la part de l'Allemagne.

** * **

La *note Davignon, du 31 juillet 1914* (n° 9) confirme la déclaration faite par le gouvernement français que *les troupes françaises n'entreront pas en Belgique* et que la France ne voudrait en aucun cas prendre sur elle la responsabilité d'avoir violé la première la neutralité belge. Le ministre belge désavoue ainsi l'invention de Berlin destinée à motiver l'invasion de la Belgique par les troupes allemandes en prêtant des intentions semblables à la France. La déclaration de Davignon est d'autant plus précieuse que le ministre belge exprime dans la même note son entière confiance *que l'Allemagne respectera la neutralité belge*, conviction qui deux jours plus tard, comme on le sait — le 2 août au soir — fut si cruellement déçue par la remise de l'ultimatum allemand.

Dans la *note n° 11, du même jour,* Davignon parle de nouveau de l'*égale confiance* qu'il a dans toutes les Puissances voisines, — assurance qui fait plus honneur à son cœur qu'à son esprit.

Les ultimatums allemands à la Belgique.

On connaît l'*ultimatum allemand* à la Belgique du 2 août au soir (n° 20), ainsi que la réponse belge du 3 août au matin (n° 22). J'ai déjà dans *J'accuse* attiré l'attention sur le caractère contraire au droit des gens que présentait l'incroyable prétention de l'Allemagne à traverser la Belgique sans être inquiétée, et sur le ton fier de la réponse qu'elle reçut du petit pays menacé. Chaque phrase de l'ultimatum allemand constituait une violation des traités de 1839 et de 1870 garantissant la neutralité et l'indépendance belges, — et, en même temps, une violation de la convention de La Haye du 18 octobre 1907, que l'Allemagne avait signée et qui

1. interdit à tout belligérant de faire passer des troupes à travers le territoire d'un Etat neutre

2. déclare que la résistance armée d'un Etat neutre, en cas de violation de sa neutralité, ne constitue pas un acte d'hostilité.

L'ultimatum allemand ne se bornait pas à exiger le libre passage, mais déclarait en outre que toute résistance de la part de la Belgique aurait comme conséquence pour elle d'être mise au nombre des ennemis de l'Allemagne et d'être traitée en ennemie. Cet ultimatum menaçant, remis au gouvernement belge le 2 août au soir, fut modifié à l'intention de l'Angleterre en ce sens que, si l'Angleterre restait neutre, *même en cas de conflit armé avec la Belgique, l'Allemagne n'annexera sous aucun prétexte le territoire belge* (Livre gris I, nº 36. Livre bleu, nº 157).

Ce double jeu diplomatique est caractéristique au plus haut point de toute la façon d'agir du gouvernement berlinois. Vis-à-vis des Belges, on se gardait les *mains libres* pour le règlement ultérieur des relations entre les deux Etats, suivant la décision des armes. (Voir l'ultimatum du 2 août. Livre gris I, nº 20.) Vis-à-vis des Anglais, par contre, que l'on chercha par tous les moyens à tenir à l'écart du conflit, — jusqu'au soir du 4 août où le cabinet de Londres déclara la guerre, — on s'engageait à la *restitution sans conditions* du territoire belge, en son entier, que la Belgique s'opposât ou non à l'invasion allemande.

On a usé de ces artifices de Protée une autre fois encore, lors du second *ultimatum* adressé à la Belgique après la prise de Liége, *le 9 août 1914* (nº 60). Quand on eut constaté que les forts et l'armée belges offraient pourtant une plus vive résistance qu'on ne s'y était attendu, on chercha à faciliter pour la suite la marche des troupes allemandes en faisant de plus grandes promesses. Tout à coup, le gouvernement allemand se déclara

« prêt à tout accord avec la Belgique qui peut se concilier de n'importe quelle manière avec ses arrangements avec la France. L'Allemagne assure encore une fois solennellement qu'elle *n'a pas été dirigée par l'intention de s'approprier le territoire belge* et que cette intention est loin d'elle. L'Allemagne est toujours prête à évacuer la Belgique, aussitôt que l'état de la guerre le lui permettra. » (Livre gris I, annexe au nº 62.)

Le chancelier de l'Empire lui aussi, comme on le sait, a pris l'engagement suivant dans son discours du 4 août : « Nous chercherons à réparer le tort que nous avons fait (en violant la neutralité de la Belgique et du Luxembourg), dès que notre but militaire aura été atteint. » Au moment où le chancelier impérial faisait cette promesse solennelle, — le 4 août après-midi —, il était déjà établi que la Belgique s'opposait par les armes à l'entrée des troupes allemandes. Par trois fois donc, la première vis-à-vis de l'Angleterre, la seconde par la bouche du chancelier impérial en présence du parlement allemand et du monde entier, la troisième enfin dans son second ultimatum à la Belgique, le 9 août, l'Allemagne *a fait la promesse solennelle de restaurer dans leur intégrité le territoire et l'indépendance de la Belgique quand les hostilités seraient terminées, même au cas d'un conflit avec l'armée belge.* Cette restauration n'empêcherait pas le crime d'une violation de neutralité contraire au droit des gens d'avoir été commis, mais éviterait tout au moins un second crime : annexer cet Etat neutre et le priver de ses droits pour le punir d'avoir résisté aux envahisseurs, ainsi que le lui permettait le droit international. Mais, comme on le sait, il ne se trouve pas en Allemagne un seul homme — dans les sphères et partis dirigeants — qui ait des scrupules à l'endroit de cette seconde violation du droit, en désaccord non seulement avec les dispositions catégoriques des traités de 1839, 1870 et 1907, mais encore avec les promesses trois fois répétées du gouvernement allemand.

* * *

A cette occasion, je ne saurais m'abstenir de rappeler une fois de plus, ainsi que je l'ai déjà brièvement fait dans mon premier ouvrage, la scène amusante qui s'est passée à l'*office des Affaires étrangères de Bruxelles dans la nuit du 2 au 3 août.* C'était là nuit qui s'est écoulée entre la remise de l'ultimatum allemand (2 août, 7 h. du soir) et la réponse belge (3 août, 7 h. du matin). L'ambassadeur allemand, M. de Below-Saleske, ne put s'empêcher d'aller troubler le sommeil du secrétaire général au ministère des Affaires étrangères de Bruxelles, le baron van der Elst, pour lui communiquer (à 1 h. 30 du matin) que des dirigeables français avaient lancé des bombes, et qu'une patrouille de cavalerie avait franchi la frontière, portant ainsi atteinte au droit international — puisque la guerre n'était pas encore déclarée. — Le baron van der Elst, que cette visite nocturne ne privait pas apparemment de son calme, demanda très froidement à l'ambassadeur allemand, *où* ces faits s'étaient passés. « En Allemagne », répondit M. de Below. — « Dans ce cas, pourquoi Votre Excellence me fait-elle cette communication ? » — « Parce que ces actes contraires au droit des gens — répliqua l'ambassadeur allemand — étaient de nature à faire supposer d'autres actes contre le droit des gens que poserait (?) la France. » Fin de l'entretien [1].

Il n'est pas difficile de tirer des conclusions de cette rapide conclusion de l'entretien. Je l'ai déjà fait dans *J'accuse*. M. de Below avait tout simplement reçu ordre de son gouvernement d'exercer tout d'abord une pression sur les décisions du gouvernement belge par ces légendes d'agression et, en outre, de motiver par avance, en inventant ces attaques françaises, la déclaration de guerre qui devait être remise à la France le lendemain soir. D'où cette rencontre nocturne. Néanmoins, il en a été cette fois encore pour les diplomates allemands comme toujours et partout : ils croyaient faire preuve d'une finesse sans pareille — et ils n'ont montré que leur manque absolu de finesse. Dans mon premier ouvrage déjà — bien avant qu'on eût démontré, *pièces en mains*, que l'histoire des bombes de Nuremberg était pure invention — j'avais fait remarquer que les *contradictions* entre les diverses versions allemandes des actes hostiles commis par la France, enlèvent à elles seules déjà toute valeur aux assertions allemandes. La déclaration de guerre à la France parle de bombes qui auraient été lancées en plusieurs endroits de l'Allemagne par des aviateurs. C'est à des dirigeables que M. de Below-Saleske attribue ces actes agressifs. Et de même, pour une patrouille de cavalerie. M. de Bethmann enfin — dans son discours du 4 août — élargit encore ce cycle de mensonge en disant que «des avions lançant des bombes, des patrouilles de cavalerie et des compagnies françaises ayant fait irruption dans le territoire de l'Empire », se seraient livrés à des actes répréhensibles, et, s'adressant sur un ton pathétique à ses crédules auditeurs du Reichstag : « *De ce fait, dit-il, la France a rompu la paix et nous a effectivement attaqués.* » Ainsi était construite la guerre défensive, et le malheureux peuple allemand croit aujourd'hui encore à cette légende.

---

[1] *Livre gris* I, n° 21.

La Belgique et les Puissances garantes.

La note adressée dans l'après-midi du 3 août (n° 24) par *Davignon* à ses représentants à l'étranger, porte que l'ambassadeur français à Bruxelles a offert au gouvernement belge l'*appui militaire* de la France pour le maintien de sa neutralité, « *si le Gouvernement Royal faisait appel* au Gouvernement français comme puissance garante de sa neutralité ». Davignon remercia l'ambassadeur pour l'offre de la France, mais fit observer « que le Gouvernement du Roi ne faisait pas appel, pour l'instant, à la garantie des Puissances et se réservait d'apprécier ultérieurement ce qu'il y aura lieu de faire ». Le gouvernement belge fit la même réserve à l'égard du gouvernement *anglais* qui, de son côté également, avait offert son appui militaire, « *si la Belgique le désire* » (n° 28).

Dans sa dépêche au roi d'Angleterre, le roi de Belgique ne demandait, lui non plus, que l'*intervention diplomatique* du gouvernement anglais pour défendre la neutralité belge. Le gouvernement belge ne demanda du secours militaire aux Puissances garantes, France, Russie et Angleterre, pour repousser l'envahisseur, que le matin du 4 août, *une fois que la neutralité du territoire belge eut été effectivement violée* (n°ˢ 39, 40, 42, 43).

La note Davignon du 5 août (n° 43), qui contient l'appel de la Belgique aux Puissances garantes, est intéressante à un autre point de vue encore : elle met en lumière *les motifs et raisons de la déclaration de guerre de l'Angleterre* à l'Allemagne. On y lit :

« Un télégramme de Londres m'apprit que ce changement d'attitude était motivé par un ultimatum de l'Angleterre laissant à l'Allemagne un délai de dix heures pour évacuer le sol belge et respecter la neutralité de la Belgique. »

Ici encore, donc, l'ultimatum anglais à l'Allemagne est interprété comme il l'est dans le rapport Goschen du 8 août (Livre bleu, n° 160) et comme je l'ai interprété dans les chapitres de mes deux premiers ouvrages qui se rapportent à ce sujet : l'Angleterre n'a pas déclaré la guerre *sans autres* à l'Allemagne à cause de l'entrée des troupes de cette dernière en Belgique le 4 août au matin, mais elle a commencé par exiger de l'Allemagne — en lui fixant un délai — d'« *évacuer le sol belge et d'en respecter la neutralité* ». Encore un témoin en faveur du point de vue que j'ai défendu et démontré : que *la violation de la neutralité belge a été la seule raison* pour laquelle l'Angleterre est entrée en guerre, et que cette raison aurait pu être supprimée *le 4 août au soir encore*, si l'Allemagne avait accepté les exigences de l'Angleterre et évacué la Belgique. *Ce fait indiscutable ruine à lui seul le mensonge allemand, qui veut que l'Angleterre ait désiré, préparé et déchaîné la guerre européenne.* Si, le 4 août au soir, le chancelier de l'Empire s'était rendu aux exigences d'évacuation posées par l'Angleterre, au lieu d'y opposer son refus formel par l'entremise de M. de Jagow, et si l'état-major allemand avait envoyé des ordres en conséquence aux troupes qui se trouvaient déjà en Belgique, l'Angleterre ne serait pas entrée en guerre, elle n'aurait même *pas pu le faire* puisque le seul motif de guerre indiqué par elle aurait été supprimé de ce fait. La note Davignon du 5 août — sans parler des autres facteurs — vient encore appuyer cette démonstration.

La cargaison de blé suspecte.

Pour terminer, j'emprunterai encore au premier Livre gris le récit d'un petit incident qui caractérise on ne peut mieux la perfidie — ou, disons mieux, la bassesse de la méthode diplomatique allemande. Lorsque l'ambassadeur anglais, Sir Edward Goschen, demanda, le 31 juillet, à M. de Jagow, si l'Allemagne était prête — tout comme la France — à respecter la neutralité belge en cas d'un conflit franco-allemand, Jagow répondit, comme on sait, en termes évasifs ; il déclara qu'il devait d'abord consulter l'empereur et le chancelier à ce sujet, mais qu'il doutait fort que ceux-ci se montrassent disposés à répondre, parce que cette réponse dévoilerait jusqu'à un certain point le plan de guerre allemand.

A cette occasion, M. de Jagow fit remarquer que la Belgique « s'était déjà livrée à certains *actes hostiles* ; qu'on avait mis, par exemple, l'embargo sur une cargaison de blé destinée à l'Allemagne ». (Livre bleu, n° 122.) Le n° 79 du Livre gris, suivi de quatre annexes, est consacré à cette affaire. Il en ressort que, par suite d'une erreur de la douane d'Anvers, des marchandises en transit pour l'Allemagne avaient été traitées comme marchandises d'exportation et, comme telles, retenues. Sur les réclamations faites par l'ambassadeur allemand le 31 juillet, l'envoi fut aussitôt acheminé sur l'Allemagne. (Voir les notes du ministre belge Davignon à l'ambassadeur d'Allemagne en date des 1er et 3 août, annexes 2 et 3 au n° 79.)

Cette bagatelle serait tout à fait inoffensive et ne mériterait même pas d'être mentionnée si M. de Jagow n'en avait fait état pour démontrer par avance à l'ambassadeur anglais l'*hostilité* du gouvernement belge. Ce qui en ressort, c'est la mauvaise conscience de ces messieurs de la Wilhelmstrasse. Le 31 juillet, Jagow savait naturellement déjà que, pareille à l'arbre de la forêt destiné à la hache, la Belgique était marquée de la croix noire. Il s'appliquait à ce moment-là déjà à ouvrir le procès contre ce malheureux pays pour cause de perfidie et de complot contre l'Allemagne, — ce procès que l'on a poursuivi ensuite, et jusqu'à ce jour, à l'aide de moyens si mesquins et si malpropres. La cargaison de blé d'Anvers a joué vis-à-vis de la Belgique le même rôle que les bombes de Nuremberg vis-à-vis de la France, et que l'histoire de l'invasion des Cosaques vis-à-vis de la Russie. Il s'agissait, par un procédé magique, d'évoquer aux yeux du peuple allemand le spectre terrifiant d'un complot gigantesque tramé contre l'innocente Allemagne ; et, pour compléter le tableau, on ne méprisa pas l'innocente cargaison de blé d'Anvers.

B

Livre gris belge II.

En ce qui concerne le jugement porté par les diplomates belges sur la question de la responsabilité de la guerre, le second Livre gris belge nous offre une matière beaucoup plus riche et plus précieuse que le premier. Si ce n'est pour l'histoire des antécédents *éloignés* de la guerre, du moins pour l'histoire de ses antécédents *immédiats*, il comble les lacunes que le recueil allemand de rapports d'ambassade a laissé subsister intentionnellement — dans l'intérêt de sa démonstration —, et nous rend ainsi un service signalé.

J'ai déjà fait mention, dans un chapitre antérieur, des nos 1 et 2 du second Livre gris — rapport de Paris du 22 février 1913 et rapport de Berlin du 2 avril 1914. — Ces deux rapports ont été omis, comme je l'ai fait remarquer, dans le recueil allemand, et leur omission constitue un indice caractéristique de la méthode suivie pour composer ce recueil. Il est des plus regrettables — je le répète — que le gouvernement belge n'ait pas voulu ou pu combler plus complètement ces lacunes — aussi pour l'histoire des antécédents de la guerre (1905-1914) : s'il avait publié ne fût-ce qu'autant de rapports (actuellement manquants) que l'office des Affaires étrangères de Berlin l'a fait, soit 119 contre 119 — en particulier, s'il avait mis au jour les rapports d'ambassade de Vienne et de Pétersbourg, que le gouvernement allemand a *complètement* laissés de côté, — le tableau d'ensemble fût, on peut le supposer, devenu tout autre déjà par cette publication limitée. Cette supposition est confirmée par le contenu du second Livre gris, où les ambassadeurs belges à Vienne et à Saint-Pétersbourg ont leur place à côté de celui de Berlin, mais malheureusement *à partir de la fin de juillet 1914 seulement. Tous* les ambassadeurs belges dont les rapports se trouvent reproduits dans les Livres gris, s'accordent — en ce qui concerne les antécédents *immédiats* de la guerre — à porter un jugement écrasant pour les Puissances centrales. Le fait que le gouvernement allemand a exclu de son recueil les rapports de Vienne et de Saint-Pétersbourg précisément — c'est-à-dire ceux des deux capitales qui étaient le plus directement intéressées dans les conflits les plus dangereux de l'époque qui a précédé la guerre — (bien qu'il ait dû les trouver également à Bruxelles) — ce fait suscite à juste titre le soupçon que justement les représentants de ces deux capitales-là ont jugé de façon tout aussi défavorable la politique pratiquée par l'Allemagne et l'Autriche lors des antécédents *éloignés* de la guerre que celle qu'elles ont suivie lors des conflits qui ont *immédiatement* précédé l'explosion.

Les ambassadeurs belges à Berlin, Paris et Londres, qui prennent la parole dans les Livres gris, sont exactement ceux dont les rapports d'avant la guerre ont été publiés par le gouvernement allemand : pour Berlin, le baron Beyens ; pour Paris, le baron Guillaume ; pour Londres le comte Lalaing. A ceux-là viennent s'ajouter dans la publication belge : pour Vienne, le comte Errembault de Dudzeele, pour Saint-Pétersbourg le comte Buisseret-Steenbecque de Blarenghien, et, en outre, quelques chargés d'affaires qui ont occasionnellement représenté les ambassadeurs.

L'autorité que le gouvernement allemand attribue aux ambassadeurs belges pour porter un jugement sur l'époque antérieure à la guerre, ne peut leur être refusée par lui quand il s'agit des antécédents immédiats du conflit. Du moment que les rapports d'ambassade compris entre le 7 février 1905 et le 2 juillet 1914 (période embrassée par la publication allemande) constituent des documents et des preuves historiques, les rapports adressés par les mêmes personnalités, entre le 22 février 1913 et le 6 avril 1915 (période qu'embrasse le second Livre gris belge) doivent être reconnus comme ayant la même valeur. Puisque le gouvernement allemand recourt à l' « exposé diplomatique objectif » des hommes d'État belges pour prouver qu'il ne fut point *coupable* de l'état de *tension* où se trouvait l'Europe, il ne pourra empêcher ces mêmes rapporteurs de le déclarer *coupable* de l'état de *guerre* où se trouve l'Europe. Celui qui cite un témoin en justice ne peut pas le reconnaître en tant que son témoignage lui est favorable, et le récuser lorsque le témoignage tourne contre lui. On ne saurait partager une déposition au gré ou selon l'intérêt de l'accusé. C'est à prendre ou à laisser. Devant le tribunal, le témoin — qu'il ait été appelé par l'accusation ou par la défense — cesse d'être le témoin de l'une ou l'autre des parties en présence ; il devient leur témoin commun *à toutes deux*, et toutes deux — que cela leur soit agréable ou désagréable — doivent reconnaître dans toute sa teneur sa déposition pour ou contre chacune d'elles.

Il faut donc voir dans les ambassadeurs belges des témoins ou bien *entièrement* dignes de foi — dans *tous* leurs rapports — ou bien *nullement* dignes de foi — et dans *aucun* de leurs rapports. Le gouvernement allemand doit choisir entre ces deux alternatives. S'il se décide pour la seconde il se prive des preuves avancées par lui et qui, à ce qu'il prétend, le blanchissent. S'il se décide pour la première, il fournit de nouveaux témoins à charge plus redoutables encore peut-être que ceux qui ont déjà témoigné contre lui.

On verra dans ce qui va suivre à quel point ces accusations belges sont *écrasantes* pour les Puissances centrales.

*   *   *

Avant l'ultimatum autrichien.

L'histoire proprement dite du conflit commence, dans le second Livre gris, par un rapport de l'ambassadeur à Vienne, le comte Errembault de Dudzeele, du 22 juillet 1914 (n° 3), et peut être considérée comme terminée le 6 août environ, par le rapport de l'ambassadeur de Paris, baron Guillaume (n° 28). Pour ce qui est de l'histoire immédiate du conflit, 25 numéros environ sur les 123 pièces que contient ce volumineux second Livre gris, entrent donc en ligne de compte. Mais ils sont de première importance et de grande portée ; aussi méritent-ils pour la plupart d'être reproduits textuellement — soit en entier, soit fragmentairement. C'est moi qui ai souligné les passages importants.

Rapport du comte Dudzeele, Vienne, 22 juillet 1914 (n° 3) :

N° 3.

*Le Ministre du Roi à Vienne à M. Davignon,
Ministre des Affaires Etrangères.*

Vienne, le 22 juillet 1914.

Monsieur le Ministre,

J'ai l'honneur de vous faire part des renseignements que j'ai eu l'occasion de recueillir sur la question des relations de la Monarchie Austro-Hongroise avec le Royaume de Serbie.

On était au « Ballplatz », il y a une dizaine de jours, dans des dispositions fort belliqueuses. M. le Ministre des Affaires Etrangères et ses principaux conseillers tenaient un langage très agressif. On semblait décidé à donner à la démarche à faire à Belgrade un caractère très énergique et, *en prévoyant de la part du Gouvernement serbe le refus de se soumettre* à toutes les conditions qu'on allait lui poser, on n'hésitait pas à admettre la nécessité d'une intervention armée. *Déjà les numéros des huit corps d'armée appelés à envahir la Serbie étaient cités*, et on ne parlait de rien moins que d'appliquer à ce royaume *le traitement infligé naguère à la Pologne*, en partageant son territoire entre les Etats voisins. Il semblait que le Comte *Berchtold voulait prendre d'un seul coup sa revanche des échecs successifs* que sa politique a subis pendant ces derniers temps. C'était la mise en pratique de la théorie chère à ceux qui prêchent depuis longtemps « *qu'il faudrait en finir une bonne fois avec la question serbe* ».

Au sein du Gouvernement autrichien, il ne paraît pas y avoir eu de protestations contre de pareils projets, et s'il en avait été de même à Budapest, il n'aurait pas été impossible que l'Empereur, malgré ses dispositions pacifiques, se ralliât à des avis exprimés à l'unanimité.

C'est le Président du Conseil de Hongrie, accouru à deux reprises à Vienne, qui est venu mettre un frein à ces ardeurs belliqueuses. En homme d'Etat prudent et avisé, le Comte Tisza a fait voir le grand danger qu'il y avait à se lancer à la légère dans pareille aventure, et il a vivement insisté pour qu'on adoptât une attitude plus modérée.

En effet, il semble bien difficile à admettre qu'un conflit armé entre la Monarchie et sa voisine ne contiendrait pas tout au moins *le germe d'une conflagration européenne*. La presse austro-hongroise, qui parle journellement de la guerre avec la Serbie comme d'un événement non seulement possible, mais probable, affecte, il est vrai, de prédire que la lutte resterait localisée entre les deux Etats. « Nous serions moralement soutenus par l'Allemagne, dit-elle, l'Angleterre et la France se désintéresseront de la question, et la Russie, loin d'intervenir, conseillera au contraire à la Serbie de nous donner pleine satisfaction. » Ce raisonnement est évidemment empreint d'un optimisme fort exagéré.

Je ne puis admettre un seul instant que le Gouvernement serbe et la partie éclairée du pays aient un reproche quelconque à se faire au sujet de l'assassinat de l'Archiduc François-Ferdinand et de son épouse, comme beaucoup de personnes ici le prétendent. Bien au contraire, je suis convaincu que ce malheureux événement aura causé en Serbie une *impression pénible*, puisqu'on y était actuellement au contraire très désireux *d'entretenir de bonnes relations avec l'Autriche-Hongrie.*

L'Ambassadeur de Russie à Vienne, lequel part aujourd'hui en congé, mais se dit prêt à rejoindre son poste à la moindre alerte, déclare que le

Gouvernement du Czar invitera les conseillers du Roi Pierre à accepter toutes les demandes qui lui seront adressées en termes polis et qui auront un rapport direct avec l'assassinat. Il en serait de même pour la dissolution de certaines sociétés à tendances irrédentistes par trop accentuées. « Mais nous ne permettrions pas, dit M. Schébéko, qu'on fasse à la Serbie, de manière générale, un procès de tendance. »

J'ai tout lieu de croire que M. Pachitch suivra la première partie de ces conseils, mais qu'il se montrera très ferme dans le cas où il s'agirait de conditions qu'il ne pourrait légalement remplir ou qui heurteraient de front l'amour-propre national. Notamment en ce qui concerne la dissolution de sociétés, il est à remarquer que la Constitution serbe, très libérale, garantit le droit d'association, et d'ailleurs ce ne sont pas quelques sociétés qui ont pour programme politique d'arriver à reconstituer une « Grande Serbie », mais c'est la population tout entière du pays qui aspire à ce rêve.

De plus, le Président du Conseil à Belgrade se rend très certainement compte que tout cet ensemble jougo-slave habitant le sud de la Monarchie se compose de Serbes, Bosniaques, Slovènes et Croates favorables à sa cause. Malgré leur différence de religion, ces derniers, fort mécontents du régime auquel la Hongrie les soumet, portent, en grande majorité et quoi qu'on puisse en prétendre ici à ce sujet, toutes leurs sympathies vers la Serbie.

En dehors de l'intervention éventuelle de la Russie et du rôle incertain que pourrait jouer la Roumanie, il y a dans cet état de choses un danger très réel pour l'Autriche-Hongrie, et les paroles de modération que le Comte Tisza a fait entendre le démontrent suffisamment. Son influence prévaudra-t-elle jusqu'à la dernière heure ? Le Comte Berchtold vient d'aller à Ischl pour rendre compte à l'Empereur, et il semble que la situation présente si incertaine ne pourrait se prolonger longtemps et qu'une décision devra être prise.

Comte ERREMBAULT DE DUDZEELE.

Dans ce rapport, rédigé la veille de la remise de l'ultimatum, il faut relever les points suivants :

1. Déjà avant que l'ultimatum fût connu, on prêtait au comte Berchtold l'intention de prendre d'un seul coup sa revanche pour les prétendus «échecs» que sa politique avait subis au cours de la dernière crise des Balkans.

2. La manière dont on se proposait de procéder contre la Serbie n'était autre que la mise en pratique d'une théorie chère à ceux qui prêchaient depuis longtemps qu'il fallait en finir une bonne fois avec la Serbie, et infliger si possible au royaume voisin le *sort de la Pologne.*

3. On se rendait parfaitement compte à Vienne du danger de conflagration européenne que présentait la marche contre la Serbie, mais on *escomptait la non-intervention de la Russie* qui, pour beaucoup de raisons, n'oserait s'opposer au second de l'Autriche, l'Allemagne.

4. Il était *souverainement injuste* — de l'avis de l'ambassadeur belge — d'attribuer à la nation et au gouvernement serbes le crime de Serajevo, puisque cet événement avait, au contraire,

causé en Serbie une impression pénible et qu'on y était très désireux d'entretenir de bonnes relations avec l'Autriche-Hongrie.

5. Le gouvernement du tsar — d'après les déclarations de
l'ambassadeur russe Schébéko — conseillerait au gouvernement
serbe d'*accepter toutes les demandes de l'Autriche en rapport direct
avec l'assassinat*, et même de dissoudre certaines sociétés irrédentistes.

6. Le gouvernement serbe — d'après les prévisions de l'ambassadeur belge — souscrirait à toutes les mesures restrictives
à l'égard de l'agitation nationaliste en Serbie, pour autant qu'elles
seraient compatibles avec la constitution.

7. La fermentation qui se manifeste parmi l'élément jougo-
slave du Sud de la Monarchie bicéphale est due au mécontentement que Serbes, Bosniaques, Slovènes et Croates éprouvent
contre le régime auquel les soumet la Hongrie.

Après l'ultimatum autrichien.

Rapport du baron Beyens, Berlin, 24 juillet 1914 (nº 4), soit
22 jours après le dernier rapport du même ambassadeur (2 juillet)
publié dans le recueil allemand.

Nº 4.

*Le Ministre du Roi à Berlin à M. Davignon,
Ministre des Affaires Etrangères.*

Berlin, le 24 juillet 1914.

Monsieur le Ministre,

La publication de l'ultimatum adressé hier par le Cabinet de Vienne à
celui de Belgrade a dépassé ce que les prévisions, dont vous entretenait mon
rapport du 16 de ce mois, avaient imaginé de plus pessimiste. Evidemment
*le Comte Berchtold et le Comte Tisza, les auteurs responsables de ce coup de
théâtre, ont subi l'influence du parti militaire et de l'état-major austro-hongrois.*
L'effet d'un tel manque de modération et de mesure sera inévitablement de
ramener à la Serbie les sympathies de la plus grande partie de l'opinion
publique européenne, malgré l'horreur causée par les assassinats de Serajevo. A Berlin même, à lire les journaux libéraux, on a l'impression qu'ils
trouvent *les exigences austro-hongroises excessives.* « L'Autriche-Hongrie, dit
ce matin la *Gazette de Voss*, aura à justifier les graves accusations qu'elle
formule contre la Serbie et son Gouvernement, en publiant les résultats de
l'instruction judiciaire conduite à Serajevo. »

MM. de Jagow et Zimmermann nous avaient assuré, la semaine dernière,
qu'ils ne connaissaient pas les résolutions adoptées par le Cabinet de Vienne
ni jusqu'où iraient ses exigences. *Comment ajouter foi aujourd'hui à cette
ignorance ?* Il est peu vraisemblable que les hommes d'Etat austro-hongrois
se soient décidés à une pareille démarche, le coup le plus dangereux que leur
diplomatie ait jamais risqué contre un Etat balkanique, *sans avoir consulté*

leurs collègues de Berlin et sans avoir obtenu l'assentiment de l'Empereur Guillaume. La crainte et l'horreur qu'il a des régicides expliquent que l'Empereur ait laissé les mains libres à ses alliés, malgré le risque à courir d'un conflit européen.

Que va faire la Serbie, se demandaient ce matin la plupart de mes collègues ? Se tourner vers la Russie, implorer télégraphiquement son appui ? Mais elle n'aura pas de réponse avant l'expiration de l'ultimatum envoyé par l'Autriche ? La Russie devra s'entendre préalablement avec la France et, dans une intention pleine d'astuce, *le Cabinet de Vienne a attendu pour faire éclater l'orage le moment où M. Poincaré et M. Viviani naviguaient entre Saint Pétersbourg et Stockholm.* Il est d'autant plus fâcheux que la note austro-hongroise ait revêtu cette forme comminatoire que l'Ambassadeur de Russie à Vienne, d'après ce que j'ai appris, avait déclaré récemment au Comte Berchtold *que son Gouvernement appuierait les réclamations de l'Autriche Hongrie auprès du Cabinet Pachitch, si ces réclamations étaient modérées.*

Aujourd'hui une nouvelle crise est ouverte, qui rappelle celle de 1909, après l'annexion de la Bosnie et de l'Herzégovine. Tout ce qu'on peut espérer, c'est qu'elle ne se dénouera pas d'une façon plus tragique, malgré *les désirs belliqueux de l'état-major autrichien partagés peut-être par celui de Berlin.* Le meilleur conseil à donner à la Serbie serait d'invoquer la médiation et l'intervention des Grandes Puissances.

Baron BEYENS.

Dans ce rapport, je relève les points suivants :

1. *Le comte Berchtold et le comte Tisza sont les auteurs responsables* du « coup de théâtre » de l'ultimatum autrichien ; ils ont agi sous l'influence du parti militaire et de l'état-major austro-hongrois.

2. Le manque de mesure des exigences autrichiennes ramènera à la Serbie les sympathies de l'Europe, en dépit de l'horreur causée par le crime de Serajevo.

3. La presse libérale d'Allemagne déclare elle-même les exigences de l'Autriche excessives.

4. Il n'est pas *possible d'ajouter foi* à l'assurance donnée par l'office des Affaires étrangères de Berlin qu'il n'ait eu aucune connaissance des résolutions et des exigences de Vienne ; il est peu vraisemblable que les hommes d'Etat autrichiens se soient décidés au coup le plus dangereux que leur diplomatie ait jamais risqué contre un Etat balkanique, sans avoir consulté leurs collègues de Berlin et s'être assuré préalablement de l'assentiment de l'empereur Guillaume. « *La crainte et l'horreur qu'il a des régicides expliquent que l'empereur ait laissé les mains libres à ses alliés, malgré le risque à courir d'un conflit européen.* »

5. Avec une astuce raffinée, le cabinet de Vienne a attendu le moment où Poincaré et Viviani naviguaient entre Saint-Pétersbourg et Stockholm, — de façon à rendre impossible une entente

entre la Russie et la France avant l'expiration du délai fixé par l'ultimatum ; le caractère menaçant de la note autrichienne est d'autant plus grave que l'ambassadeur de Russie à Vienne avait déclaré peu auparavant au comte Berchtold que son gouvernement *appuierait à Belgrade les réclamations de l'Autriche*, pourvu qu'elles ne fussent pas exagérées.

6. La crise actuelle rappelle celle de 1909 après l'annexion de la Bosnie et il est à espérer qu'elle ne se dénouera pas de façon plus tragique, « *malgré les désirs belliqueux de l'état-major autrichien, partagés peut-être par celui de Berlin* ». Le meilleur conseil à donner à la Serbie serait d'invoquer la médiation des Grandes Puissances.

Rapport du comte Dudzeele, Vienne, 25 juillet 1914 (n° 5).

N° 5.

Le Ministre du Roi à Vienne à M. Davignon,
Ministre des Affaires Etrangères.

Vienne, le 25 juillet 1914.

Monsieur le Ministre,

La situation a pris brusquement un caractère très grave. On s'attendait évidemment à une démarche prochaine de l'Autriche-Hongrie auprès de la Serbie. Mais la note remise le 23 de ce mois par le représentant de la Monarchie à Belgrade entre les mains du Dr Paccu, Ministre intérimaire des Affaires Etrangères, formule des *demandes plus étendues et pose des conditions plus dures que je ne le prévoyais.*

La presse ici est unanime à dire que les conditions posées à la Serbie ne sont pas de nature à porter atteinte à son amour-propre et à sa dignité nationale et qu'elle peut et doit par conséquent les accepter. Mais cette même presse reconnaît implicitement à quel point ces conditions sont rigoureuses puisqu'elle n'exprime qu'un très faible espoir de voir le Gouvernement du Roi Pierre s'y soumettre. Sans parler de l'*humiliante déclaration à insérer au Journal Officiel et de l'ordre du jour à l'armée*, il y a, par exemple, le paragraphe 5 qui constituerait évidemment une ingérence excessive dans les affaires du pays. Ce serait *la mise complète de la Serbie sous la tutelle de la Monarchie.*

Certes un refus pourrait avoir au point de vue international les plus graves conséquences. Il peut provoquer un conflit européen et occasionner au point de vue économique des pertes énormes. Dans peu d'heures on apprendra le sens de la réponse de la Serbie, mais il est extrêmement *peu probable qu'elle soit de nature à donner satisfaction.* D'ailleurs le roi Pierre et son Gouvernement provoqueraient une révolution dans le pays s'ils montraient quelque velléité de faire de pareilles concessions. C'est ce dont on doit évidemment se rendre compte au Ballplatz et il semble bien aussi qu'on n'a posé des conditions aussi dures que parce qu'ainsi *on espérait qu'elles seraient refusées, parce qu'on voulait « en finir une bonne fois avec la Serbie ».*

Comte ERREMBAULT DE DUDZEELE.

Dans ce rapport, il y a lieu de relever ce qui suit :

1. L'ultimatum autrichien contient des exigences d'une dureté et d'une étendue telles que jamais l'ambassadeur belge n'aurait pu les prévoir. Même la presse viennoise le reconnaît, puisqu'elle n'exprime qu'un faible espoir de voir les demandes autrichiennes acceptées. Le fait d'exiger l'insertion d'une déclaration humiliante dans le Journal officiel et dans un ordre du jour à l'armée, ainsi que le paragraphe 5 de l'ultimatum, constituent une ingérence excessive dans les affaires intérieures de Serbie et équivalent « *à la mise complète de la Serbie sous la tutelle de la Monarchie* ».

2. L'acceptation de pareilles exigences est fort peu probable ; elle provoquerait une révolution en Serbie. Il semble que le Ballplatz a justement posé des conditions aussi dures pour qu'elles soient refusées. *On voulait « en finir une bonne fois avec la Serbie ».*

Rapport du baron Beyens, Berlin, le 25 juillet 1914 (n° 6) :

N° 6.

Le Ministre du Roi à Berlin à M. Davignon,
Ministre des Affaires Etrangères.

Berlin, le 25 juillet 1914.

Monsieur le Ministre,

La situation ne s'est pas aggravée depuis hier, ce qui ne veut pas dire qu'elle se soit améliorée.

Comme symptômes défavorables, il faut noter d'abord le langage tenu à la Wilhelmstrasse aux Membres du Corps diplomatique : le Gouvernement Impérial *approuve la démarche du Gouvernement austro-hongrois à Belgrade* et ne trouve pas que la forme en soit excessive. Il faut en finir avec les complots sanguinaires et les menées révolutionnaires qui s'ourdissent en Serbie. MM. de Jagow et Zimmermann ne parleraient pas ainsi *s'ils n'avaient reçu à cet effet les ordres de l'Empereur,* décidé dans un intérêt de confraternité dynastique à soutenir jusqu'au bout l'Autriche-Hongrie et accessible à la crainte bien légitime qu'inspirent les attentats contre les Personnes Royales.

Il est à remarquer de plus que la presse allemande, à l'exception bien entendu des journaux socialistes, paraît revenue du premier étonnement causé par la note austro-hongroise. Elle fait chorus à la presse de Vienne et de Budapest et *envisage froidement l'éventualité d'une guerre,* tout en exprimant l'espoir qu'elle restera localisée.

Enfin l'opinion se répand de plus en plus parmi mes collègues — et je la crois fondée — que c'est moins le désir de venger la mort de l'Archiduc héritier et de mettre un terme à la propagande panserbiste que *le souci de sa réhabilitation personnelle* comme homme d'Etat qui a poussé le Comte Berchtold à envoyer à Belgrade *cette note incroyable et sans précédent diplomatique.* Du moment que son amour-propre et sa réputation sont en jeu, il lui sera bien difficile de reculer, de temporiser et de ne pas mettre ses menaces à exécution.

Les indices favorables sont moins apparents. Cependant ils méritent d'être signalés. Sans parler de l'opinion publique européenne, qui ne comprendrait pas la nécessité d'en venir aux armes pour résoudre un conflit dont le règlement est incontestablement du domaine de la diplomatie, il paraît impossible de ne pas tenir compte du mouvement général de réaction et de réprobation qui se manifeste hors de l'Allemagne et de l'Autriche-Hongrie, contre les termes mêmes de l'ultimatum du Comte Berchtold. Le Cabinet de Vienne, qui avait raison dans le fond, a tort dans la forme. La demande de satisfactions est juste, *le procédé employé pour les obtenir est inqualifiable*.

Quoique le Comte Berchtold ait habilement choisi son moment pour agir, le Cabinet anglais étant absorbé par la question du Home Rule et de l'Ulster, le Chef de l'Etat Français et son Premier Ministre en voyage, et le Gouvernement russe obligé de lutter contre des grèves importantes, le fait que le Ministre autrichien a cru devoir envoyer aux grandes Puissances un memorandum explicatif implique pour ces grandes Puissances, dans l'espèce pour celles de la Triple Entente, le droit de répondre, c'est-à-dire de discuter, d'intervenir en faveur de la Serbie et d'engager des négociations avec le Cabinet de Vienne. Si l'on en arrive là le plus rapidement possible, un grand avantage sera obtenu en faveur du maintien de la paix européenne. Même une démonstration militaire hâtive de l'armée austro-hongroise contre Belgrade, après le refus du Gouvernement Serbe d'accepter l'ultimatum, ne serait peut-être pas un événement irrémédiable.

Enfin l'accord n'est pas parfait entre les trois membres de la Triplice dans le conflit actuel. Il n'y aurait pas lieu de s'étonner si le Gouvernement italien voulait jouer un rôle séparé et cherchait à intervenir dans l'intérêt de la paix.

Baron BEYENS.

J'attire l'attention sur les points suivants de ce rapport :

1. Ces messieurs de l'office des Affaires étrangères de Berlin approuvent la démarche du gouvernement austro-hongrois et ne trouvent pas non plus que la forme de l'ultimatum soit excessive : ils ne parleraient pas ainsi s'ils n'avaient reçu à cet effet les « *ordres de l'empereur*, décidé à soutenir jusqu'au bout l'Autriche-Hongrie ».

2. L'opinion se répand de plus en plus dans les cercles diplomatiques de Berlin que c'est moins la lutte contre la propagande panserbiste que le souci de sa réhabilitation personnelle comme homme d'Etat qui a déterminé le comte Berchtold à envoyer à Belgrade « *cette note incroyable et sans précédent diplomatique* ». « *Du moment que son amour-propre et sa réputation sont en jeu, il lui sera bien difficile de reculer, de temporiser et de ne pas mettre ses menaces à exécution.* »

3. Dans toute l'Europe, exception faite de l'Allemagne et de l'Autriche, une réprobation générale se manifeste à l'égard de la façon dont le gouvernement de Vienne fait valoir ses réclamations. « La demande de satisfactions est juste, *le procédé employé pour les obtenir est inqualifiable.* »

4. Le comte Berchtold a intentionnellement choisi le moment où le cabinet anglais était absorbé par la question du Home-

Rule, celui de Russie par des grèves importantes, et où les ministres français se trouvaient en voyage. La communication aux Grandes Puissances de l'ultimatum accompagné d'un memorandum explicatif ne peut signifier autre chose que le *droit de celles-ci à répondre* et à engager des négociations avec le cabinet viennois.

5. Le diplomate belge escompte déjà le refus des exigences autrichiennes de la part du gouvernement serbe et une démonstration militaire de l'armée autrichienne contre Belgrade, sans voir toutefois encore une démarche irrémédiable dans cet événement.

Rapport de Saint-Pétersbourg, du 26 juillet (n° 7), signé par le chargé d'Affaires belge, B. de l'Escaille, qui représentait l'ambassadeur belge absent. C'est le chargé d'affaires dont le rapport du 30 juillet a été intercepté à Berlin par le gouvernement allemand. (Voir *Deutsche Akenstücke zum Kriegsausbruch*, p. 42, et *J'accuse*, p. 190 et suiv.) :

N° 7.

*Le Chargé d'Affaires de Belgique à Saint-Pétersbourg
à M. Davignon, Ministre des Affaires Etrangères.* (Télégramme.)

Saint-Pétersbourg, le 26 juillet 1914.

Le Ministre des Affaires Etrangères a déclaré hier que la Russie ne permettra pas que l'Autriche-Hongrie écrase la Serbie, *à laquelle cependant des conseils de modération ont été envoyés* l'engageant à céder sur les points de l'ultimatum ayant caractère juridique et non politique. Le Gouvernement Russe estime que la situation est très grave.

B. DE L'ESCAILLE.

Ce rapport confirme le fait que la Russie a *envoyé des conseils de modération à la Serbie*, l'engageant à satisfaire à toutes les exigences juridiques de l'ultimatum. En tout cas, la Russie ne permettra pas l'écrasement de la Serbie.

Rapport du baron Beyens, Berlin, le 26 juillet (n° 8) :

N° 8.

*Le Ministre du Roi à Berlin à M. Davignon,
Ministre des Affaires Etrangères.*

Berlin, le 26 juillet 1914.

Monsieur le Ministre,

Ce que j'ai à vous dire au sujet de la crise est si grave que je me décide à vous faire parvenir ce rapport par un courrier spécial. Les rapports que j'ai confiés à la poste avec la crainte qu'ils ne fussent lus par le cabinet noir allemand contenaient nécessairement des appréciations beaucoup plus optimistes.

Des conversations répétées que j'ai eues hier avec l'Ambassadeur de France, les Ministres des Pays-Bas et de Grèce, le Chargé d'affaires d'Angleterre, résulte pour moi la présomption que l'ultimatum à la Serbie est un *coup préparé entre Vienne et Berlin* ou plutôt imaginé ici et exécuté à Vienne. C'est ce qui en constitue le grand danger. La vengeance à tirer de l'assassinat de l'Archiduc Héritier et de la propagande panserbiste ne servirait que de *prétexte*. Le but poursuivi, outre l'anéantissement de la Serbie et des aspirations jougo-slaves, serait de *porter un coup mortel à la Russie et à la France, avec l'espoir que l'Angleterre resterait à l'écart de la lutte.*

Pour justifier ces présomptions, je dois vous rappeler l'opinion qui règne dans l'état-major allemand, à savoir qu'*une guerre avec la France et la Russie est inévitable et prochaine, opinion qu'on a réussi à faire partager à l'Empereur. Cette guerre, ardemment souhaitée par le parti militaire et pangermaniste,* pourrait être entreprise aujourd'hui, estime ce parti, dans des circonstances extrêmement favorables pour l'Allemagne et qui ne se présenteront probablement plus de si tôt : « L'Allemagne a terminé ses renforcements militaires prévus par la loi de 1912 et, d'autre part, elle sent qu'elle ne peut pas poursuivre indéfiniment avec la Russie et la France une course aux armements qui finirait par la ruiner. Le Wehrbeitrag a été une déception pour le Gouvernement Impérial, auquel il a montré la limite de la richesse nationale. La Russie, avant d'avoir achevé sa réorganisation militaire, a eu le tort de faire étalage de sa force. Cette force ne sera formidable que dans quelques années ; il lui manque maintenant pour se déployer les lignes de chemins de fer nécessaires. Quant à la France, M. Charles Humbert a révélé l'insuffisance de ses canons de gros calibre ; or, c'est cette arme qui décidera, paraît-il, du sort des batailles. L'Angleterre enfin, que, depuis deux ans, le Gouvernement allemand cherche non sans quelque succès à détacher de la France et de la Russie, est paralysée par ses dissensions intestines et ses querelles irlandaises. »

L'existence d'un plan concerté entre Berlin et Vienne est prouvée aux yeux de mes Collègues et aux miens par l'obstination qu'on met à la Wilhelmstrasse à nier qu'on ait eu connaissance avant jeudi dernier de la teneur de la note autrichienne. C'est aussi jeudi seulement qu'elle a été connue à Rome, d'où proviennent le dépit et le mécontentement montrés ici par l'Ambassadeur d'Italie. Comment admettre que *cette note destinée à rendre la guerre immédiate et inévitable,* tant à cause de la dureté excessive de ses conditions que du court délai laissé au Cabinet de Belgrade pour s'exécuter, ait pu être rédigée à l'insu du Gouvernement allemand et sans sa collaboration active, alors qu'elle entraînera pour lui les conséquences les plus graves ? Ce qui prouve encore le *parfait accord des deux Gouvernements,* c'est leur refus simultané de prolonger le délai laissé à la Serbie. Tandis que la demande de prolongation formulée par le Chargé d'Affaires de Russie à Vienne était écartée hier au Ballplatz, ici, à la Wilhelmstrasse, M. de Jagow éludait des demandes analogues apportées par les Chargés d'Affaires russe et britannique, qui réclamaient au nom de leur gouvernement respectif l'appui du Cabinet de Berlin en vue de décider l'Autriche à laisser à la Serbie plus de répit pour répondre. *Le désir d'hostilités immédiates et inéluctables était le même à Berlin et à Vienne.* La paternité du plan et la suggestion des procédés employés sont attribués ici, dans le monde diplomatique, en raison de leur habileté même, dignes d'un Bismarck, à un cerveau de diplomate allemand plutôt qu'autrichien. Le secret a été bien gardé et l'exécution poursuivie avec une rapidité merveilleuse.

Notez que, si le but secret des hommes d'Etat des deux Empires n'est pas réellement de généraliser la guerre et de forcer la Russie et la France à y prendre part, mais seulement d'anéantir la puissance de la Serbie et de l'empêcher de poursuivre son travail occulte de propagande, le résultat sera le même. Il est impossible que la prévision de ce résultat ait échappé aux yeux clairvoyants des dirigeants de l'Empire allemand. Dans l'une comme dans l'autre de ces suppositions, *l'intervention de la Russie paraît inévitable :* ils ont dû envisager froidement cette complication et se préparer à soutenir énergiquement leurs alliés. *La perspective d'une guerre européenne ne les a pas fait hésiter un instant,* si le désir de la déchaîner n'a pas été le mobile de leur conduite.

Depuis hier soir les relations diplomatiques sont rompues entre l'Autriche-Hongrie et la Serbie. Les événements vont se précipiter. On s'attend ici à ce que le Roi, le Gouvernement et l'armée serbes se retirent dans la partie du pays nouvellement annexée et laissent sans combat les troupes autrichiennes occuper Belgrade et la contrée avoisinant le Danube. Mais alors se pose la question angoissante : Que fera la Russie ?

Cette question troublante, nous devons aussi nous la poser et nous tenir prêts aux pires éventualités, car *le conflit européen* dont on parlait toujours en se flattant de l'espoir qu'il n'éclaterait jamais *devient aujourd'hui une réalité menaçante.*

Le ton de la presse officieuse allemande est plus mesuré ce matin et laisse entrevoir la possibilité d'une localisation de la guerre, mais seulement au prix du désintéressement de la Russie, qui se contenterait de l'assurance que l'intégrité territoriale de la Serbie serait respectée. Ce langage n'a-t-il pas pour but de donner quelque satisfaction à l'Angleterre et aussi à l'opinion allemande qui, malgré les manifestations austrophiles d'hier soir dans les rues de Berlin, reste alarmée et pacifique ? En tout cas le dénouement, quel qu'il soit, de la crise ne semble pas devoir se faire attendre.

Baron BEYENS.

De ce rapport il ressort ce qui suit :

1. L'ultimatum autrichien est — de l'avis du baron Beyens — *« un coup préparé entre Vienne et Berlin ou plutôt imaginé à Berlin et exécuté à Vienne ».* L'assassinat de l'archiduc, la propagande panserbiste ne constituent *qu'un prétexte.* « Le but poursuivi, outre l'anéantissement de la Serbie et des aspirations jougoslaves, serait de porter un coup mortel à la Russie et à la France, avec l'espoir que l'Angleterre resterait à l'écart de la lutte. »

2. L'existence d'un plan concerté entre Vienne et Berlin est prouvée aux yeux de Beyens et de ses collègues par l'obstination qu'on met à la Wilhelmstrasse à nier qu'on ait eu connaissance avant le jour de la remise de l'ultimatum de la teneur de la note autrichienne... Le désir d'hostilités immédiates et inéluctables était le même à Berlin et à Vienne. *La paternité du plan* et la suggestion des procédés employés sont attribuées, dans le monde diplomatique de Berlin, — en raison de leur habileté même, digne d'un Bismarck — *à un cerveau de diplomate allemand plutôt qu'autrichien.*

3. L'ambassadeur belge entrevoit aussi la possibilité, à laquelle d'ailleurs il ne croit pas personnellement, que les gouvernements de Berlin et de Vienne n'aient pas visé à provoquer immédiatement une guerre européenne *générale.* Mais, même dans ce cas,

il les tient pour coupables, parce qu'ils auraient pu prévoir de façon certaine que telle serait la *conséquence* de leur démarche.

L'importance capitale de ce rapport de l'ambassadeur de Berlin n'a pas besoin d'être démontrée. *A elle seule, cette note donne le coup de grâce au recueil de rapports tout entier qu'a publié l'office des Affaires étrangères de Berlin.* Le 26 juillet, deux jours par conséquent avant l'ouverture du conflit austro-serbe et bien longtemps avant qu'il ait été donné officiellement connaissance des correspondances diplomatiques, le diplomate belge devine avec une rare clairvoyance tous les fils du complot criminel tramé par l'Allemagne et l'Autriche. Les choses se sont passées dans la suite telles que Beyens les présente dans ce rapport, et toutes les preuves venues au jour ultérieurement — telles que je les ai rassemblées dans *J'accuse* et dans *Le Crime* — n'ont fait que confirmer le diagnostic du diplomate belge. Pauvres MM. de Bethmann et de Jagow, et bien dignes d'être plaints ! Il aurait mieux valu pour eux ne pas en appeler aux diplomates belges pour prouver leur innocence. Il leur aurait été épargné d'entendre la condamnation « objective », mais d'autant plus écrasante, qu'ont prononcée sur leur politique de guerre criminelle les « représentants d'un Etat qui n'était intéressé à la politique mondiale que de loin, et en quelque sorte, en spectateur ».

Rapport de Vienne, du 26 juillet 1914 (n° 9) :

N° 9.

Le Ministre du Roi à Vienne à M. Davignon,
Ministre des Affaires Etrangères.

Vienne, 26 juillet 1914.

Monsieur le Ministre,

La réponse du Gouvernement serbe à la note austro-hongroise a été considérée par le Représentant de la Monarchie austro-hongroise à Belgrade comme insuffisante, ainsi que je l'avais prévu. Le Général Baron de Giesl a immédiatement quitté son poste avec tout son personnel ; des deux côtés la mobilisation est ordonnée et la guerre est imminente.

Les conditions si rigoureuses de la susdite note, le refus d'entrer à leur sujet en discussion quelconque, la durée si courte du délai accordé semblent bien démontrer que le *point auquel on en est arrivé est précisément celui qu'on voulait ici atteindre. Il est évident que l'action entreprise par le Gouvernement austro-hongrois a été entièrement approuvée à Berlin.* Certaines personnes vont même jusqu'à prétendre que le Comte Berchtold a été encouragé et poussé dans cette voie *par le Gouvernement allemand, qui ne reculerait pas devant le danger d'une conflagration générale* et préférerait entrer actuellement en lutte avec la France et la Russie insuffisamment préparées, tandis que, dans trois ans, ces deux Puissances auraient achevé leurs transformations militaires.

Les journaux autrichiens ont reproduit hier un communiqué publié par l'agence télégraphique de Saint-Pétersbourg disant que les événements survenus entre l'Autriche-Hongrie et la Serbie ne pouvaient pas laisser la Russie indifférente.

D'autre part, le Chargé d'Affaires de Russie a fait hier au « Ballplatz » une démarche officielle pour obtenir en faveur de la Serbie une *prolongation du délai, qui lui a été poliment refusée.*

Ces faits ne sont pas suffisants pour pouvoir prédire avec certitude que le Gouvernement du Czar prendra, à main armée, fait et cause pour la Serbie. Mais, d'autre part, il paraît bien difficile d'admettre que la Russie assistera impassible à un complet écrasement de cet Etat slave.

Or, à Belgrade, où une soumission entière aurait très probablement provoqué une révolution et mis la vie du Souverain et de ses ministres en danger, on doit avoir eu en vue de gagner du temps. Il est à supposer que la réponse apportée par M. Pachitch au Général Giesl faisait de notables concessions pour une grande partie des conditions formulées, notamment celles en relations avec l'assassinat de l'Archiduc François-Ferdinand, et il ne faudrait pas désespérer de la possibilité d'arriver à un compromis si les Puissances, animées du sincère désir de maintenir la paix, faisaient tous leurs efforts pour atteindre ce résultat. Il serait hautement désirable qu'il en fût ainsi. Mais *l'attitude si décidée de l'Autriche-Hongrie et le soutien que lui prête l'Allemagne* ne laissent malheureusement sous ce rapport qu'un assez faible espoir.

Comte Errembault de Dudzeele.

Il faut relever les points suivants de ce rapport :

1. La rigueur des conditions de l'Autriche, le refus de toute discussion et la durée si courte du délai accordé prouvent que l'on était d'emblée décidé à en arriver à une rupture des relations diplomatiques.

2. « *Il est évident que l'action entreprise par le Gouvernement austro-hongrois a été entièrement approuvée à Berlin.* » Bien des gens admettent même que le comte Berchtold a été encouragé et poussé dans cette voie par Berlin. Le gouvernement allemand ne reculerait pas devant le danger d'une conflagration européenne ; il préférerait même entrer *actuellement* en lutte avec la France et la Russie parce qu'elles sont insuffisamment préparées, tandis que, dans trois ans, ces deux Puissances auraient achevé leurs transformations militaires.

3. La demande formulée par la Russie d'une prolongation du délai a été « poliment refusée » au Ballplatz. Il est bien difficile d'admettre que la Russie assistera impassible au complet écrasement du petit Etat slave. Malgré tout, le maintien de la paix européenne serait encore possible si « l'attitude décidée de l'Autriche-Hongrie et le soutien que lui prête l'Allemagne, ne laissaient malheureusement sous ce rapport qu'un assez faible espoir ».

Rapport de Berlin, 27 juillet 1914 (n° 10) :

N° 10.

Le Ministre du Roi à Berlin à M. Davignon,
Ministre des Affaires Etrangères.

Berlin, le 27 juillet 1914.

Monsieur le Ministre,

Au milieu des appréciations contradictoires que j'ai recueillies aujourd'hui dans mes entretiens avec mes Collègues, il m'était bien difficile de me former une opinion exacte sur la situation telle qu'elle se présente au bout de la troisième journée de crise. J'ai pensé que le plus sûr était d'en causer avec le Sous-Secrétaire d'Etat lui-même, mais je ne suis parvenu à voir M. Zimmermann qu'à 8 heures du soir et, à peine rentré à la Légation, je vous transmets le compte rendu de notre conversation, sans avoir même le temps d'en prendre copie, car je veux que cette lettre parte par le dernier train du soir.

Voici ce que m'a dit le Sous-Secrétaire d'Etat :

« Ce n'est pas à notre instigation et d'après notre conseil que l'Autriche a fait la démarche que vous savez auprès du Cabinet de Belgrade. La réponse n'a pas été satisfaisante et aujourd'hui l'Autriche mobilise. Elle ira jusqu'au bout. Elle ne peut plus reculer sous peine de perdre tout son prestige à l'intérieur comme à l'extérieur de la Monarchie. C'est pour elle maintenant une question d'existence, d'être ou de ne pas être. Il faut qu'elle coupe court à la propagande audacieuse qui tend à sa désagrégation intérieure, à l'insurrection de toutes les provinces slaves de la vallée du Danube. Elle a enfin à venger d'une façon éclatante l'assassinat de l'Archiduc héritier. Pour cela la Serbie doit recevoir, au moyen d'une expédition militaire, une sévère et salutaire leçon. Une guerre austro-serbe est donc impossible à éviter.

» L'Angleterre nous a demandé de nous joindre à elle, à la France et à l'Italie, *pour empêcher que la lutte ne s'étende et qu'un conflit n'éclate entre l'Autriche et la Russie,* ou plutôt la proposition britannique visait un règlement pacifique du conflit austro-serbe pour qu'il ne s'étendît pas à d'autres nations. Nous avons répondu que nous ne demandions pas mieux que de l'aider à circonscrire le conflit en parlant dans ce sens à Pétersbourg et à Vienne, mais *que nous ne pouvions pas agir sur l'Autriche pour l'empêcher d'infliger une punition exemplaire à la Serbie.* Nous avons promis à nos alliés de les y aider et de les soutenir, si une autre nation cherche à y mettre obstacle. Nous tiendrons notre promesse. Si la Russie mobilise son armée, nous mobiliserons immédiatement la nôtre et alors ce sera la guerre générale, une guerre qui embrassera toute l'Europe centrale et même la péninsule balkanique, car les Roumains, les Bulgares, les Grecs et les Turcs ne pourront pas résister à la tentation d'y prendre part les uns contre les autres.

» J'ai dit hier à M. Poghitschewitsh (c'est l'ancien chargé d'affaires de Serbie, très apprécié à Berlin et malheureusement transféré au Caire ; il est de passage ici) que le meilleur conseil que je puisse donner à son pays, c'est de n'opposer à l'Autriche qu'un simulacre de résistance militaire et de conclure la paix au plus vite en acceptant toutes les conditions du Cabinet de Vienne. J'ai ajouté que, si une guerre générale éclate et qu'elle tourne au profit des armées de la Triplice, la Serbie cesserait vraisemblablement d'exister comme nation ; elle sera rayée de la carte de l'Europe. Mieux vaut ne pas s'exposer à une pareille éventualité.

» Cependant je ne veux pas finir cet entretien par une note trop pessimiste. J'ai quelque espoir qu'une conflagration générale pourra être évitée. On nous télégraphie de Saint-Pétersbourg que M. Sazonow est plus disposé à juger froidement la situation. J'espère que nous pourrons le dissuader d'intervenir en faveur de la Serbie dont l'Autriche est résolue à respecter l'intégrité territoriale et l'indépendance à venir, une fois qu'elle aura obtenu satisfaction. »

J'ai objecté à M. Zimmermann que d'après certains de mes Collègues qui avaient lu *la réponse du Cabinet de Belgrade, celle-ci était une capitulation complète devant les exigences autrichiennes,* auxquelles satisfaction était donnée avec des restrictions de pure forme. Le Sous-Secrétaire d'Etat m'a répondu *qu'il n'avait pas connaissance de cette réponse* et que d'ailleurs rien ne pourrait empêcher une démonstration militaire de l'Autriche-Hongrie. Telle est la situation.

Baron BEYENS.

Dans ce rapport je relève les points suivants :

1. Le sous-secrétaire d'Etat alors en charge, M. Zimmermann, déclara à l'ambassadeur belge que la démarche autrichienne n'avait pas été faite à l'instigation et sur les conseils de Berlin [1]. Pour l'Autriche, ainsi poursuivit le sous-secrétaire d'Etat, — c'était maintenant une question d'être ou ne pas être ; elle voulait et devait donner une sérieuse et salutaire leçon aux Serbes. L'Angleterre avait proposé dans un but pacifique une intervention des quatre Puissances non intéressées. L'Allemagne désirait, il est vrai, localiser le conflit, mais ne *pouvait empêcher l'Autriche d'infliger une punition à la Serbie.* Si la Russie mobilisait, l'Allemagne mobiliserait également et ce serait alors la guerre européenne. En d'autres termes : l'Autriche peut mobiliser et faire la guerre, à son gré ; mais si la Russie riposte en mobilisant *aussi,* cela constitue — d'après les théories de droit international prusso-allemandes — un casus belli.

2. L'ambassadeur belge rendit le sous-secrétaire d'Etat allemand attentif au fait que la réponse serbe — au dire de certaines personnes qui l'avaient lue — constituait « *une capitulation complète devant les exigences autrichiennes* », sous réserve de quelques restrictions purement formelles. Zimmermann répliqua — le 27 juillet à 8 heures du soir ! — qu'*il n'avait pas encore connaissance de la réponse serbe,* et que d'ailleurs rien ne pourrait empêcher une démonstration militaire de l'Autriche-Hongrie.

Comme on le sait, M. de Jagow a prétexté la même ignorance de la note serbe — le même jour, 27 juillet — auprès de l'am-

---

[1] J'ai déjà montré dans *J'Accuse* (p. 128) puis — tout au long — dans *Le Crime* (tome I, p. 230 et suiv.) quelle était la valeur de cette déclaration. Les révélations faites par l'ancien membre de la direction de Krupp, le *Dr W. Muehlon,* —et parues au printemps de 1918 alors que mon ouvrage *Le Crime* était déjà terminé — prouvent que le complot diplomatique et militaire de l'Autriche et de l'Allemagne a été arrêté *dans tous ses détails* avant le départ de l'empereur pour sa croisière, au cours d'une entrevue à Berlin. (Publié comme annexe au mémoire du prince Lichnowsky *Meine Londoner Mission,* Zurich, Orell Füssli, 1918.)

bassadeur français, Jules Cambon (Livre jaune n° 74). On trouvera dans le Livre jaune et dans *J'accuse* (p. 230) l'excellente réplique du Français à cet incroyable faux-fuyant du secrétaire d'Etat allemand. Le 27 juillet, le secrétaire d'Etat et le sous-secrétaire d'Etat allemands affirment ne pas avoir encore lu la réponse serbe remise à l'ambassadeur autrichien à Belgrade le *25 juillet au soir*. C'est de cette note que dépendait le sort de l'Europe. Si ces messieurs de Berlin n'en avaient réellement pas encore connaissance deux jours plus tard, ils se sont rendus coupables d'une légèreté et d'une négligence qui ne se peuvent qualifier en termes parlementaires, étant donnée l'extrême importance de cette pièce. Mais si, comme on est en droit de l'affirmer, ils ont eu connaissance de la réponse, mais ont *prétendu* le contraire, ils ont non seulement menti, mais encore *bêtement menti :* car leur démenti prouve qu'ils voulaient se soustraire à la discussion de la note, parce que pas un honnête homme ne pouvait y voir un motif suffisant pour déchaîner une guerre avec la Serbie et, par suite, une guerre européenne. En niant avoir eu connaissance de cette preuve extraordinaire d'intentions pacifiques — deux jours après sa remise officielle —, les hommes d'Etat berlinois ont reconnu avoir eu la *volonté arrêtée de faire la guerre* et avoir concerté ensemble le complot de guerre des deux Empires.

* * *

Note Davignon, du 27 juillet 1914 (n° 11) adressée à l'ambassadeur belge à Vienne :

N° 11.

M. Davignon, Ministre des Affaires Etrangères,
au Ministre du Roi à Vienne. (Télégramme.)

Bruxelles, le 27 juillet 1914.

J'ai reçu votre rapport du 25 de ce mois. Veuillez télégraphier où en est la mobilisation et quand les hostilités pourraient commencer. Votre collègue à Berlin écrit le 26 qu'à son avis *l'Allemagne et l'Autriche-Hongrie ont prévu ensemble toutes les conséquences possibles de l'ultimatum* adressé à la Serbie et sont décidées à aller à toutes extrémités. Nous devons être renseignés en vue des mesures à prendre.

DAVIGNON.

Rapport du baron Beyens, Berlin 28 juillet 1914 (n° 12) :

N° 12.

Le Ministre du Roi à Berlin à M. Davignon,
Ministre des Affaires Etrangères.

Berlin, le 28 juillet 1914.

Monsieur le Ministre,

Les événements marchent si rapidement qu'il faut se garder d'émettre des pronostics, surtout trop favorables, de crainte qu'ils ne soient démentis par les faits. Mieux vaut chercher à démêler les causes de la crise actuelle pour tâcher d'en comprendre le développement et d'en deviner la conclusion.

C'est ce que j'ai essayé de faire dans mon rapport du 26 juillet. *L'opinion que j'émettais dans la première partie me paraît toujours la plus fondée.* Cependant je dois vous citer aujourd'hui une opinion différente, parce qu'elle émane d'un homme qui est à même de bien juger la situation, l'Ambassadeur d'Italie, avec lequel j'ai eu hier un entretien.

D'après M. Bollati, le Gouvernement allemand, d'accord en principe avec le Cabinet de Vienne sur la nécessité du coup à porter à la Serbie, ignorait la teneur de la note autrichienne, ou en tout cas n'en connaissait pas *les termes violents, inusités dans la langue diplomatique.* A Vienne comme à Berlin, on était persuadé que la Russie, malgré les assurances officielles échangées récemment entre le Czar et M. Poincaré au sujet de la préparation complète des deux armées de la Duplice, était incapable d'engager une guerre européenne et qu'elle n'oserait pas se lancer dans une si redoutable aventure : situation intérieure inquiétante, menées révolutionnaires, armement incomplet, voies de communication insuffisantes ; toutes ces raisons devaient forcer le Gouvernement russe à assister impuissant à l'exécution de la Serbie. *Même opinion méprisante en ce qui concerne non pas l'armée française, mais l'esprit qui règne en France dans le monde gouvernemental.*

L'Ambassadeur d'Italie estime qu'on se fait illusion ici sur les décisions que prendra le Gouvernement du Czar. D'après lui, il se trouvera acculé à la nécessité de faire la guerre pour ne pas perdre toute autorité et tout prestige aux yeux des Slaves. *Son inaction en présence de l'entrée en campagne de l'Autriche équivaudrait à un suicide.* M. Bollati m'a laissé comprendre qu'une guerre européenne ne serait pas populaire en Italie. Le peuple italien n'a pas d'intérêt à l'écrasement de la puissance russe, qui est l'ennemie de l'Autriche ; il aurait besoin de se recueillir en ce moment pour résoudre à loisir d'autres questions qui le préoccupent davantage.

L'impression que la Russie est incapable de faire face à une guerre européenne règne non seulement au sein du Gouvernement Impérial, mais chez les industriels allemands qui ont la spécialité des fournitures militaires. Le plus autorisé d'entre eux pour exprimer un avis, M. Krupp von Bohlen, a assuré à un de mes Collègues que *l'artillerie russe était loin d'être bonne et complète, tandis que celle de l'armée allemande n'avait jamais été d'une qualité aussi supérieure.* Ce serait une folie, a-t-il ajouté, pour la Russie de déclarer la guerre à l'Allemagne dans ces conditions.

Le Gouvernement serbe, pris au dépourvu par la soudaineté de l'ultimatum autrichien, a cependant répondu, avant l'expiration du délai fixé, aux exigences du Cabinet de Vienne et *consenti toutes les satisfactions réclamées.* Sa réponse a été mal présentée, dans un texte trop touffu, accompagné de trop de pièces à l'appui ; elle forme un gros document au lieu d'être d'une forme courte et précise. Elle n'en est pas moins, paraît-il, très concluante. Elle a été communiquée à tous les Cabinets intéressés et, hier matin, à celui de Berlin. D'où vient *qu'aucun journal allemand ne l'ait publiée,* tandis que presque tous reproduisaient un télégramme autrichien déclarant que la réponse serbe était *absolument insuffisante ? N'y a-t-il pas là une nouvelle preuve de la volonté inébranlable, tant ici qu'à Vienne, d'aller de l'avant coûte que coûte?*

Baron BEYENS.

Dans ce rapport je relève les points suivants :

1. M. Beyens maintient son point de vue suivant lequel *toute l'affaire est une manœuvre complotée entre Vienne et Berlin.* Il montre cependant assez d'objectivité pour mentionner la manière de voir, un peu différente de la sienne, de l'ambassadeur d'Italie à Berlin. Ce dernier estimait qu'à Berlin et à Vienne, on supposait également qu'il n'était possible ni à la France ni à la Russie de laisser les choses en venir à une guerre européenne — que l'on s'était livré à un bluff, mais que l'on ne voulait pas déchaîner une catastrophe. En ce qui concernait la Russie, on voyait une raison suffisante dans ses troubles intérieurs et dans l'insuffisance de ses armements pour qu'elle assistât impassible à l'exécution de la Serbie. A l'égard de la France, on avait « *la même opinion méprisante, en ce qui concerne non pas l'armée française, mais l'esprit qui règne en France dans le monde gouvernemental.* » Cette déclaration de Bollati est très intéressante : elle prouve qu'on était persuadé à Berlin des *sentiments pacifiques* de la France, — de cette même France qu'on cherche aujourd'hui à mettre au pilori comme trouble-paix et auteur responsable de la guerre.

2. De l'avis des spécialistes les plus éminents de l'Allemagne, et en première ligne de M. Krupp von Bohlen, l'artillerie russe est tout à fait insuffisante « *tandis que celle de l'armée allemande n'a jamais été d'une qualité aussi supérieure* ». Dans ces conditions, tel est le calcul qu'on faisait en Allemagne, ce serait une folie pour la Russie de déclarer la guerre à l'Allemagne. Cette façon de présenter les choses, que l'ambassadeur belge appuie des déclarations du ministre italien, élimine pour commencer tout soupçon à l'endroit des intentions belliqueuses et des manœuvres guerrières de la Russie ; elle tend par contre à confirmer l'hypothèse que l'Allemagne a compté soit sur la non-intervention complète de la Russie soit, en cas d'une intervention de cette dernière, sur une victoire assurée.

3. L'ambassadeur belge relève comme un fait caractéristique que la réponse serbe du 25 juillet n'a encore été reproduite dans aucun journal allemand le 28 juillet (date de son rapport), tandis que presque toutes les feuilles ont publié un télégramme autri-

chien déclarant la réponse serbe « absolument insuffisante ».
*« N'y a-t-il pas là une nouvelle preuve de la volonté inébranlable,
tant ici qu'à Vienne, d'aller de l'avant coûte que coûte? »*

Après l'explosion de la guerre austro-serbe.

Rapport de Berlin, du 29 juillet 1914 (n° 14) :

N° 14.

*Le Ministre du Roi à Berlin à M. Davignon,
Ministre des Affaires Etrangères.*

Berlin, 29 juillet 1914.

Monsieur le Ministre,

Je profite d'une occasion sûre pour vous faire parvenir des impressions
que je ne confierais pas à la poste.

La déclaration de guerre de l'Autriche-Hongrie à la Serbie a été jugée,
de l'avis général, comme *un événement très dangereux pour le maintien de la
paix européenne.* Le Cabinet de Vienne répond ainsi aux *tentatives de conciliation de Londres et de Pétersbourg ;* il coupe les ponts derrière lui pour
s'interdire toute retraite. Il est à craindre que cette déclaration ne soit
considérée *par le Gouvernement du Czar comme une provocation.*

Les hostilités vont donc commencer, mais elles pourraient être de courte
durée si l'Allemagne consentait à user de son influence sur son alliée et si,
de leur côté, les Serbes, obéissant aux conseils qu'on leur a donnés, battaient
en retraite devant l'envahisseur, sans lui fournir l'occasion d'une effusion de
sang inutile. *En occupant Belgrade sans coup férir, l'Autriche aurait à la fois
une satisfaction morale et matérielle* et un gage qui lui permettraient de ne
pas se montrer intraitable. Une intervention pourrait peut-être alors se
produire avec quelque chance de succès.

Ce ne sont là malheureusement que des hypothèses inspirées par le désir
de prévenir une catastrophe européenne. Mais voici un fait susceptible d'avoir
de l'influence sur les dispositions du Cabinet de Berlin. Sir Edward Grey
a déclaré avant-hier au Prince Lichnowsky que, si une guerre européenne
éclatait, aucune des six grandes puissances ne pourrait y rester étrangère.
En même temps les journaux allemands annonçaient la mise sur pied de
guerre de la flotte britannique.

Il est certain que ces avertissements dissiperont une illusion que tout le
monde à Berlin, dans les cercles officiels comme dans la presse, se plaisait
à se forger. Des articles de journaux, publiés ces jours derniers encore à
l'ouverture du conflit, respiraient *la plus grande confiance dans la neutralité
de l'Angleterre.* Il est hors de doute que le Gouvernement Impérial l'avait
escomptée et qu'il devra modifier tous ses calculs. Comme en 1911, le Cabinet
de Berlin a été trompé par ses agents mal renseignés ; aujourd'hui comme
alors, il voit l'Angleterre, malgré toutes les avances, toutes les caresses
diplomatiques qu'il lui a prodiguées depuis deux ans, prête à passer dans le
camp de ses adversaires. C'est que les hommes d'Etat britanniques se rendent
compte des périls que ferait courir à leur pays *l'hégémonie complète de l'Allemagne sur le continent européen* et qu'ils attachent un intérêt vital, non
pour des motifs de sentiment, mais pour des raisons d'équilibre, à l'existence
de la France comme grande puissance.

Les journaux allemands publient aujourd'hui enfin la réponse de la Serbie
à la note du Gouvernement austro-hongrois avec les commentaires autri-

chiens. La faute de ce retard est imputable en grande partie au Chargé d'Affaires serbe qui n'avait pas fait dactylographier le document pour en remettre des copies à la presse. L'impression qu'il produira à *Berlin, où l'on s'obstine à ne voir que par les yeux de l'Autriche* et où on approuve jusqu'à présent tout ce qu'elle fait avec une *complaisance inexplicable,* sera presque nulle.

Par votre télégramme du 28 de ce mois, vous me demandez de vous tenir au courant des mesures prises en vue de la mobilisation de l'armée allemande. De mobilisation proprement dite, il n'est pas encore question heureusement. Mais, comme me le disait hier soir un attaché militaire, avant de mobiliser chaque Etat prend chez lui, sans éveiller l'attention, des mesures préparatoires : rappel des officiers et des hommes en congé, achat de chevaux pour les attelages de l'artillerie et des voitures de munitions et de projectiles, etc. *Il n'est pas douteux que ces précautions n'aient été prises en Allemagne.* Le sang-froid n'est pas moins nécessaire que la vigilance. Il ne faut rien précipiter ; le rappel, en ce moment-ci où des efforts désespérés sont faits pour la conservation de la paix, de trois classes de notre armée paraîtrait ici prématuré et risquerait de produire une fâcheuse impression.

Baron BEYENS.

Dans ce rapport, je relève les points suivants :

1. La déclaration de guerre faite la veille par l'Autriche à la Serbie — en réponse aux tentatives de conciliation des gouvernements anglais et russe — est un acte fort dangereux pour le maintien de la paix européenne, et il est à craindre qu'il ne soit considéré *par le gouvernement du tsar comme une provocation.*

2. Le maintien de la paix serait encore possible si l'Autriche voulait se contenter de l'*occupation de Belgrade* et voulait, après cette satisfaction morale et matérielle, faire connaître ses conditions. Tel est à peu près le contenu de la première formule d'entente faite par Grey et présentée ce même jour — 29 juillet — au prince Lichnowsky par le secrétaire d'Etat anglais (Livre bleu, n° 88) et qui, depuis lors, ne disparut plus des négociations diplomatiques. (Comme on le sait, ni le gouvernement allemand ni le gouvernement autrichien n'ont jamais fait une déclaration positive au sujet de cette proposition d'entente de Grey ; je l'ai démontré tout au long dans *J'accuse* et dans *Le Crime.*)

3. A Berlin on se berçait toujours — ainsi poursuit le rapporteur belge — de l'illusion que l'Angleterre resterait *en tout cas neutre,* bien que Grey eût assuré à Lichnowsky qu'en cas de conflit européen, aucune des Grandes Puissances n'y pourrait rester étrangère. (Livre bleu, n° 46.) *L'hégémonie complète de l'Allemagne* sur le continent constituerait un gros danger pour l'Angleterre qui, d'autre part, a un grand intérêt au maintien de la France comme Grande Puissance.

4. La réponse serbe, qui vient d'être publiée (29 juillet) — ne

fera — malgré toutes ses concessions — presque aucune impression à Berlin, où l'on s'obstine à ne voir les choses que par les yeux de l'Autriche, et où l'on approuve avec « *une complaisance inexplicable* » tous les actes du gouvernement autrichien.

5. Des mesures militaires préparatoires (rappel des officiers et des hommes en congé, achat de chevaux pour l'artillerie, de voitures, de munitions, etc.) ont déjà été prises, sans aucun doute, en Allemagne, sans d'ailleurs que la mobilisation elle-même ait été décrétée.

Rapport de Vienne, du 30 juillet (n° 16). A ce que je crois, il y a ici une faute d'impression, car le rapport paraît dater, d'après son contenu, du 31 juillet.

N° 16.

Le Ministre du Roi à Vienne à M. Davignon,
Ministre des Affaires Etrangères.

Vienne, le 30 juillet 1914.

Monsieur le Ministre,

Mes rapports de ces derniers jours ont suffisamment démontré que je ne parvenais pas à me procurer des renseignements précis sur les intentions de la Russie, à l'égard de laquelle la presse austro-hongroise observe d'ailleurs par ordre un complet silence. Je me demandais si le Gouvernement du Czar ne garderait pas une attitude expectante et n'interviendrait éventuellement que si l'Autriche-Hongrie abusait, à ses yeux, des victoires qu'elle allait remporter.

Enfin hier soir je suis parvenu à recueillir de source certaine des données authentiques.

La situation est presque désespérée et l'Ambassadeur de Russie s'attendait à chaque instant à être rappelé. Il a fait une dernière tentative qui a réussi à écarter le danger immédiat. L'entretien de Son Excellence avec le comte Berchtold a été fort long et absolument amical. *L'Ambassadeur et le Ministre ont reconnu tous deux que leurs Gouvernements avaient décrété la mobilisation, mais ils se sont quittés en bons termes.*

En sortant du « Ballplatz » M. Schébéko s'est rendu chez M. Dumaine, où se trouvait également Sir Maurice de Bunsen. Cette entrevue a été très émotionnante et l'Ambassadeur de Russie a été vivement félicité par ses collègues du succès qu'il avait si habilement remporté.

La situation reste grave, mais tout au moins la possibilité de reprendre les pourparlers est donnée et il y a encore quelque espoir que toutes les horreurs et toutes les ruines qu'une guerre européenne occasionnerait forcément pourront être évitées.

Je suis stupéfait de voir *avec quelle insouciance et en même temps avec quel égoïsme* on s'est lancé ici dans une aventure qui pourrait avoir pour toute l'Europe les plus terribles conséquences !

Je remets ce rapport à un compatriote rappelé au service militaire et je profite de cette occasion, Monsieur le Ministre, pour vous dire qu'à tort ou à raison, la poste autrichienne a la réputation d'être assez indiscrète. Dans ces conditions et vu les circonstances présentes, vous voudrez bien m'excuser s'il m'arrive parfois de ne pas vous écrire aussi ouvertement que je le voudrais.

Comte ERREMBAULT DE DUDZEELE.

Je souligne dans ce rapport les points suivants :

1. La situation est presque désespérée. Le danger d'une guerre immédiate n'a pu être écarté que par une dernière tentative de l'ambassadeur russe à Vienne, Schébéko. *Bien que la mobilisation eût été décrétée de part et d'autre,* l'entretien du comte Berchtold et de l'ambassadeur russe a été absolument amical. Les ambassadeurs de France et d'Angleterre à Vienne ont vivement félicité leur collègue russe de son succès.

2. « *Je suis stupéfait de voir avec quelle insouciance et en même temps avec quel égoïsme on s'est lancé ici dans une aventure qui pourrait avoir pour toute l'Europe les plus terribles conséquences.* »

* * *

Rapport de Saint-Pétersbourg, du 31 juillet 1914 (n° 17). Ce rapport porte la signature de l'ambassadeur belge à Saint-Pétersbourg, comte Buisseret-Steenbecque de Blarenghien ; il est tout particulièrement intéressant, parce qu'il se rattache immédiatement au rapport rédigé à Berlin le 30 juillet par le chargé d'Affaires belge à Saint-Pétersbourg, B. de l'Escaille. L'ambassadeur belge, ainsi qu'il le dit lui-même dans son rapport, était rentré à Saint-Pétersbourg le 31 juillet au matin, et décrit la situation diplomatique telle qu'elle lui apparaît dans la capitale russe ; son appréciation s'*écarte* sur des points essentiels du rapport écrit la veille par son représentant : ,

N° 17.

Le Ministre du Roi à Saint-Pétersbourg à M. Davignon,
Ministre des Affaires Etrangères,

Saint-Pétersbourg, le 31 juillet 1914.

Monsieur le Ministre,

En arrivant ce matin à Saint-Pétersbourg, je suis allé voir l'Ambassadeur de France ; M. Paléologue m'a dit ce qui suit :

« La mobilisation est générale. En ce qui concerne la France, elle ne m'a pas encore été notifiée, mais on ne peut en douter. *M. Sazonow négocie encore. Il fait les efforts les plus extrêmes pour éviter la guerre et s'est montré disposé à toutes les concessions.* L'Ambassadeur d'Allemagne, lui aussi, a travaillé de toutes ses forces, à titre personnel, dans le sens de la paix. Le Comte de Pourtalès est allé trouver M. Sazonow et l'a supplié d'influer sur l'Autriche. Le Ministre Impérial des Affaires Etrangères lui a répondu à plusieurs reprises : « Donnez-moi un moyen : faites-moi dire un mot conciliant quelconque qui me permette d'engager la conversation avec Vienne. *Dites à votre alliée de faire une concession minime, de retirer seulement les points de l'ultimatum qu'aucun pays ne saurait accepter.* » L'Ambassadeur d'Allemagne a toujours répliqué que son pays ne pouvait plus donner de conseils de modération à l'Autriche. Il est probable qu'à Vienne on n'admet pas que l'Empire Germanique ne prête pas à son alliée *un appui inconditionnel.*

» A plusieurs reprises, a continué M. Paléologue, le Ministre Impérial des Affaires Étrangères a demandé au Comte de Pourtalès : Avez-vous quelque chose à me dire de la part de votre Gouvernement ? L'Ambassadeur allemand a dû répondre chaque fois négativement, insistant derechef pour que l'initiative vienne de Saint-Pétersbourg. Finalement, M. Sazonow a demandé à parler à l'Ambassadeur d'Autriche et lui a dit *qu'il acceptait tout : soit la conférence des ambassadeurs à Londres, soit la conversation « à quatre » en s'engageant à n'y pas intervenir et en promettant de se rallier à l'opinion des autres Puissances. Rien n'y a fait, Vienne a constamment refusé de causer :* l'Autriche a mobilisé huit corps d'armée : elle a bombardé Belgrade. L'Italie paraît devoir réserver son attitude.

» *La presse patriotique russe et l'élément militaire observent l'un et l'autre un calme remarquable.* Il ne semble pas que ce soit la pression sur l'Empereur de son entourage militaire qui ait décidé l'attitude du Gouvernement russe. *On fait confiance à M. Sazonow. C'est l'attitude extraordinaire de l'Allemagne qui empêche les efforts de M. Sazonow d'aboutir.* »

Je viens de causer également avec l'Ambassadeur d'Angleterre. Il me dit que M. Sazonow avait tenté dès le début de connaître les intentions du Gouvernement de Londres ; mais, jusqu'ici et malgré la mobilisation de la flotte anglaise, Sir George Buchanan n'a encore été chargé d'aucune communication de ce genre pour le Pont des Chantres. Les instructions de l'Ambassadeur sont d'expliquer à Pétersbourg que *si la Russie désire l'appui de la Grande-Bretagne, elle doit éviter soigneusement même l'apparence d'être agressive dans la crise actuelle.*

Ce n'est un secret pour personne que les moyens de mobilisation de la Russie sont beaucoup plus lents que ceux de l'Autriche. On cite la Bukovine comme le point par lequel l'armée russe pourrait tenter de pénétrer sur le territoire autrichien.

Comte C. DE BUISSERET-STEENBECQUE DE BLARENGHIEN.

Ce rapport de l'ambassadeur belge, comte Buisseret, désavoue absolument le rapport fait la veille par le chargé d'Affaires belge. L'ambassadeur, en effet, a été mieux renseigné sur la situation diplomatique que son représentant temporaire. La prétendue promesse de l'appui anglais qui aurait encouragé la Russie à prendre une attitude agressive — car telle est la thèse que le gouvernement allemand tire du rapport du chargé d'Affaires, en date du 30 juillet —, cette prétendue promesse, non seulement est désavouée par le rapport de l'ambassadeur du 31 juillet, mais encore *transformée directement en son contraire :* la Russie ne doit pas se donner même l'apparence d'un acte agressif, si elle désire l'aide anglaise. Le rapport de M. de l'Escaille est en lui-même déjà un document dont la valeur, en tant que preuve, est des plus douteuses. Quiconque a étudié la marche des négociations diplomatiques pendant ces jours critiques à la lumière des documents, reconnaît dans ce rapport du 30 juillet le tâtonnement maladroit et en quelque sorte le balbutiement d'un employé diplomatique subalterne informé de façon défectueuse et dépourvu de clairvoyance, qui, pour ne faire tort à personne, s'efforce de mettre la faute sur tout le monde à la fois. J'ai exposé tout au long dans *J'accuse* (p. 190 et suiv.) l'opposition qu'il y a entre ce rapport et la véritable situation, telle que les documents nous la montrent au 30 juillet. Voici maintenant que le subalterne se voit désavoué, point par point, dès le lendemain, par son supérieur. En voilà assez, me semble-t-il, pour éliminer définitivement cette prétendue preuve en faveur du gouvernement allemand.

Je plains MM. Helfferich et consorts, qui perdent ainsi un important témoin de la couronne. M. Helfferich attache un si grand prix au rapport du chargé d'Affaires belge, qu'il l'approprie encore expressément à ses fins, en traduisant de travers une phrase décisive. Escaille écrit : « Aujourd'hui on est fermement convaincu à Saint-Pétersbourg, on en a même l'assurance, que l'Angleterre *soutiendra* la France [1]. Helfferich traduit ces derniers mots de la façon suivante : « dass England auf der Seite Frankreichs *mitgehen* wird [2] », ce qui signifie que l'Angleterre *se rangera* aux côtés de la France. Le chargé d'Affaires belge ne parle que d'une assistance *défensive* de la France par l'Angleterre, tandis que le secrétaire d'Etat allemand attribue à l'Angleterre un rôle *agressif*. La différence est manifeste et capitale. D'ailleurs, toute cette argumentation — le rapport du chargé d'Affaires du 30 juillet — s'effondre devant le rapport de l'ambassadeur belge du 31 juillet.

Dans le *rapport de Vienne* du 31 juillet (n° 19), il faut relever le fait déjà connu que *ni l'Autriche ni la Russie n'ont considéré leurs mobilisations respectives comme un acte agressif ou même comme un casus belli*. Le comte Berchtold aussi bien que son sous-secrétaire d'Etat, le comte Forgach, ont déclaré à l'ambasdeur russe, M. Schébéko, que la mobilisation générale décrétée par l'Autriche le 31 juillet ne constituait pas un acte d'hostilité à l'égard de la Russie ; les hommes d'Etat russes avaient d'ailleurs fait la même déclaration à leurs collègues autrichiens.

Après les ultimatums allemands.

Rapport de Berlin, du 1er août 1914 (n° 20) :

N° 20.

*Le Ministre du Roi à Berlin à M. Davignon,
Ministre des Affaires Etrangères.*

Berlin, 1er août 1914.

Monsieur le Ministre,

Je profite d'une occasion sûre pour vous écrire et vous donner quelques renseignements confidentiels sur les derniers événements.

---

[1] *Aktenstücke zum Kriegsausbruch*, p. 41.
[2] Helfferich, *Die Entstehung des Weltkrieges*, p. 73.

A 6 heures du soir, aucune réponse n'était encore arrivée ici de Saint-Pétersbourg, à l'ultimatum du Gouvernement Impérial. M. de Jagow et M. Zimmermann se sont rendus alors chez le Chancelier et chez l'Empereur afin d'obtenir que l'ordre de mobilisation générale ne fût pas donné aujourd'hui. Mais ils ont dû se heurter à *l'opposition irréductible du Ministre de la Guerre et des chefs de l'armée* qui auront représenté à l'Empereur les conséquences funestes d'un retard de 24 heures. L'ordre a été lancé immédiatement et porté à la connaissance du public par une édition spéciale du *Lokal Anzeiger* Je vous l'ai télégraphié tout aussitôt.

Les journaux officieux et semi-officieux, les petits discours tenus par l'Empereur et par le Chancelier et toutes les proclamations officielles qui vont paraître *chercheront à rejeter la responsabilité de la guerre sur la Russie.* On ne veut pas douter encore dans les sphères dirigeantes de la bonne foi du Souverain ; mais on dit qu'il a été *circonvenu et amené savamment à croire qu'il avait fait le nécessaire pour le maintien de la paix,* tandis que la Russie voulait absolument la guerre.

Je vous ai écrit que l'Ambassadeur du Czar n'avait pas reçu de confirmation officielle de la mobilisation générale russe. Il l'a apprise par M. de Jagow, hier à une heure, mais ne voyant pas venir de télégramme lui communiquant la nouvelle, il l'a mise formellement en doute. M. de Pourtalès a-t-il pris pour une mobilisation totale ce qui n'était que des préparatifs de guerre ou bien cette erreur a-t-elle été commise volontairement à Berlin ? On se perd en suppositions.

Il était impossible que la Russie acceptât l'ultimatum allemand avec le *délai trop court, presque injurieux,* qu'il comportait et l'obligation de démobiliser, c'est-à-dire de cesser tous préparatifs de guerre aussi bien sur la frontière aurichienne que sur la frontière allemande, *alors que l'Autriche avait mobilisé la moitié de ses forces.* Quant au Gouvernement de la République, il avait l'intention de ne faire aucune réponse à l'Allemagne, ne devant rendre compte de sa conduite qu'à ses alliés, m'a dit l'Ambassadeur de France.

Avec un peu de bonne volonté du côté de Berlin, la paix pouvait être conservée et l'irréparable empêché. Avant-hier, l'Ambassadeur d'Autriche à Saint-Pétersbourg déclarait à M. Sazonow que son Gouvernement admettait de discuter avec lui le fond de sa note à la Serbie, qu'il prenait l'engagement de respecter l'intégrité territoriale de son adversaire, qu'il n'ambitionnait même pas de reprendre le Sandjak, mais qu'il n'admettrait pas seulement qu'une autre puissance se substituât à lui vis-à-vis de la Serbie. M. Sazonow répondait que sur cette base il était possible de s'entendre, mais qu'il préférait que les négociations fussent conduites à Londres, sous la direction impartiale du Gouvernement britannique, plutôt qu'à Saint-Pétersbourg ou à Vienne. En même temps, le Czar et l'Empereur d'Allemagne échangeaient des télégrammes amicaux. *Le Gouvernement allemand semble avoir machiné ce scénario pour aboutir à la guerre qu'il veut rendre inévitable,* mais dont il cherche à rejeter la responsabilité sur la Russie.

Baron BEYENS.

Dans ce rapport, je relève plusieurs faits intéressants :

1. A l'expiration du délai fixé à la Russie par l'ultimatum allemand — le 1er août, dans l'après-midi — un conflit s'éleva dans l'entourage de l'empereur entre ses conseillers civils et militaires. Le pouvoir civil désirait que la mobilisation générale fût retardée, *le ministre de la Guerre et les chefs de l'armée, par contre, voulurent à toute force que la mobilisation fût immédiate,* estimant qu'un retard de vingt-quatre heures pouvait avoir des conséquences funestes. Ce fut la volonté de ces derniers qui l'emporta auprès de l'empereur.

2. Porte-paroles officieux et demi-officieux, tous, même l'empereur et le chancelier dans leurs adresses personnelles au peuple, cherchent à rejeter la responsabilité de la guerre sur la Russie. *Personnellement l'empereur a été, dit-on, « circonvenu et amené savamment à croire qu'il avait fait le nécessaire pour le maintien de la paix, tandis que la Russie voulait absolument la guerre ».*

3. Accepter l'ultimatum fixant un délai aussi court, presque injurieux, et réclamant la démobilisation à la frontière de l'Autriche également, bien que celle-ci eût mobilisé — accepter un ultimatum pareil, c'était impossible. *« Avec un peu de bonne volonté du côté de Berlin, la paix pouvait être conservée et l'irréparable empêché. »* Du moment que l'Autriche, à la dernière heure, s'était déclarée disposée à discuter « le fond de sa note à la Serbie » avec Saint-Pétersbourg, du moment que Sazonow avait accepté la discussion sur cette base et proposé de poursuivre les négociations à Londres « sous la présidence impartiale du gouvernement britannique », il aurait été facile d'arriver à une solution pacifique du conflit, si l'Allemagne l'avait voulu. *« Le gouvernement allemand semble avoir machiné ce scenario pour aboutir à la guerre qu'il veut rendre inévitable, mais dont il cherche à rejeter la responsabilité sur la Russie. »*

On se rappelle que j'avais proposé dans *J'accuse* (p. 122), pour l'attitude fort différente de Berlin et de Vienne deux explications également *possibles*, mais dont l'une seulement me paraissait vraisemblable. Après s'y être refusé pendant bien des jours, Vienne s'est enfin déclaré disposé, le 31 juillet, à entamer des négociations *sur le fond de sa note*, ainsi qu'à accepter la « médiation » de l'Angleterre (Livre rouge, n° 51). La veille encore, — 30 juillet — le comte Berchtold voulait donner au gouvernement russe « des éclaircissements... des explications supplémentaires » sur ses exigences, il est vrai, mais ne voulait admettre aucun « marchandage ». (Livre rouge, n° 50.) Les négociations sur le fond que Vienne avait *enfin* fait entrevoir le 31 juillet, Berlin, les a fait échouer en faisant passer la question de la mobilisation avant toute autre, et en envoyant le même jour ses ultimatums, rendant ainsi la guerre inévitable. Y a-t-il eu vraiment divergence de vues entre les deux gouvernements ou bien, en agissant différemment, ont-ils joué une scène montée d'avance, et dont ils s'étaient partagé les rôles ? Je me suis décidé pour la seconde alternative, et l'ambassadeur belge est d'accord avec moi sur ce point.

Après l'explosion de la guerre européenne.

Dans le *rapport de Vienne*, du 2 août (n° 24), il faut relever que le *cabinet anglais a « continué jusqu'à la dernière minute ses tentatives de conciliation »* et que « ce seront les événements qui guideront l'Angleterre ».

Rapport de Berlin, du 5 août (n° 25). D'après l'exposé détaillé des événements fait par le baron Beyens, le 21 septembre 1914 (Livre gris, n° 51), l'entretien de l'ambassadeur belge avec Jagow que le rapport n° 25 place le 5 août, semble avoir eu lieu le mardi 4 août déjà (à 9 heures du matin) :

N° 25.

Le Ministre du Roi à Berlin à M. Davignon,
Ministre des Affaires Étrangères. (Télégramme.)

Berlin, le 5 août 1914.

J'ai été reçu ce matin à 9 heures par le Ministre des Affaires Étrangères. Il m'a dit : « Nous avons été obligés par nécessité absolue de faire à votre Gouvernement la demande que vous savez. C'est pour l'Allemagne une question de vie ou de mort. Pour n'être pas écrasée, elle doit écraser d'abord la France et se tourner ensuite contre la Russie. *Nous avons appris que l'armée française se préparait à passer par la Belgique pour attaquer notre flanc.* Nous devons la prévenir. Si l'armée belge ne fait pas sauter les ponts, nous laisse occuper Liége et se retire sous Anvers, nous promettons, non seulement de respecter l'indépendance belge, la vie et les propriétés des habitants, mais encore de vous indemniser. C'est la mort dans l'âme que l'Empereur et le Gouvernement ont dû se résoudre à cette détermination. Pour moi, c'est la plus pénible que j'ai eu à prendre de toute ma carrière. »

J'ai répondu que le Gouvernement belge ne pouvait faire à cette proposition que la réponse qu'il avait faite sans hésiter. Que diriez-vous de nous, si nous cédions à une pareille menace de la France ? Que nous sommes des lâches incapables de défendre notre neutralité et de vivre indépendants. La Belgique entière approuvera son Gouvernement. *La France, contrairement à ce que vous dites, a promis de respecter notre neutralité, si vous la respectez.*

Pour reconnaître notre loyauté, vous faites de la Belgique le champ de bataille entre la France et vous. *L'Europe vous jugera et vous aurez contre vous l'Angleterre, garante de notre neutralité.* Liége n'est pas aussi facile à enlever que vous le croyez.

Le Ministre des Affaires Étrangères, pressé par moi, a avoué que nous ne pouvions pas répondre à la demande allemande autrement que nous l'avons fait et qu'il comprenait notre réponse. Il a répété à plusieurs reprises son chagrin d'en être arrivé là. C'est, dit-il, une question de vie ou de mort pour l'Allemagne.

J'ai répondu qu'un peuple, comme un individu, ne peut vivre sans honneur. J'ai ensuite déclaré être prêt à quitter Berlin avec mon personnel.

M. de Jagow m'a répondu qu'il ne voulait pas rompre les relations diplomatiques avec nous.

J'ai dit : c'est donc à mon Gouvernement à prendre une décision et j'attends ses ordres pour vous réclamer mes passeports.

Baron BEYENS.

Dans ce rapport je relève ce qui suit :

Le baron Beyens repousse résolument l'affirmation de M. de Jagow que la France ait été sur le point de traverser la Belgique pour attaquer l'Allemagne, si l'Allemagne ne l'avait pas prévenue. La France a, au contraire, promis de respecter la neutralité belge. « *L'Europe jugera l'Allemagne et vous aurez aussi contre vous l'Angleterre, garante de notre neutralité.* » Jagow lui-même reconnut, au cours de l'entretien, qu'il « comprenait » la réponse de la Belgique, et que celle-ci n'aurait pu répondre autrement.

*　*　*

Il ressort d'un *rapport de Londres*, daté du 5 août (nº 26), que ce jour-là encore — après la déclaration de guerre de l'Angleterre à l'Allemagne — il n'existait aucune perspective définie, ni même aucun arrangement positif touchant *la forme et l'étendue de la coopération militaire de l'Angleterre sur le continent.* L'ambassade française à Londres faisait toujours entrer en ligne de compte la *non-coopération de l'armée anglaise* sur terre. Il fallut que le gouvernement belge fît appel à l'assistance militaire des trois Puissances garantes — le 5 août — pour amener l'Angleterre à promettre formellement son appui militaire sur le continent (nº 27).

Tout cela constitue une réfutation péremptoire du complot d'agression allégué par l'Allemagne et auquel la Belgique aurait même, dit-on, sciemment participé.

Le rapport de Londres du 7 août 1914 (nº 29) s'exprime — à l'occasion du discours prononcé le 6 août par Asquith à la Chambre basse — en termes écrasants sur les propositions « *infâmes* » que l'Allemagne a faites à l'Angleterre au préjudice de la Belgique, et à son insu. Les pacifistes d'Angleterre ont eu le dessous dès l'instant où la neutralité belge a été violée. *Les Anglais les plus pacifistes eux-mêmes se sont fait un cas de conscience d'assister le malheureux petit peuple luttant pour son honneur et son indépendance.* L'intention première du gouvernement anglais, de n'offrir que le secours de sa flotte, a été repoussée par l'opinion publique, qui réclamait l'envoi d'un corps expéditionnaire sur le continent. L'Angleterre tout entière s'est enthousiasmée pour la Belgique, son roi et son peuple. « Si le roi Albert venait à Londres on le porterait en triomphe dans les rues. »

Le *rapport de Paris*, du 8 août (nº 30), établit que, à cette heure les *avant-postes* seuls de l'armée française ont pénétré en

Belgique, et que le gros de l'armée sera aux côtés des troupes belges avant *quatre* jours. Les Anglais, eux aussi, ont besoin d'environ quatre jours pour arriver sur les lieux. Tout cela prouve de façon convaincante que, si l'attaque de la Belgique avait été soigneusement préparée en Allemagne, les Puissances de l'Entente n'avaient prévu que de façon fort défectueuse la défense de ce malheureux pays. *Et ces Puissances de l'Entente, dont les troupes, quatre jours après l'invasion allemande, ne se trouvaient pas encore en Belgique, auraient forgé contre l'Allemagne, depuis des années déjà, un complot d'agression anglo-francobelge !*

* * *

Dans deux *rapports* datés d'Angleterre *le 21 et le 22 septembre* 1914 (nos 51 et 52), le *baron Beyens* jette un coup d'œil rétrospectif fort intéressant sur les derniers événements auxquels il a assisté avant son départ de Berlin. J'y relève ce qui suit :

Au cours de l'*entretien* que Beyens eut *avec M. de Jagow* le matin du 4 août — après l'entrée des troupes allemandes en Belgique —, ce dernier répéta les raisons purement militaires et bien connues qui avaient fait du passage par la Belgique une « question de vie ou de mort » pour l'Allemagne. Il fallait écraser aussi vite que possible la France, pour que les armées allemandes pussent se retourner ensuite contre la Russie. La frontière franco-allemande était trop bien fortifiée pour pouvoir être forcée ; il ne restait d'autre alternative aux armées du Kaiser que de traverser la Belgique pour atteindre la France au cœur, avant que la Russie eût achevé sa mobilisation.

On le voit : *cette fois encore, de Jagow parla en général et non en homme d'Etat.* Entendre des paroles et des arguments de ce genre sortir de la bouche d'hommes d'Etat responsables quand il s'agit d'affaires d'Etat proprement dites, c'est là un des signes distinctifs de ce militarisme prusso-allemand que l'on veut à juste titre dompter et rendre inoffensif pour l'avenir.

De Jagow, toutefois, ne put s'empêcher de reconnaître la loyauté de la Belgique : « L'Allemagne, dit-il, n'a aucun reproche à adresser à la Belgique, dont l'attitude a toujours été très correcte. — Ainsi donc, pour reconnaître notre loyauté, vous voulez faire de notre pays le champ de bataille de votre lutte avec la France, le champ de bataille de l'Europe, et nous savons ce qu'une guerre moderne entraîne de dévastations et de ruines. Y avez-vous sérieusement pensé ? »

Ce que le *rapport du baron Beyens en date du 22 septembre* (nº 52) offre de plus intéressant, c'est l'entretien que l'auteur eut le 5 août, peu avant son départ, avec le sous-secrétaire d'Etat aux Affaires étrangères, Zimmermann. La conversation porta, entre autres, sur la question d'importance capitale « *de la politique des alliances*, qui a conduit à ce résultat (la guerre européenne) », — et mérite par là-même d'être traitée à part, ce que j'ai fait ailleurs [1]. De plus, comme son prédécesseur M. de Jagow l'avait fait la veille, et sans le vouloir sans doute, M. Zimmermann a caractérisé à cette occasion le *militarisme prussien* en termes qui jettent un jour terrible sur l'immense danger qu'il présente et l'action funeste qu'il a exercée au moment décisif. Ci-dessous les passages en question :

Nº 52.

Hove (Sussex), le 22 septembre 1914.

.....M. Zimmermann a répondu seulement *que le Département des Affaires Etrangères était impuissant*. Depuis que l'ordre de mobilisation avait été lancé par l'Empereur, tous les pouvoirs appartiennent à l'autorité militaire. C'était elle qui avait jugé que l'invasion de la Belgique était une opération de guerre indispensable. J'espère bien, a-t-il ajouté encore avec force, *que cette guerre sera la dernière. Elle doit marquer aussi la fin de la politique des alliances qui a abouti à ce résultat.*

J'ai conservé de cet entretien l'impression que M. Zimmermann m'avait parlé avec sa sincérité habituelle, que *le Département des Affaires Etrangères, dès l'ouverture du conflit austro-serbe, avait été partisan d'une solution pacifique* et qu'il n'avait pas dépendu de lui que ses vues et ses conseils n'eussent pas prévalu. Je crois même aujourd'hui, contrairement à ce que je vous ai écrit dans le premier moment, que MM. de Jagow et Zimmermann disaient la vérité quand ils nous assuraient à mes collègues et à moi qu'ils n'avaient pas connu à l'avance le texte même de l'ultimatum adressé par l'Autriche-Hongrie à la Serbie. *Un pouvoir supérieur est intervenu pour précipiter la marche des événements.* C'est l'ultimatum de l'Allemagne à la Russie envoyé à Saint-Pétersbourg, au moment même où le Cabinet de Vienne montrait des dispositions plus conciliantes, qui a déchaîné la guerre. Quant à l'espoir exprimé par M. Zimmermann que cette guerre serait la dernière, il faut l'entendre dans le sens d'une *campagne victorieuse par l'Allemagne*. Le Sous-Secrétaire d'Etat, malgré la crainte visible que lui inspirait la coalition des ennemis de son pays, est trop Prussien pour avoir douté à ce moment-là de la victoire finale.....

Ce qui est dit dans ce rapport à la décharge du pouvoir civil constitue en même temps la charge la plus lourde pour le pouvoir militaire : l'homme de confiance du chancelier et du secrétaire d'Etat aux Affaires étrangères déclare crûment que le

---

[1] Voir mon article « Völkerbund oder Völkerbündnisse » dans la *Freie Zeitung* du 25 mai 1918 (Berne).

pouvoir civil a cherché une solution pacifique du conflit. Mais, — car c'est ainsi que l'ambassadeur belge interprète les paroles de Zimmermann — *« un pouvoir supérieur est intervenu pour précipiter la marche des événements. C'est l'ultimatum de l'Allemagne à la Russie, envoyé à Saint-Pétersbourg au moment même où le cabinet de Vienne montrait des dispositions plus conciliantes, qui a déchaîné la guerre. »* Cette manière de voir du sous-secrétaire d'Etat Zimmermann — dont Beyens a retiré l'« impression » au cours de cet entretien — coïncide presque exactement avec l'exposé donné, preuves à l'appui, dans *J'accuse*, comme expression de mon opinion personnelle sur la marche des événements. Le pouvoir civil a hésité avant de faire le pas décisif. Le pouvoir militaire a jeté son épée dans la balance, a circonvenu l'Empereur par des discours persuasifs, en le prenant à l'improviste, en usant de tous les moyens possibles de l'influencer et de toutes les menaces, et l'a forcé tout d'abord à adresser un ultimatum à la Russie, et aussitôt après, dépassant les menaces de l'ultimatum, à déclarer la guerre. A l'heure décisive, c'est le militarisme qui l'a emporté. Le pouvoir militaire a été *l'instigateur et l'auteur* de la catastrophe, et le pouvoir civil en a été *le coupable organe d'exécution.*

Dans le *rapport de l'ambassadeur belge à Constantinople*, du 31 octobre 1914 (n° 60), qui raconte la déclaration de l'état de guerre entre la Turquie et les Puissances de l'Entente, je relève la phase suivante :

La presse (turque) a reçu l'ordre de publier un communiqué destiné à donner le change au public et à lui faire croire que la Russie a commencé les hostilités. Cette manœuvre aura été dictée par l'Allemagne et rappelle celle qui a été employée pour *rendre la France responsable de la violation de la neutralité belge.*

Le Droit de guerre prusso-allemand.

C'est intentionnellement que je passe sous silence, dans le présent ouvrage, les longs exposés contenus dans les Livres gris belges sur les accusations allemandes, d'après lesquelles la population belge s'est rendue responsable, par une guerre de francs-tireurs contraire au droit des gens, des *cruautés et barbaries incroyables* qui ont été commises envers la population civile d'un pays neutre. L'examen de ces questions constitue un sujet à part, qui n'a qu'un rapport éloigné avec celui dont je m'occupe ici : Qui est responsable de la guerre européenne ? Le gouvernement belge a publié sur ces incidents des documents nombreux et de source officielle ; sans parler des publications antérieures, il a fait paraître récemment encore un troisième Livre gris[1] de plus de 500 pages grand in-folio, qui, en se fondant sur des procès-verbaux officiels, nous fait un tableau terrible du massacre en masse de milliers de civils belges, hommes, femmes et enfants. Qu'on lise la liste des endroits, classés par provinces, où des civils ont été assassinés, qu'on lise le nombre des victimes dans chaque localité, et l'on pourra se faire une idée de la façon dont les Allemands ont exercé leur rage sur ce pays neutre qui, — au témoignage de Jagow, — *a sans cesse observé une attitude correcte à l'égard de l'Allemagne.* Pour certaines de ces localités, on donne le nom, la profession, le domicile et l'âge de chacun des habitants massacrés : pour Dinant, cette liste ne s'élève pas à moins de 606 personnes dont 11 au-dessous de 5 ans et 35 au-dessus de 70, au total 535 hommes et 71 femmes. A Louvain et quelques autres localités de moindre importance, les listes de civils tués comptent 210 noms, 186 hommes et 24 femmes, parmi lesquels 3 enfants au-dessous de 5 ans, 7 hommes de plus de 70 ans, et 4 ayant dépassé les quatre-vingts. A Andenne, plus de 100 civils ont été tués, à Aerschot 155, à Hadelin 61, à Tamines 366[2]. J'ai déjà rappelé ailleurs la lettre pastorale du cardinal Mercier, de Noël 1914, qui mentionne, comme ayant été tués pour le diocèse de Malines à lui seul, 13 prêtres, et pour les diocèses de Namur, Tournai et Liége pas moins de 30, que le cardinal Mercier nomme tous par leurs noms.

Etant donné le cadre de cette étude, je ne veux ni ne puis aborder de plus près cette question des barbaries allemandes, et me réserve de l'étudier tout au long plus tard. Je tiens, toutefois, à relever un point : *le gouvernement allemand ne nie pas, d'une façon générale,* les barbaries commises par les troupes allemandes, mais les motive et les justifie en invoquant les prétendus méfaits de francs-tireurs dont se serait rendue coupable la population belge. A supposer qu'il s'en soit produit quelques cas, cela n'est que trop compréhensible lorsqu'on songe à la situation de cette infortunée population qui, soudain, voyait les armées ennemies pénétrer en masse dans le pays, ravager ses champs et ses forêts, détruire ses villes et ruiner

---

[1] Chez Berger-Levrault, Paris, 1916.
[2] Voir *La Belgique et l'Allemagne,* par Henri Davignon. Lausanne, 1915, Payot & Cie.

son pays pacifique. Au lieu de comprendre quels devaient être l'état d'esprit et les sentiments d'un peuple assailli à l'improviste et exposé, bien qu'innocent, à toutes les horreurs de la guerre, et au lieu d'agir en conséquence, l'armée allemande a rigoureusement observé le principe du droit de guerre prussien : lorsque des civils résistent à la force armée ou lui portent dommage d'une façon quelconque, aussitôt la règle communément appliquée et suivant lauqelle chaque individu n'est responsable que de ses *propres* actes, cesse d'être en vigueur. Elle est remplacée par le *principe monstrueux des culpabilités collectives*, d'après lequel chacun doit répondre des actes de tous ses concitoyens. Cette théorie abominable de châtiment et d'intimidation, qui remonte aux temps de la plus sombre barbarie, qui paraît aussi inconcevable à la conscience moderne d'un univers civilisé que le massacre ou la réduction à l'état d'esclavage des peuples vaincus dans l'Antiquité, — cette théorie a coûté la vie à des milliers d'infortunés habitants de la Belgique. Elle est contraire non seulement au sens de la justice du monde actuel, mais encore aux prescriptions positives du droit des gens moderne.

L'article 50 de la Convention de La Haye du 18 octobre 1907, relatif aux lois et usages de la guerre continentale, dispose ce qui suit :

> « Aucune peine collective, pécuniaire ou autre, ne pourra être édictée contre les populations à raison de faits individuels, dont elles ne pourraient être considérées comme solidairement responsables. »

Et l'article 46 :

> « L'honneur et les droits de la famille, la vie des individus et la propriété privée, ainsi que les convictions religieuses et l'exercice des cultes doivent être respectés. La propriété privée ne peut pas être confisquée. »

Cette règle du droit des gens, vieille de plusieurs siècles, et suivant laquelle la guerre doit se faire en pays ennemi non contre *la population civile*, mais seulement contre *l'armée* ennemie, n'admet d'exception que lorsque le pays assailli est effectivement « *occupé* », et « qu'il se trouve placé de fait sous l'autorité de l'armée ennemie. L'occupation ne s'étend *qu'aux territoires* où cette autorité est établie et en mesure de s'exercer. » (Article 42.)

Si le pays ou la région dont il s'agit n'est pas encore occupé, n'a pas encore passé de fait entre les mains de l'occupant, (art. 43), la population « qui, à l'approche de l'ennemi prend spontanément les armes pour combattre les troupes d'invasion », est considérée comme *belligérante* — à condition toutefois qu'« elle porte les armes ouvertement et qu'elle respecte les lois et coutumes de la guerre ». (Article 2.)

Il ressort de ces dispositions que, même si la population belge avait occasionnellement pris les armes contre les Allemands pénétrant dans le pays, cela aurait constitué, d'après le droit des gens, *une défense légitime du sol de la patrie*, et que les défenseurs, en tant que belligérants, eussent dû être traités de la même manière que des soldats ennemis. Le massacre en masse d'hommes, de femmes et d'enfants, de vieillards et de nourrissons, eût été contraire au droit international, même si *tous* ces gens avaient pu être convaincus du port d'armes contre l'envahisseur. Que dire dès lors des procédés de l'armée allemande, si l'on tient compte du fait que ces procédés sont reconnus ouvertement et sans vergogne, et justifiés par les prétendus délits de *quelques* contrevenants seulement ?

Nous possédons un assez grand nombre de règlements et d'ordonnances, édictés par des officiers supérieurs et où le principe du *châtiment collectif* est représenté comme une mesure parfaitement naturelle. Je n'en citerai qu'un exemple entre mille, en reproduisant un décret du commandant d'armée von Bülow, publié en français, en date du 22 août 1914. Ce décret a été officiellement affiché à Liége au jour nommé :

Armée-Oberkommando.   Le 22 août 1914.
Abteilung II *b*. N° 150.

Aux autorités communales

de la

Ville de Liége.

Les habitants de la ville d'Andenne, après avoir protesté de leurs intentions pacifiques, ont fait une surprise traître sur nos troupes. C'est avec mon consentement que le Général en chef a fait brûler toute la localité et que cent personnes environ ont été fusillées.

Je porte ce fait à la connaissance de la Ville de Liége pour que les Liégeois se représentent le sort dont ils sont menacés, s'ils prenaient pareille attitude.

Ensuite, il a été trouvé dans un magasin d'armes à Huy des projectiles « dum-dum » dans le genre du spécimen joint à la présente lettre. Au cas que cela arrivât, on demandera rigoureusement compte chaque fois des personnes en question.

Le Général-Commandant en chef :

VON BÜLOW.

Nous avons ici le principe des *peines collectives* dans toute sa crudité. Sous prétexte que, à ce que l'on disait, des habitants de la ville avaient traîtreusement attaqué les troupes allemandes, — car les chefs allemands ne se sont pas risqués, en thèse générale, à établir les faits de façon sûre et certaine — *toute la ville a été brûlée et cent personnes « environ » fusillées.* Cette manière de faire est parfaitement conforme aux « usages de la guerre continentale » allemande, sur lesquels se règle l'armée, mais qui sont contraires aux préceptes les plus élémentaires de l'humanité comme de la justice, et aux prescriptions de cette Convention de La Haye au pied de laquelle l'Allemagne elle-même a apposé sa signature.

* * *

Les trois Livres gris belges, l'ouvrage ci-dessus mentionné de Davignon, les livres ce Waxweiler et beaucoup d'autres publications encore contiennent une foule de preuves à l'appui de ce fait que, dès le 4 août, le gouvernement belge *a adressé à la population les instructions les plus sévères et détaillées,* l'invitant, sous peine d'un lourd châtiment, à s'abstenir de toute résistance, de toute provocation, de tout rassemblement public et du port d'armes à feu. Le ministre de l'Intérieur belge, M. Berryer, a envoyé une circulaire à toutes les autorités administratives et communales du royaume ; cette ordonnance a été affichée publiquement dans 2700 localités et publiée chaque matin, en gros caractères, en première page de tous les quotidiens belges. Elle met la population en garde contre tout acte hostile ou provocateur à l'égard des troupes de l'envahisseur, lui indique exactement ce qu'elle doit et ce qu'elle ne doit pas faire, et lui rappelle sérieusement les graves conséquences que les actes des individus pourraient entraîner pour toute la communauté.

Ces ordonnances ministérielles furent complétées encore par des règlements spéciaux émanant des maires des communes intéressées. Le bourgmestre de Bruxelles, Max, en particulier,

— qui, comme on le sait, est prisonnier des Allemands depuis plusieurs années, — invita les habitants à déposer contre quittance aux postes de police toutes les armes qui pouvaient se trouver entre leurs mains ; son exemple fut suivi par toutes les autres communes. (Voir Livre gris II, n° 71, ainsi que les annexes.)

L'Allemagne a précisément tiré prétexte de ces mesures de précaution pour accuser le gouvernement belge d'avoir organisé, bien longtemps avant l'attaque allemande, *la résistance armée en masse* de la population contre l'envahisseur, alléguant qu'on avait découvert des dépôts considérables où chaque fusil portait le nom du possesseur auquel il était destiné. Il entendait par là les armes privées, rassemblées par les autorités, que les civils avaient livrées contre quittance, et qu'on avait marquées du nom des propriétaires pour pouvoir les leur rendre plus tard conformément à l'ordonnance.

On voit à quelles inventions absurdes le gouvernement allemand a dû recourir pour donner ne fût-ce qu'un semblant de légitimité aux indicibles barbaries des troupes allemandes vis-à-vis de la population civile de Belgique. Le fait même que ces armes portaient le nom de leur propriétaire prouve qu'elles *n'étaient pas destinées à être utilisées*, et non pas qu'elles étaient destinées à l'être. Ou bien serait-ce peut-être l'usage dans les arsenaux de mettre d'avance à chaque arme une étiquette avec le nom du soldat qui s'en servira ? Malgré son absurdité, cette accusation parut assez plausible au gouvernement allemand pour qu'il la fît figurer dans le télégramme adressé par l'Empereur au Président Wilson [1]. L'empereur Guillaume accuse, lui aussi, le gouvernement belge par-devant le Président des Etats-Unis « d'avoir ouvertement incité la population civile tout entière à une résistance armée qui avait été préparée de longue main et à laquelle participaient jusqu'aux prêtres et aux femmes ». Tout cela *est exactement le contraire de la vérité*. Les proclamations et ordonnances du gouvernement belge, des autorités administratives et communales, reproduites dans les trois Livres gris belges, ainsi que dans les ouvrages de Waxweiler et de Davignon, montrent que jamais population civile n'a été mise en garde de façon plus énergique et plus efficace que le peuple belge de la

---

[1] Reproduit — partiellement — dans l'exposé de Davignon à ses missions à l'étranger, du 30 décembre 1914 (Livre gris II, n° 71).

part des autorités belges, contre cette résistance à l'envahisseur, fort naturelle pourtant et bien compréhensible.

C'est ainsi encore que les prétendues atrocités de civils belges à l'égard des blessés allemands, les yeux crevés, les membres coupés, etc., que la presse excitatrice d'Allemagne a colportées pendant des mois entiers, ne sont que des légendes dont on n'a jamais fourni la moindre preuve. Même des commissions officielles, constituées en Allemagne pour s'enquérir de ces faits, n'ont jamais pu prouver que, ne fût-ce qu'une seule fois, on avait crevé les yeux à un blessé ou à un prisonnier allemand. Dans beaucoup d'hôpitaux, on a trouvé d'infortunés soldats qui avaient perdu la vue dans la bataille — dans un hôpital de Francfort-sur-le-Main, pas moins de 29 aveugles, — mais pas un seul d'entre eux n'avait été la victime d'une mutilation subséquente au combat. Tous avaient eu les yeux atteints par des projectiles. (Livre gris II, n° 107.)

Pour montrer jusqu'à quel point on peut ajouter foi à ces accusations allemandes contre la population belge, je dirai que la *Kölnische Volkszeitung* et le *Vorwärts* ont fait une enquête spéciale précisément au sujet des yeux crevés ; l'un et l'autre journal ont abouti à un résultat équivalent à zéro. L'officieuse *Kölnische Zeitung* avait affirmé — en se fondant sur un prétendu rapport médical — qu'en particulier dans les hôpitaux d'Aix-la-Chapelle, il y avait des malheureux auxquels les Belges avaient crevé les yeux, ainsi qu'une sœur de charité à laquelle on avait coupé le sein. A ce sujet, l'archiprêtre allemand Kaufmann fit des recherches dans les trente-cinq hôpitaux d'Aix et établit qu'il ne s'y trouvait et ne s'y était jamais trouvé aucun soldat ayant les yeux crevés ni aucune femme amputée d'un sein. Kaufmann a consigné le résultat de son enquête dans une lettre adressée d'Aix à la *Kölnische Volkszeitung*, le 26 novembre 1914.

Les recherches du *Vorwärts* dans les hôpitaux de Hanovre et de Berlin (Charité) ont abouti au même résultat négatif [1].

* * *

Ainsi que je l'ai déjà dit, cela me mènerait trop loin et me ferait sortir du cadre de cette étude, si je voulais rapporter et examiner dans le détail toutes les accusations élevées du côté allemand contre la population belge, tous les pillages, incendies et massacres

---

[1] Consulter à ce sujet le Livre gris belge II, n° 108, avec annexe.

dont les troupes allemandes se sont rendues coupables dans l'infortuné pays. Les crimes allemands sont établis par des documents d'une façon si certaine qu'aucun soupçon justifié ne pourrait être élevé à leur égard : il faut moins les ramener aux excès d'individus isolés qu'au principe barbare spécifiquement prussien, suivant lequel il faut intimider la population en la terrorisant, et d'avance la détourner de tout acte de résistance, et suivant lequel encore le recours impitoyable à tous les moyens d'assurer la sécurité de l'armée n'est pas seulement le droit, mais le devoir de tout chef. Quand ce but capital est en jeu, on n'a pas à se demander où est le coupable, et où l'innocent ; l'innocent devra expier la faute *avec* le coupable, et même — si cela est nécessaire — *à la place* du coupable.

Il va sans dire que ce droit de guerre prusso-allemand, tel qu'il est exposé dans le livre intitulé *Kriegsgebrauch im Landkriege* rencontre le plein assentiment des professeurs allemands de droit international et des intellectuels allemands. L'écrivain bien connu Walter Bloem expose dans un article de la *Kölnische Zeitung*, du 10 février 1915, les buts et les effets psychologiques de cette théorie militaire de l'intimidation ; il le fait avec une profondeur d'esprit digne d'un vrai professeur allemand, — en toute naïveté, et sans se douter le moins du monde qu'ainsi non seulement il renverse les principes fondamentaux de la morale chrétienne et de la justice politique, mais renchérit encore sur le vieux dieu de vengeance Jéhovah, qui réclamait œil pour œil et dent pour dent, *mais non point l'œil et la dent de l'innocent pour les méfaits du coupable.* Les innocents doivent — d'après Bloem — expier la faute *avec* les coupables et, au cas où ces derniers ne peuvent être découverts, *à leur place,* — non parce qu'un crime a été commis, mais pour en prévenir d'autres. C'est la théorie de l' « avertissement » que cet écrivain allemand — d'accord avec toute la presse belliqueuse d'Allemagne — défend avec tant de chaleur. Les incendies de Louvain, Dinant, Aerschot, Termonde, Battice, Andenne, etc., et les carnages dans ces mêmes localités où des milliers d'innocents ont perdu la vie, ne constituent pas, pour ces hommes à sentiments, des buts en eux-mêmes ou les châtiments pour quelque crime commis, mais ne sont que *moyens en vue d'une fin* et destinés uniquement à prévenir des crimes ultérieurs. Bruxelles et Anvers, Gand et Ostende — c'est ainsi qu'on raisonne, — peuvent être reconnaissantes envers leurs bienfaiteurs allemands de ce qu'ils leur ont épargné les barbaries commises, au début de l'invasion,

dans d'autres villes et contre d'autres populations. Grâce à ces
« avertissements », les habitants de Bruxelles, d'Anvers, de
Gand et d'Ostende, ont été préservés de toute tentation de faire
eux aussi résistance, et ont ainsi sauvé leurs vies et leurs biens.

Telle est cette théorie de l'intimidation, exposée en termes si
crus qu'on ne saurait en trouver l'analogue, même dans les ordonnances pénales du premier moyen âge. Seule la *gravité* du châtiment infligé au coupable et la cruauté de la peine devaient re-
tenir les autres — ainsi pensait-on au moyen-âge — de com-
mettre les mêmes crimes. Mais le châtiment présupposait toujours
que *la culpabilité avait été prouvée.* Jamais tribunal d'inquisition
ni juge donnant la torture, quels qu'ils fussent, n'ont eu l'idée
qu'il fallait aussi condamner des innocents pour empêcher tout
crime dans l'avenir. Cette théorie de droit pénal était réservée au
militarisme prussien et à ses suppôts intellectuels. *Voilà la « culture
allemande » avec laquelle on veut faire le bonheur de l'univers.*

La France et la neutralité belge.

Pour terminer cette étude, dont le point essentiel est, ainsi
que je l'ai déjà dit, non le fait en lui-même de la guerre ou les
actes des belligérants, mais les origines du conflit et ses auteurs
responsables, le rapport n° 119 du second Livre gris belge avec
son annexe me paraît digne d'être mentionné. Il renferme une
note que le ministre belge des Affaires étrangères, Davignon,
adresse à ses représentants à l'étranger, et dans laquelle il s'élève
contre cette affirmation allemande que, d'après des sources sûres,
la France avait eu l'intention de traverser la Meuse et d'entrer
en Belgique par Givet et Namur pour attaquer l'Allemagne.
Cette assertion, reproduite dans l'ultimatum allemand du 2 août,
avait été répétée dans une feuille américaine, *The Sun,* par le
fameux général de Bernhardi, qui cherchait à la prouver par des
considérations d'ordre militaire. La note Davignon du 10 avril
1915 est dirigée contre cette insinuation, en opposition indiscutable avec les déclarations formelles du gouvernement français
auprès des représentants anglais et belges (31 juillet). Comme
preuve de l'absence de fondement de cette allégation allemande,
le ministre belge cite *un communiqué officiel français touchant la
concentration des troupes françaises au début de la guerre.*

Le document en question est rédigé de la façon suivante :

ANNEXE AU N° 119.

La France et la neutralité de la Belgique.

LA RÉPONSE DE LA FRANCE AUX MENSONGES ALLEMANDS.

Dans un article publié par un journal américain, le général allemand von Bernhardi, revenant sur les origines de la guerre, prétend établir que la concentration française et la présence à notre aile gauche de nos forces principales démontrent la résolution arrêtée du Gouvernement français de violer, de concert avec la Grande-Bretagne, la neutralité belge.

A cette allégation du général von Bernhardi, le plan de concentration français répond péremptoirement.

I. — *Notre plan de concentration.*

La totalité des forces françaises, en vertu du plan de concentration, étaient orientées, quand la guerre a été déclarée, face au nord-est, *entre Belfort et la frontière belge*, savoir :

1re armée : entre Belfort et la ligne générale Mirecourt-Lunéville ;
2e armée : entre cette ligne et la Moselle ;
3e armée : entre la Moselle et la ligne Verdun-Audun-le-Roman ;
5e armée : entre cette ligne et la frontière belge ;
La 4e armée était en réserve à l'ouest de Commercy.

Par conséquent, *la totalité des armées françaises était orientée face à l'Allemagne, et rien que face à l'Allemagne.....*

II.

.....S'il y avait eu de sa part préméditation, *ce brusque déplacement* de nos troupes n'aurait pas été nécessaire et nous aurions pu arriver à temps pour interdire à l'ennemi, en Belgique, le passage de la Meuse.

Un détail peut servir d'illustration à cette argumentation péremptoire : notre corps de couverture de gauche, le deuxième, c'est-à-dire celui d'Amiens, était, en vertu du plan de concentration, non point face à la frontière belge, mais dans la région de Montmédy-Longuyon.

III. — *La concentration de l'armée anglaise.*

Quant à l'armée anglaise, *son concours ne nous a été assuré qu'à la date du 5 août*, c'est-à-dire après la violation de la frontière belge par les Allemands, accomplie le 3 août (*Livre Jaune*, page 151).

La concentration de l'armée britannique s'est effectuée en arrière de Maubeuge, du 14 au 21 août.

IV. — *Ordres divers concernant les intentions du Gouvernement français.*

Le 30 juillet, le Gouvernement français, malgré les mesures militaires de l'Allemagne, donne l'ordre à nos troupes de couverture de *se maintenir à 10 kilomètres de la frontière.*

Le 2 août, une seconde instruction prescrit à nos troupes de laisser aux Allemands l'entière responsabilité des hostilités et de se borner à repousser toute troupe assaillante pénétrant en territoire français.

Le 3 août, un nouveau télégramme prescrit d'une façon absolue *d'éviter tout incident sur la frontière franco-belge. Les troupes françaises devront s'en tenir éloignées de 2 à 3 kilomètres.*

Le même jour, 3 août, un nouvel ordre confirme et précise les instructions du 2 août.

Le 4 août, un ordre du Ministre de la Guerre porte :

« L'Allemagne va tenter par de fausses nouvelles de nous amener à violer la neutralité belge. *Il est interdit rigoureusement et d'une manière formelle, jusqu'à ce qu'un ordre contraire soit donné, de pénétrer,* même par des patrouilles ou de simples cavaliers, *sur le territoire belge,* ainsi qu'aux aviateurs de survoler ce territoire. »

Le 5 août seulement, à la demande du Gouvernement belge (formulée le 4), les avions et les dirigeables français sont autorisés à survoler le territoire belge et nos reconnaissances à y pénétrer.

Je relève dans cette déclaration :

1° La totalité des forces françaises était concentrée au moment où la guerre a éclaté, *uniquement entre Belfort et la frontière belge,* c'est-à-dire face à l'Allemagne, le long de la frontière orientale de la France.

2° Après l'entrée des Allemands en Belgique, un *déplacement immédiat* d'une partie des troupes françaises vers le Nord devint nécessaire. Il fallut, à cet effet, remanier tout le plan de concentration.

3° *L'appui militaire de l'armée anglaise n'a été assuré au gouvernement français qu'après la violation de la neutralité belge,* et la concentration de cette armée en arrière de Maubeuge s'est effectuée du 14 au 21 août.

4° Le 30 juillet, les troupes françaises de couverture reçoivent l'ordre, comme on le sait, *de se tenir à 10 kilomètres de la frontière allemande.* Le 3 août, un ordre analogue leur prescrit de se tenir éloignées *de 2 à 3 kilomètres de la frontière belge.* Le 4 août, le Ministre de la Guerre interdit rigoureusement de pénétrer sur sol belge sous aucun prétexte, même par des patrouilles, ou de survoler le territoire belge. L'ordre était motivé par la supposition que l'Allemagne avait l'intention d'amener la France, par de fausses nouvelles, à violer la première la neutralité de la Belgique.

5° Le mercredi 5 août seulement, après la demande formelle d'appui militaire du gouvernement belge, les troupes françaises reçurent la permission de fouler le sol du royaume.

Ces faits militaires, dont personne sans doute ne connaît mieux l'exactitude que l'état-major allemand, concordent entièrement avec la marche des événements diplomatiques ; leur authenticité est prouvée par le cours de la guerre pendant les premières semaines, par la complète désorganisation de l'armée française du Nord en suite de son déplacement précipité, par l'avance foudroyante des armées victorieuses de l'Allemagne presque jusque sous les murs de Paris. *Ces faits d'ordre militaire ne sont pas dépourvus de signification dans la question de la culpabilité.* Si la France avait voulu et provoqué la guerre de propos délibéré — ainsi que tous ceux qui écrivent en Allemagne l'affirment encore aujourd'hui, du plus illustre professeur d'histoire au plus petit gratte-papier, — l'état-major français aurait sans aucun doute pris ses dispositions pendant les douze jours critiques à l'égard d'une attaque des troupes allemandes par la Belgique, dont la préparation minutieuse n'était un secret pour aucun homme d'Europe au courant de ces questions, et ne se serait pas exposé à cette dangereuse surprise. *A Paris, on n'a pas voulu cette guerre et — jusqu'au dernier instant — on ne l'a pas crue possible.* Et de là provenait la négligence militaire qui s'est manifestée dans la disposition des troupes françaises.

III

L'ouvrage du baron Beyens:
„L'Allemagne avant la guerre".

Cet ouvrage mérite pour plusieurs raisons une attention spéciale et un examen détaillé : tout d'abord parce qu'il est sorti de la plume d'un diplomate qui — en sa qualité de successeur du baron Greindl — a été le représentant du Royaume de Belgique à Berlin pendant les deux dernières années avant la guerre, et dont onze rapports figurent dans le recueil de documents allemand comme émanant d'un observateur clairvoyant et digne de foi des choses de l'Europe ; ensuite, parce que le contenu même de ce livre nous montre dans l'auteur non seulement un écrivain intelligent, de haute culture et composant avec élégance, mais encore un observateur de l'humanité fin et perspicace et un excellent connaisseur des circonstances et des mouvements d'opinion de l'Allemagne ; enfin, parce que cet ouvrage traite en toute connaissance de cause aussi bien l'histoire des antécédents éloignés de la guerre que celle des semaines qui précédèrent immédiatement le conflit, complétant ainsi de façon fort appréciable les documents que le gouvernement allemand a publiés en les interrompant au 2 juillet 1914.

Peut-être objectera-t-on en Allemagne au livre du baron Beyens — qui, comme on le sait, devint plus tard Président du Conseil des Ministres en Belgique, — d'avoir été publié en 1915 seulement, après que la guerre eut éclaté, et d'avoir tout naturellement été conçu de façon tendancieuse, sous l'influence du sort que l'Allemagne a fait subir à la patrie de l'auteur. Toutefois, cette objection ne résiste pas à l'examen : on ne trouvera dans ce livre aucune déclaration qui soit en contradiction directe avec les rapports du baron Beyens de 1912-14 publiés par l'Office des Affaires étrangères. Le diplomate belge ne désavoue nulle part dans son ouvrage ce qu'il a dit dans ses rapports berlinois ; après que l'Allemagne eut consciemment et criminellement déchaîné la guerre, il stigmatise, il est vrai , — et cela est naturel,— avec beaucoup plus de violence, les courants belliqueux de la cour, des cercles militaires et des partis dirigeants d'Allemagne ; à l'époque de son séjour à Berlin, il avait reconnu sans doute *le danger* que présentaient le militarisme et le chauvinisme prusso-allemand, mais il avait tenu pour impossible *le succès* de ces agitations guerrières auprès du peuple pacifique au sein duquel il vivait.

La position que l'ambassadeur belge a prise à l'égard des auteurs responsables de la guerre dès le début des hostilités, voire même dès l'assassinat de l'archiduc François-Ferdinand, ressort déjà de son rapport du 2 juillet, le dernier qui figure dans le recueil allemand et dont j'ai déjà parlé plus haut (première section de ce livre). J'ai soumis à un examen détaillé (seconde section) les rapports ultérieurs du baron Beyens jusqu'à son départ de Berlin — pour autant qu'ils ont paru dans les Livres gris belges. Jusqu'à preuve du contraire, on a le droit de supposer que les autorités allemandes ont également trouvé à Bruxelles les rapports *suivants*. Si elles ne les ont pas publiés avec les autres, c'est probablement pour la seule raison que le contenu de ces derniers rapports — postérieurs au 2 juillet — était des plus défavorables pour l'Allemagne.

Le gouvernement allemand, qui a fait paraître un recueil de documents composé de façon si tendancieuse, est donc moins justifié qu'aucun autre à reprocher au livre de Beyens d'avoir été influencé par les événements. Connaissant tous les documents découverts par lui, — même ceux qu'il n'a pas publiés, — il lui sera facile d'établir que l'ouvrage du diplomate belge n'est qu'une vue d'ensemble et un tableau général des pensées et observations contenues dans l'*ensemble* de ses rapports.

Illusions et désillusions.

Au reste, je ferai une fois pour toutes les remarques suivantes à l'égard de ces accusations dénuées de tout fondement :

1º Le baron Greindl, prédécesseur de Beyens, s'est exprimé, nous le savons, en termes généralement favorables sur la politique allemande et, en somme, l'a tenue pour pacifique. Supposons que le baron Greindl ne fût pas sorti de charge au printemps de 1912, mais eût assisté, en sa qualité d'ambassadeur belge à Berlin, au développement de la crise austro-serbe et à sa transformation en une guerre européenne : *eût-il maintenu le jugement favorable qu'il avait porté sur l'Empereur, le gouvernement et les classes dirigeantes d'Allemagne ?* Je suis convaincu qu'il l'aurait revisé radicalement, qu'il aurait dit : « Pater, peccavi », et — s'il était un honnête homme — qu'il aurait considéré les deux Empires comme auteurs de la guerre, ainsi que l'ont fait tous ses collègues dans toutes les capitales de l'Europe.

2. La supposition que nous venons de faire touchant l'attitude présumée qu'aurait prise, à l'égard du fait brutal du déchaînement de la guerre, un homme aussi sympathique que Greindl à la cause allemande, nous amène à une considération d'ordre plus général intéressant tous les rapports d'ambassade belges. Combien de fois dans la vie ne nous arrive-t-il pas d'être surpris par les actes d'une personne que nous n'aurions jamais crue capable d'une chose pareille ! Voici un négociant qui, depuis des années, vit en relations étroites avec son fondé de pouvoirs ou son caissier ; il a pleine confiance en lui ; il ne l'a jamais soupçonné capable d'aucune malhonnêteté. Soudain, il découvre que cet homme, dont il n'a jamais mis en doute l'entier attachement et la parfaite probité, le trompe et le vole depuis des années de la façon la plus éhontée. Voici un mari qui vit avec sa femme depuis bien longtemps dans l'harmonie la plus complète ; jamais il ne lui est venu à l'esprit le moindre soupçon à l'égard de la fidélité de sa compagne ; tout à coup, il découvre qu'elle a pris amant après amant et a mis en jeu ignominieusement leur honneur à tous deux. La vie est remplie de désillusions pareilles. Puisqu'il est possible, dans les relations les plus étroites et les plus intimes, de masquer son véritable caractère au point que le compagnon de vie ou de travail qui vous connaît le mieux puisse cependant ignorer la double vie que vous menez, combien n'est-il pas plus facile encore, en diplomatie, de leurrer les autres sur vos véritables buts et intentions, — dans la diplomatie où la parole, chacun le sait, ne sert qu'à déguiser les pensées ?

Cette possibilité d'induire les diplomates étrangers en erreur de façon constante s'offrait tout spécialement à Berlin. Le roi Léopold II conseillait au baron Beyens, au cours d'une des dernières conversations qu'il eut avec lui avant sa mort, de « *se défier des amabilités allemandes* », si jamais il devait aller à Berlin. Beyens nous décrit à plusieurs reprises dans son ouvrage, et en

termes expressifs, les qualités fascinantes que *l'Empereur Guillaume déployait dans le commerce personnel :* son amabilité sédui-
sante, sa conversation pleine d'esprit, qui le faisait paraître un
génie universel au courant de toutes les questions ; ses aptitudes
d'acteur qui lui permettaient, quand il en avait besoin, de per-
suader à son interlocuteur ce qu'il voulait lui faire croire ; sa
chaleur expansive quand il tenait à paraître aimable, son ton
froid et cassant, quand il voulait faire montre d'une sévérité
menaçante. On n'a qu'à lire le récit que fait Beyens de la visite
de l'Empereur Guillaume à Bruxelles en octobre 1910, en compagnie de l'Impératrice et de la Princesse Victoria-Louise : l'Empereur gagna les sympathies de tout le monde par les sentiments
d'amitié — en apparence jaillis du cœur — qu'il exprima pour
la maison royale et le peuple belges ; il admira — sans aucune
arrière-pensée mal intentionnée, semblait-il, — les beautés et les
richesses de la capitale de la Belgique, l'industrie grandiose du
pays, la magnificence des propriétés privées et des villas bordant
les routes ; il se montra ému de l'accueil sympathique que lui fit
la population belge. « Bonhomie, amabilité, chaleur, toute sa
lyre résonna, avec son rire guttural, aux oreilles charmées de ses
auditeurs. Comment ceux-ci n'auraient-ils pas été convaincus de
la bienveillance du puissant Empereur à leur endroit. ? [1] »

Il y avait trente-deux ans que l'Empereur Guillaume n'avait
pas vu la Belgique : il ne put montrer assez d'enthousiasme pour
l'impression de grandeur et de beauté que lui fit ce pays florissant. Contemplant, du haut du balcon de l'Hôtel de Ville de
Bruxelles — la maison même où résidait le bourgmestre Max,
qui fut mis en arrestation au début de la guerre — la fameuse
« Grand'Place » avec ses maisons aux façades esthétiques et la
foule compacte qui la couvrait, il ne put s'empêcher de dire à
l'Impératrice : « Nous ne nous attendions à rien d'aussi beau ! »
Le baron Beyens conclut sa vive description de la visite impériale par la remarque ironique que c'était pourtant agir bien à la
légère que d'étaler avec tant de confiance tous ses trésors aux
yeux d'un souverain étranger possédant une armée de cinq millions d'hommes.

La visite du couple impérial allemand en automne 1910 était
destinée à rendre au Roi et à la Reine des Belges la visite qu'ils
avaient faite à Potsdam au printemps de la même année. L'Empereur étant malade à ce moment, ce fut le Kronprinz qui lut,

[1] Page 322.

au dîner de la cour, le discours de bienvenue : on y insistait surtout sur le fait qu'*une princesse allemande était devenue reine des Belges*, et qu'ainsi se trouvaient encore resserrés les liens du sang entre les deux dynasties et ceux des souvenirs historiques entre les deux pays. Le roi Albert célébra dans son toast de remerciement les sentiments pacifiques que l'Empereur Guillaume n'avait cessé de témoigner en consacrant toutes ses pensées au bien-être de ses sujets et au développement pacifique de l'Allemagne. C'est sous les traits séduisants d'un Empereur de la Paix, d'un Titus ou d'un Salomon, que s'était montrée au Roi et au peuple belges la personnalité fascinante qui ornait, à ce moment, le trône impérial. Est-il étonnant dès lors qu'aux diplomates belges de Berlin également, sans cesse exposés à subir son charme personnel, l'empereur Guillaume soit apparu comme le garant de la paix européenne ?

3° A l'impression personnelle de l'Empereur, qui se gardait bien de révéler aux Belges le changement opéré en lui au cours des dernières années, parce qu'il espérait pouvoir de toute façon s'assurer leur neutralité bienveillante en cas de guerre — à cette impression, dis-je, est encore venue s'ajouter l'attitude des différents *chanceliers de l'Empire* et *secrétaires d'Etat ;* ceux-ci, nous le savons, tout en n'étant pas enrôlés dans le parti de la guerre, s'efforcèrent cependant dès le début d'atteindre, *par voie diplomatique*, chaque fois qu'ils en voyaient la possibilité, les buts d'accroissement de puissance et d'expansion qui les sollicitaient eux aussi. Bülow, pas plus que Bethmann Hollweg, *n'ont été des pangermanistes*, je l'ai déjà fait remarquer ; mais par leurs actes politiques — et plus encore peut-être par ce qu'ils ont omis de faire, — ils n'ont cessé de porter de l'eau 'au moulin du pangermanisme : par leur politique d'armements, ils ont sans cesse aggravé l'état de tension européen ; par leur refus d'une organisation internationale quelconque, ils ont supprimé toute possibilité d'accord pacifique ; à l'occasion même, lorsque cela pouvait servir leurs projets d'armements, ils ont été jusqu'à exciter les chauvins pangermanistes par leur presse officieuse ; en sorte que, sans avoir été directement des agitateurs belliqueux, ils ont cependant été les *aides des agitateurs belliqueux.* Les diplomates accrédités à Berlin avaient naturellement affaire avant tout aux hommes d'Etat de la Wilhelmstrasse, et non pas aux ministres de la Guerre ou aux chefs de l'Etat-major, et encore moins aux membres tapageurs de l'« Alldeutscher Verband » ou aux rédacteurs de la presse incendiaire d'Allemagne ; on ne s'étonnera donc pas que ces diplomates aient retiré des paroles des principaux ministres — comme de l'attitude personnelle de l'Empereur — l'impression trompeuse qu'il n'y avait aucun danger de guerre à craindre du côté de l'Allemagne. Ce sentiment constitue la note fondamentale des rapports de Greindl, tandis que Beyens, qui voyait plus loin et plus clair que lui, sut déjà reconnaître, au cours des deux années qui précédèrent la guerre, bien des indices révélateurs d'un accroissement inquiétant du chauvinisme belliqueux et de son influence sans cesse grandissante sur la politique allemande.

4° L'erreur dans laquelle ont été entraînés de bonne foi les diplomates belges à l'endroit des tendances essentielles de la politique allemande, s'explique d'autant mieux qu'ils pouvaient, avec raison, s'en rapporter aux *sentiments entièrement pacifiques de la grande masse de la nation allemande,* des gros financiers jusqu'au simple ouvrier. Le peuple allemand lui-même, dans sa grande majorité, ne se rendait aucunement compte, en juillet 1914 encore, jusqu'à quel point le terrain de la paix avait été miné par les agitateurs belliqueux, ni jusqu'à quel point l'Empereur lui-même avait été gagné *en principe* à l'idée de la guerre par son entourage militaire, par le parti belliqueux avec, à sa tête, le Kronprinz, par toute la caste des Junkers et des agrariens qui avait intérêt à la guerre et qui, plus que toute autre, trouvait dans la personne du souverain une oreille favorable ; enfin, il ne savait pas qu'on n'attendait plus que le *moment* favorable pour frapper avec les plus grandes chances possibles de réussite. Quelques semaines encore avant la guerre, la grande masse du peuple allemand ne soupçonnait encore rien de tout cela. Seuls les acteurs du drame et ceux qui en tiraient les ficelles savaient ce qui tôt ou tard devait arriver. Comment les diplomates belges, qui ne connaissaient que par ouï-dire toutes les négociations importantes des Grandes Puissances entre elles, qui n'avaient guère l'occasion de pénétrer dans les corridors secrets de la cour impériale, qui s'en tenaient aux sentiments *nettement* pacifiques que manifestaient toutes les couches du peuple travaillant de ses mains, et à l'amour de la paix dont faisaient parade le Souverain, son gouvernement et la presse officielle, — comment ces ambassadeurs eussent-ils pu être renseignés sur la flamme de guerre qui couvait sous les cendres de la paix, mieux que le peuple allemand lui-même dont la vie et la prospérité dépendaient de la question « guerre ou paix » ?

Rien d'étonnant à ce que les ambassadeurs belges précisément, dont le jugement favorable importait beaucoup aux dirigeants d'Allemagne à cause de leurs vues intéressées sur ce pays neutre, — rien d'étonnant à ce que, plus facilement encore que tous les autres diplomates, ils soient tombés dans le piège qu'on leur avait astucieusement dressé, et qu'ils aient délivré à l'Empereur allemand comme à son gouvernement des certificats honorifiques que la suite des événements a cruellement désavoués. Ils se sont trompés, ou plutôt ils se sont laissé tromper, et la constatation de ce fait, si elle porte atteinte à leur clairvoyance, ne diminue en rien leur honnêteté. Ils s'écrieront aujourd'hui, comme l'a fait ce commerçant volé depuis des années par son commis : « Je ne l'aurais jamais cru capable de ça. » *Reconnaître qu'on a manqué de perspicacité et montré trop de crédulité à l'égard du trompeur, cela empêche-t-il la tromperie d'avoir été commise ?* Bien au contraire : l'acte subsiste, mais n'en est que plus haïssable pour l'hypocrisie et la mauvaise foi avec lesquelles, plusieurs années durant, il a été préparé et exécuté.

5° Le gouvernement belge a rassemblé dans ses Livres gris toute une série de faits sur lesquels Beyens s'arrête aussi dans son ouvrage, et où éclate *le sang-froid avec lequel les hommes d'Etat allemands ont nié toute mauvaise intention* de leur part à l'égard de ce pays neutre. Le prince de Bülow, Bethmann Hollweg, Kiderlen, Jagow, Heeringen, Flotow, Below-Saleske — chanceliers impériaux, secrétaires d'Etat, ministres de la Guerre, ambassadeurs d'Allemagne à Bruxelles, — tous tant qu'ils sont n'ont cessé de jurer leurs grands dieux que l'Allemagne ne songeait en aucune façon ne fût-ce qu'à toucher un cheveu à sa voisine. M. de Below-Saleske a même été jusqu'à assurer au ministre belge Davignon, *dans la journée du 2 août encore*, que la Belgique pouvait regarder en toute confiance du côté de sa voisine de l'Est, — alors que ce même, 2 août, à 7 heures du soir, il présentait au ministre belge le monstrueux ultimatum [1]. Dénués de tout scrupule, ces messieurs ont joué leur jeu à Berlin et à Bruxelles en cachant les cartes jusqu'au dernier instant, et aujourd'hui ils essaient d'en appeler comme témoins de leur innocence aux hommes mêmes qui — moins perspicaces que confiants, — ont été les victimes de leurs tromperies !

Les Livres gris belges I et II nous montrent les ambassadeurs belges *unanimes à porter un jugement écrasant* sur les dirigeants d'Allemagne et d'Autriche, ces mêmes ambassadeurs qui *avant*

---

[1] Voir Livre gris I, n⁰ˢ 19, 20.

la dernière crise — influencés par une erreur facilement explicable et un manque de perspicacité compréhensible, — s'étaient prononcés en termes plus favorables sur le compte des gouvernements allemand et autrichien. L'ouvrage de Beyens vient ajouter une pierre de plus, et une pierre importante, à l'édifice de culpabilité des deux Empires. Toutes ces publications belges contiennent l'aveu tacite que voici : Le jugement favorable que nous avons porté autrefois sur les politiques allemande et autrichienne a été démenti par leurs actes ultérieurs ; nous savons aujourd'hui ce que nous ne savions pas alors : les véritables perturbateurs de la paix ne se trouvaient ni à Paris, ni à Londres, ni à Saint-Pétersbourg ; ils se trouvaient à Vienne et à Berlin.

* * *

Les dispositions en Allemagne.

J'en arrive maintenant à quelques points intéressants de l'ouvrage de Beyens.

Le diplomate belge analyse [1] de façon pénétrante *l'état d'âme et les manières de voir des différentes classes et corporations d'Allemagne*, tels qu'il a eu l'occasion de les étudier pendant les deux années de son séjour à Berlin. La *haute finance* de Berlin était tout entière et sans exception acquise à la cause de la paix : « L'Allemagne laborieuse voulait vivre en bons termes avec la France ; la paix était nécessaire aux affaires, et la finance allemande, en particulier, avait tout intérêt au maintien de ses fructueuses relations avec la finance française [2]. » La *grosse et la petite industrie*, le commerce en gros et en détail, travaillant en partie avec un capital emprunté, avaient aussi besoin de paix et de crédit, toute complication avec l'étranger devant leur susciter de grosses difficultés et pouvant même les ruiner. Les grands *armateurs* de Brême et de Hambourg ne pouvaient, il va de soi, qu'être favorables à la paix, leurs entreprises nécessitant pour réussir les communications pacifiques par mer. La *haute aristocratie* elle-même, dont les noms figurent dans l'almanach de Gotha, était tout entière favorable au maintien de la paix européenne, à cause de ses relations de famille et de société avec les noblesses de l'Étranger, en particulier d'Angleterre et de France.

---

[1] Page 180 et suiv.

[2] Page 172.

Seule, une *petite minorité* en Allemagne avait des appétits belliqueux : les militaristes et pangermanistes de l'école de Treitschke et de Bernhardi, les fabricants de canons et de blindages, et surtout les Junkers et agrariens prussiens, qui ne pouvaient espérer l'amélioration de leur situation sociale et économique que d'une guerre, — certaines classes d'intellectuels auxquels l'essor du jeune Empire allemand était monté à la tête, et qui croyaient la race germanique appelée à dominer l'univers, dans un avenir très prochain, par ses aptitudes à la guerre, sa « Kultur », sa supériorité industrielle et technique ; telles étaient, ainsi que le diplomate belge a fort bien su le discerner, les quelques rares couches de la nation allemande qui désiraient la guerre, la croyant indispensable pour le développement ultérieur de l'Allemagne. *La grande masse du peuple allemand était entièrement pacifique d'humeur.*

Quand j'évoque l'image de cette population paisible, marchant pendant la semaine à ses affaires d'une allure toujours régulière, ou attablée confortablement le dimanche dans les cafés en plein air devant le verre de bière national, je ne retrouve en mes souvenirs que des faces placides, où ne se lisaient aucune passion violente, aucune pensée hostile aux étrangers, pas même le souci fiévreux de la lutte pour l'existence, que m'a révélé parfois ailleurs le spectacle de la foule humaine.

Comment se fait-il que cette même nation ait bondi tout entière à l'appel de son Empereur et se soit ruée avec enthousiasme sur ses ennemis ? C'est qu'elle croyait avoir été provoquée ; elle s'imaginait que les frontières, la prospérité, l'existence même de l'Empire étaient en danger. Bourgeois, ouvriers socialistes ou paysans, tous étaient persuadés qu'ils défendaient leur patrie contre l'attaque du tsarisme uni à la Gaule belliqueuse et à la perfide Albion ; que la guerre avait été voulue, préparée, machinée par les puissances de la Triple Entente, obéissant à une basse jalousie ou à une haine héréditaire. Le grand art du gouvernement impérial fut de présenter ainsi la crise austro-serbe à la crédulité allemande et de rester lui-même à ses yeux le gardien irréprochable de la Paix (Beyens, *op. cit.*, p. 180.)

Le diplomate belge attire ici l'attention sur l'ordre chronologique d'une série de faits qui jette un jour intéressant sur la manière dont fut préparé le grand mensonge de l'agression. L'échéance de l'ultimatum à la Russie tombait le 1er août, à midi. La déclaration de la guerre à la Russie fut faite le 1er août, à 7 heures 10 minutes du soir. Le 3 août déjà, le Livre blanc allemand, sorti de presse, se trouvait sur le bureau du Reichstag : il portait cette remarque : « Arrêté le 2 août à midi. » Cette publication — qui compte 47 pages — a beau être fort incomplète et présenter bien des lacunes, il n'en paraît pas moins impossible qu'un ouvrage de ce genre, avec tous ses exposés, ses documents et ses résumés, ait pu être écrit, composé, corrigé et imprimé dans un espace de temps aussi restreint, du 1er août au soir au 2 août à midi. Il a dû être achevé *auparavant* déjà, pendant les derniers jours critiques, probablement au sortir de la séance décisive que le Conseil de la Couronne tint le 29 juillet, après que l'Empereur et ses conseillers eurent pris la ferme décision de provoquer la guerre, quelques événements qui pussent encore se produire, quelques concessions ou propositions d'accord pacifique que pussent faire les Puissances de l'Entente.

*Buts que poursuivait l'Allemagne
par sa guerre offensive.*

Beyens voit le *motif essentiel* de la guerre d'agression allemande dans *des buts de puissance plus que dans des buts économiques.* L'essor économique de l'Allemagne au cours des quarante-quatre années de paix qui s'étaient écoulées depuis la guerre franco-allemande assurait à l'Empire allemand, de toutes façons — même sans guerre — la jouissance progressive de l'hégémonie économique en Europe ; celle-ci, se développant avec la même rapidité, aurait abouti à une hégémonie mondiale.

La continuation du vigoureux dév. loppement de l'industrie nationale exigeait la continuation de la paix. C'est une vérité indiscutable qu'on ne saurait trop répéter. Bien plus, la continuation de la paix aurait suffi aux Allemands pour devenir, par leur esprit d'organisation, par leur méthode, par leur travail opiniâtre, les premiers dans presque tous les domaines où s'exerce la concurrence entre nations, les maîtres des principales productions industrielles, et pour acquérir en Europe une hégémonie économique incontestable qu'ils ont été follement demander à une guerre incompatible avec les progrès de la civilisation. (Beyens, *op. cit.,* p. 87).

Politique mondiale, mais sans guerre : tel aurait été — d'après le diplomate belge — le but que l'Allemagne s'efforçait d'atteindre. Mais il ne suffisait pas à la soif de puissance et aux rêves de domination mondiale des pangermanistes ; il ne suffisait pas aux desseins ambitieux et césariens de l'Empereur qui, se sentant avancer en âge, et sous la pression grandissante de son entourage, s'éloignait toujours plus des idéals pacifiques de la première période de son règne, et se sentait toujours plus nettement appelé par la Providence à inaugurer une ère nouvelle dans l'histoire allemande, à élever l'Empire reformé par son prédécesseur à un plus haut point de puissance dans l'univers. *Cette guerre n'est point pour Beyens une guerre économique, mais une guerre politique.*

La guerre sans pitié que nous font les soldats du Kaiser est surtout, à mon humble avis, une guerre politique. Les causes économiques, en se greffant sur la cause principale, n'ont joué qu'un rôle accessoire. Les projets conçus à Berlin apparaissent aujourd'hui avec une clarté telle qu'elle perce *tous les nuages qui obscurcissaient notre vue.* Que voulait-on, en précipitant deux millions d'hommes sur la France, tandis que les armées russes seraient tenues en échec et qu'on procéderait à l'éxécution de la Serbie ? Ecraser d'abord définitivement la Puissance militaire qui faisait obstacle à l'impérialisme allemand ; rejeter la Russie hors des affaires européennes ; livrer à l'Allemagne tout le littoral de la mer du Nord ; faire d'elle une Puissance méditerranéenne par l'annexion de l'Afrique française ; dissoudre les alliances balkaniques et détruire les espérances slaves ; donner à l'Autriche-Hongrie la tutelle et la police de la péninsule des Balkans ; dominer enfin sans conteste à Constantinople et en Turquie jusqu'au golfe Persique..... Quelques batailles décisives devaient suffire pour *asservir l'Europe continentale,* fonder sur ce « Mitteleuropäischer Staatenverband », dont parlent ouvertement aujourd'hui les intellectuels germaniques, l'*hégémonie politique de l'Allemagne,* en laissant l'Angleterre isolée et facile à réduire dans une campagne ultérieure. (Beyens, *op. cit.,* p. 208.)

Le projet de loi militaire allemand
et la loi de trois ans française.
Falsification de dates.

Le *dernier projet de loi militaire allemand* ne constitue aux yeux de Beyens que l'ultime mesure préparatoire à une guerre européenne depuis longtemps projetée. Le « caractère agressif » de cette loi ne fait pas le moindre doute pour lui. Le projet a été déposé sur le bureau du Reichstag le 18 mars 1913 ; le 30 juin, les crédits nécessaires à son exécution étaient votés par le Reichstag, et la loi était ainsi sous toit. *La loi française de trois ans n'a pas été la cause du projet de loi allemand, mais sa conséquence ;* le projet n'a été déposé que *postérieurement* au dépôt du projet de loi allemand, et n'a été accepté qu'en août 1913. C'est à juste titre que Beyens relève *la falsification de dates* poursuivie sur les ordres venus de haut par la presse chauvine d'Allemagne sous la conduite de Schiemann, pour renverser l'ordre dans lequel les deux lois se sont succédé, et faire passer la loi allemande pour une conséquence de la loi française :

Le projet de loi rétablissant le service militaire de trois ans a été la réplique immédiate du gouvernement de la République au sacrifice exigé des contribuables allemands, afin d'établir d'une façon écrasante la supériorité de l'armée impériale. Lorsque l'incertitude d'un vote favorable du Parlement français fut dissipée, la surprise, causée d'abord par cette riposte, fit place en Allemagne à une véritable indignation..... Dans certains salons, le rétablissement du service de trois ans était qualifié de provocation au germanisme ! Le mot d'ordre fut donné aux journaux de *brouiller les dates* et d'affirmer que le projet français était antérieur au projet allemand. *Mensonge évident,* colporté par toute la presse, à l'exception des organes socialistes, comme une accusation accablante contre la France. Le D^r Th. Schiemann soutint même dans la *Gazette de la Croix* que le service de trois ans avait été imposé par le gouvernement du Tsar à M. Poincaré, pendant la visite que le Président avait faite l'été précédent à Saint-Pétersbourg, étant alors ministre des Affaires Étrangères..... Le danger de cette *excitation voulue du chauvinisme teuton* consistait, aux yeux d'un observateur étranger, dans la durée qu'allait vraisemblablement avoir la discussion simultanée des projets de loi devant les Parlements des deux pays. (Beyens, *op. cit.*, p. 256.)

Au printemps de 1913 du reste, sans parler de la concurrence des projets de loi militaire, l'atmosphère en Europe était chargée d'électricité. La presse incendiaire d'Allemagne exploitait à l'envi les *incidents de Nancy et de Lunéville* — bagatelles parfaitement insignifiantes en elles-mêmes — pour empoisonner les relations entre les deux pays. A cela vinrent s'ajouter *les fêtes commémoratives de la guerre de libération*, fêtes au patriotisme bruyant, destinées intentionnellement à familiariser toujours plus le peuple allemand avec la pensée d'une nouvelle guerre de libération — qui, en réalité, devait être une guerre d'agression.

Le Livre jaune contient (annexe au n° 2) un document secret allemand du 19 mars 1913, dont l'authenticité n'a jamais été contestée, que je sache, par le gouvernement allemand. Ce rapport, rédigé par un personnage allemand haut placé, pour un personnage encore plus haut placé, contient sur « *les buts et les devoirs de notre politique nationale* » un passage qui expose de façon magistrale les buts que l'on poursuivait par le projet de loi militaire et tout ce qui s'y rapportait. On y lit entre autres :

Notre nouvelle loi militaire n'est qu'une extension de l'œuvre d'éducation militaire du peuple allemand. Nos ancêtres de 1813 ont fait de plus gros sacrifices. C'est notre devoir sacré d'aiguiser l'épée que l'on nous a mise en mains et de la tenir prête pour nous défendre comme pour porter des coups à notre ennemi. Il faut faire pénétrer dans le peuple l'idée que nos armements sont une *réponse* aux armements et à la politique de la France. Il faut l'habituer à penser qu'*une guerre offensive de notre part est une nécessité* pour combattre les provocations de l'adversaire. Il faudra agir avec prudence pour n'éveiller aucun soupçon et éviter les crises qui pourraient nuire à notre vie économique. Il faut mener les affaires de telle façon que, sous la lourde impression d'armements puissants, de sacrifices considérables et d'une situation politique tendue, *un déchaînement soit considéré comme une délivrance*, parce qu'après lui viendraient des décades de paix et de prospérité comme après 1870. Il faut préparer la guerre au point de vue financier ; il y a beaucoup à faire de ce côté-là. Il ne faut pas éveiller la méfiance de nos financiers ; bien des choses, cependant, ne pourront être cachées.

C'est dans cet esprit et ce style que tous les détails du déclanchement de la guerre à venir ont été exposés, d'avance, avec une habileté raffinée ; même les *soulèvements en Egypte, à Tunis, à Alger et au Maroc* y sont pris en considération. Les petits Etats de Belgique et de Hollande doivent ou bien se joindre à l'Allemagne ou bien être domptés. La Suisse forme au Sud un boulevard extrêmement solide, qui protégera le flanc de l'armée allemande. Au Nord-Ouest, par contre, il faudra *marcher contre la France à travers la Belgique.* Lorsque la guerre aura été déchaînée, « nous nous souviendrons que les provinces de l'ancien Empire allemand : comté de Bourgogne et une belle part de la Lorraine, sont encore aux mains des Francs, que des milliers de frères allemands des provinces baltiques gémissent sous le joug slave. *C'est une question nationale de rendre à l'Allemagne ce qu'elle a autrefois possédé.* »

*Guerre mondiale de rapines
et de conquêtes.*

Ce rapport secret allemand, nous le voyons, concorde en tous points avec l'exposé de l'ambassadeur belge, — aussi bien en ce qui concerne les moyens pour amener la guerre et la rendre populaire auprès de la nation allemande, qu'en ce qui concerne les buts à atteindre. Beyens désigne tout crûment cette guerre du nom de « *guerre mondiale de rapines et de conquêtes* », guerre qui, dans les pays démocratiques comme la France et l'Angleterre, n'aurait jamais été projetée par les gouvernements ni sanctionnée par les représentants du peuple. S'il a été possible qu'une nation aussi intelligente et pacifique d'humeur que les Allemands ait secondé les caprices, l'ambition et la politique déplorable d'un autocrate, et se soit laissé impliquer dans une guerre européenne, seuls un parlement aussi obéissant que le Reichstag allemand et l'absence de tout gouvernement véritablement démocratique et soumis au contrôle des Chambres, en ont été cause. Étranger, Beyens émet un jugement parfaitement juste lorsqu'il voit *la cause première de toutes les misères allemandes dans cette absence d'une organisation et d'une méthode démocratiques* dans le gouvernement de l'Allemagne. L'irresponsabilité des ministres, l'indépendance totale de l'administration de l'Empire à l'égard des décrets du Reichstag, le pouvoir absolu de l'Empereur quand il s'agit de se prononcer sur la guerre et la paix, avec cette seule condition — encore n'est-elle pas valide dans certains cas — du consentement du Conseil fédéral, auquel l'influence prussienne ne laisse plus qu'un semblant d'existence, le fait que le parti numériquement faible des conservateurs — qui sur 397 sièges n'en possède que 43, — exerce en fait, grâce à son hégémonie en Prusse, le pouvoir déterminant au Reichstag également, si bien qu'aucun chancelier ne saurait à la longue rester en fonctions contre la volonté des Junkers et des agrariens : toutes ces circonstances et beaucoup d'autres du même genre font que, selon l'homme d'Etat belge, la Prusse et l'Allemagne, en dépit de l'élection démocratique du Reichstag, ne sont en réalité qu'une *autocratie déguisée*. Là se trouve l'explication du fait qu'une guerre d'agression aussi criminelle ait pu être déchaînée par l'Empereur et son gouvernement, et approuvée par le Parlement et la nation.

Il n'y a pas le moindre doute pour Beyens que *la guerre européenne était chose fermement décidée entre l'Empereur Guillaume et l'archiduc François-Ferdinand dès l'hiver de 1911-1912, — après l'accord Kiderlen de novembre 1911*. Il est vrai que l'allié autrichien était plus impatient que son Mentor allemand. Après la paix de Bucarest déjà, l'Autriche voulait déchaîner la guerre ; elle demandait une revision du traité de paix au profit de la Bulgarie (qui à cette époque déjà s'était secrètement alliée à sa voisine l'Autriche), et cherchait à arracher aux Serbes qu'elle abhorrait et auxquels, par une intervention intransigeante elle avait barré l'issue tant désirée vers l'Adriatique, d'autres parties encore du territoire conquis pendant la guerre. A cette époque, été 1913, l'Empereur Guillaume opposa encore des conseils de modération et de retenue aux appétits belliqueux de l'Autriche. Ce faisant, il poursuivait un double but : tout d'abord reconquérir les sympathies en voie de disparaître de la Turquie en lui reconnaissant les territoires turcs de Thrace et d'Andrinople, qu'elle avait recouvrés pendant la seconde guerre des Balkans ; ensuite et surtout, ne pas commencer la guerre européenne avant que les armements de l'Allemagne ne fussent terminés jusqu'au dernier clou de navire et au dernier bouton de guêtre, avant que le canal de Kiel ne fût achevé et que les effets de la nouvelle loi militaire ne se fussent fait sentir. Il ne voulait pas non plus gâter ses relations avec le vieux roi Carol de Roumanie, dans lequel il voyait un allié assuré pour la guerre européenne à venir. De là la résistance qu'il opposa aux désirs de revision du gouvernement viennois ; de là son intervention en faveur du traité de Bucarest, qui lui valut la fameuse dépêche du Roi Carol : « Grâce à toi, la paix restera une paix définitive » ; de là aussi le résultat négatif de la demande autrichienne à Rome, que nous connaissons par les révélations de Giolitti [1].

Au cours de la dernière année avant la guerre, *les entrevues entre l'Empereur allemand et le successeur au trône autrichien se*

[1] Voir *J'accuse*, p. 92.

multiplièrent de façon frappante. Les deux princes se rencontrèrent à Berlin, à Miramare, à Konopischt ; à Konopischt, où ils se rencontrèrent pour la dernière fois, l'Empereur était même accompagné du secrétaire d'Etat pour la Marine, Tirpitz — circonstance qui fut si vivement commentée dans les chancelleries d'Europe que l'ambassadeur allemand à Londres fut invité à donner au secrétaire d'Etat anglais l'assurance que la présence de l'amiral dans le château princier de Bohême n'avait aucune portée politique. Ainsi que nous l'avons appris par les rapports d'ambassade belges et l'ouvrage de Beyens, c'est au cours de l'une des dernières visites de l'archiduc à l'Empereur, et tandis que l'invité était déjà installé, pour repartir, dans le coupé de chemin de fer, qu'il entendit son hôte impérial lui jeter encore ces mots : « Surtout pas de bêtises [1] ! » Tout était prêt, jusqu'au moindre détail, pour le grand coup. « *Seul, le prétexte d'une guerre faisait encore défaut. Mais — comme l'avait écrit le Dr Schiemann dans son journal, — pour avoir une guerre avec la France, il suffisait de lâcher l'Autriche contre la Serbie* [2]. »

Schiemann, « ange plein de pressentiments » ! Ici comme ailleurs, le professeur et collaborateur de la *Kreuzzeitung* se révèle prophète infaillible ; il est vrai que ses prophéties lui étaient d'autant plus faciles qu'il faisait partie du « bâtiment » : il n'avait qu'à prédire ce qui lui avait été confié des projets concernant le grand complot criminel.

L'homme propose et Dieu dispose. Ce que l'Empereur Guillaume avait pensé réaliser en collaboration avec l'archiduc, il lui fallut, après la mort de son intime allié, l'exécuter à lui seul ; ce meurtre même lui fournit le prétexte tant désiré pour déclancher les hostilités, prétexte qui jamais plus ne se serait présenté sous une forme aussi sûre et à un moment aussi favorable. Avec une présence d'esprit remarquable, l'Empereur Guillaume trouva aussitôt après avoir reçu, pendant les régates de Kiel, cette nouvelle bouleversante, le mot fameux qui, dans la suite, servit à justifier la collaboration de l'Allemagne et de l'Autriche dans les opérations de guerre, ainsi que l'approbation par l'Allemagne de toutes les démarches du gouvernement de Vienne : « C'est un crime contre le germanisme [3] ! » Il partit, il est vrai, au début de juillet, pour sa croisière habituelle vers le Nord ; mais, à ce

---

[1] Beyens, *loc. cit.*, p. 248, et *Belgische Aktenstücke*, n⁰ 96.

[2] Beyens, *op. cit.*, p. 266.

[3] Voir Beyens, p. 273.

que nous assure le diplomate belge, il fut tenu au courant de toutes les démarches projetées à Vienne ; l'ultimatum autrichien lui fut même communiqué télégraphiquement par son ambassadeur à Vienne, M. Tschirschky, avant sa remise au gouvernement serbe. « *Son départ pour le Nord n'était qu'un leurre, un moyen de donner le change à l'Europe et à la Triple-Entente, en leur inspirant une sécurité exagérée* [1]. »

Beyens ne se lasse pas de répéter que, selon sa conviction personnelle, jamais Vienne n'aurait pu lancer un ultimatum aussi inacceptable et rédigé, en outre, en termes d'une telle brutalité, s'il ne s'était entendu auparavant avec ses collègues berlinois et n'avait obtenu le consentement de l'Empereur. Toutes les dénégations de ces Messieurs de Berlin sont impuissantes à faire changer d'idée au diplomate belge. « La clef de la situation était à Berlin. » Le 26 juillet déjà, Beyens avait envoyé à Bruxelles le rapport mentionné ailleurs (Livre gris II n° 8) où il exprimait et justifiait ses soupçons à l'endroit d'un complot préparé dans tous les détails entre Berlin et Vienne. Mais à ce moment-là encore, à cette heure critique, le diplomate belge se faisait des illusions sur l'amour de la vérité et le sentiment de l'honneur des hommes d'Etat allemands ; preuve en soit la remarque suivante de son livre (p. 280) : Il avait bien songé, nous dit-il, à un *passage* des troupes allemandes par certaines régions du territoire belge, mais l'idée ne l'avait pas effleuré d'une occupation de son malheureux pays préparée de longue main, ni d'une manière aussi barbare, cruelle et impitoyable de faire la guerre. Son cœur aussi bien que sa raison se refusaient également à pareille supposition.

* * *

Le Kronprinz

Le portrait du *Kronprinz allemand* que trace le diplomate belge est intéressant et frappant :

Le Prince a l'âme d'un sabreur ou, du moins, il s'en vante. Dans un dîner officiel, étant voisin d'une ambassadrice de la Triple-Entente, il n'a rien imaginé de plus galant ni de plus spirituel que de lui parler de son rêve favori, qui était *de faire la guerre et de mener une charge à la tête de son régiment.* (Beyens, *op. cit.* p. 53.)

Cette anecdote trouve sa confirmation dans les déclarations

---

[1] Beyens, *op. cit.*, p. 275.

belliqueuses du jeune héritier du trône, telles que je les ai rapportées à plusieurs reprises dans mes ouvrages. Beyens passe en revue tous les actes connus de la fronde princière : son opposition ouverte au traité Kiderlen, son discours d'adieu aux hussards de Dantzig, sa prise de parti pour les héros de Saverne qui avaient remporté une si glorieuse victoire sur un cordonnier éclopé et quelques civils inoffensifs, son intervention provocante dans la question de succession au trône du Brunswick, où il brusqua son beau-frère et son père également aux yeux de la publicité, etc. Au témoignage du diplomate belge, qui a eu l'occasion d'observer plusieurs années durant ce qui se passait à la Cour impériale et dans la famille de l'Empereur, le trait dominant du jeune homme est son ambition, son désir de se rendre populaire et de faire parler de lui. Pour autant que l'on considère les milieux pangermanistes, militaires et réactionnaires, il y a d'ailleurs pleinement réussi. Depuis le jour où, de la tribune de la Cour au Reichstag, il avait ouvertement manifesté son approbation de la philippique que « le roi sans couronne de Prusse », M. de Heydebrand, prononçait contre la politique du chancelier impérial au Maroc, et s'était opposé ainsi à la politique, encore pacifique à cette époque-là, de son impérial père, — depuis ce jour « il était devenu *l'espoir du parti réactionnaire et de la caste militaire* ». J'ai cherché à montrer, dans mon ouvrage, le contre-coup psychologique qu'eut sur le père la popularité sans cesse grandissante du fils dans les milieux de la Cour et de la société qui, de tout temps, ont été les plus influents. J'ai vu dans la rivalité entre père et fils pour cette question de popularité et dans les assauts incessants et sans égards du jeune sabreur contre les hésitations prudentes « de l'Empereur de la paix qui sans cesse aboie, mais ne mord jamais », l'une des raisons morales du changement fatal qui s'est opéré dans la mentalité de l'Empereur Guillaume de 1911 à 1914, de sa conversion complète aux idées belliqueuses [1].

Le diplomate belge voit sous les couleurs les plus sombres l'avenir de l'empire allemand, sous le gouvernement d'un homme tel que le kronprinz actuel :

Il est facile de s'imaginer *ce que deviendrait l'Empire aux mains du Kronprinz*. Lui aussi, comme son père, mais avec moins d'intelligence, voudra tenir le gouvernail et faire prédominer sa volonté de monarque de droit divin contre le flot des revendications populaires, de plus en plus exigeantes et houleuses sous la poussée victorieuse du socialisme..... De beaux conflits sont donc en perspective entre un prince de la mentalité du Kronprinz et un

[1] Voir *J'accuse*, p. 97 et suiv.

Reichstag à moitié ou aux trois quarts socialiste, à supposer que ces conflits n'éclatent pas bien avant son avènement. (Beyens, *op. cit.* p. 57-58).

Il me semble qu'ici encore le diplomate belge n'a pas mal vu. *Malheur au peuple allemand, malheur à l'Europe, malheur au monde, si un prince sur lequel repose la malédiction d'innombrables millions d'hommes devait jamais être en état d'apporter sur le trône impérial d'Allemagne son ambition, ses appétits belliqueux et sa soif de puissance, sources d'où jailliront à nouveau d'infinis torrents de sang !* Que la clémence du sort ou, mieux encore, le bon sens et l'énergie du peuple allemand enfin réveillé nous préservent dans l'avenir d'une « grâce divine » pareille ! »...

L'Empereur Guillaume lui-même semble ne pas avoir envisagé avec une confiance particulière le règne futur de son fils. Comme complément intéressant aux conflits publics entre père et fils, Beyens rapporte un petit épisode qui s'est passé à un bal de la Cour à Berlin, en février 1914, donc quelques mois seulement avant la guerre. L'Empereur Guillaume se plaignait auprès de plusieurs diplomates, au nombre desquels se trouvait l'ambassadeur belge, des efforts répétés mais inutiles qu'il faisait en vue d'améliorer les relations avec la France : la presse parisienne gâtait tout en attaquant l'Allemagne journellement et sans mesure. (Ces paroles montrent, une fois de plus, combien il est difficile aux souverains de savoir la vérité : l'Empereur Guillaume paraît ne pas avoir eu la moindre idée de la presse excitatrice et belliqueuse *d'Allemagne*, cent fois plus malintentionnée et surtout plus influente que celle de France.) Après cette sortie contre les journaux de Paris, l'Empereur poursuivit sur un ton très sérieux : « *qu'on devait prendre garde à Paris, parce qu'il ne serait pas toujours là* [1]. » C'était une allusion directe aux appétits belliqueux de son successeur et du même coup, il est vrai, une affirmation voilée de l'amour de la paix qu'il nourrissait personnellement, et que seules les provocations de la partie adverse menaçaient de faire échouer. Somme toute, habile préparation aux prochains événements qui, — le diplomate belge en est fermement convaincu, — avaient déjà à cette époque pris une forme décisive dans l'esprit de l'Empereur.

La Triple-Entente, alliance défensive.

Les sentiments foncièrement pacifiques des Puissances de l'En-

---

[1] Voir Beyens, *op. cit.*, p. 23.

tente, l'absence de toute idée de guerre ou d'agression à Londres, Paris ou Saint-Pétersbourg, les efforts des souverains et des gouvernements de l'Entente en vue de résoudre à l'amiable tous les frottements et tous les états de tension, tant ceux du dehors que ceux de l'Europe même, et de mettre ainsi un terme à la concurrence insensée des armements — ce sont là autant de faits d'une historicité incontestable aux yeux du diplomate belge. Pour lui, il n'y avait en Europe qu'*une seule* grande puissance où *l'esprit* belliqueux eût pris une influence dangereuse et où *la volonté* de faire la guerre — dans le but d'accroître sa propre puissance et d'atteindre l'hégémonie sur le Continent — se fût muée en une décision positive. Cette puissance, c'était l'Allemagne. Pendant dix ans encore après le renvoi du fondateur de l'Empire allemand « la politique bismarckienne de consolidation et de défense avait été suivie par les modestes héritiers du solitaire exaspéré de Varzin. Puis d'autres ambitions surgirent, et les recommandations de l'ex-chancelier furent peu à peu oubliées de la nouvelle génération de politiciens, de diplomates, de professeurs, d'écrivains et d'officiers, qui prétendirent guider l'Allemagne vers de plus hautes destinées. Leur action victorieuse sur la pensée du souverain devint tout à fait apparente au moment où il parvenait à l'apogée de son règne [1]. »

Pour l'historien belge, l'année 1913, où l'on célébra les vingt-cinq ans de règne de l'Empereur Guillaume, a été le moment décisif : l'Empereur considéra désormais comme achevée la première partie de sa tâche de souverain : donner à l'Allemagne un essor économique tel qu'elle n'en avait jamais encore connu de pareil, et lui assurer la prépondérance militaire sur terre et sur mer ; conscient du but à atteindre, il aborda alors la seconde et plus grosse partie de son programme, dont la première n'avait été qu'une préparation : *l'extension de la puissance et de la souveraineté allemandes* sur l'Europe centrale d'abord, puis — renchérissant sur l'Angleterre — sur les pays d'outre-mer et les océans. Une guerre déchaînée avec la rapidité de la foudre et terminée avec « l'agilité simiesque » de l'antique Prusse, une guerre de trois, ou tout au plus de six mois, serait le moyen, à la fois infaillible et pas trop douloureux, d'atteindre le but de l'ambition impériale. Les sacrifices en vies et en argent qu'une guerre courte et victorieuse exigerait de la nation seraient amplement compensés par l'accroissement de la prospérité en Allemagne, et par le pré-

---

[1] Beyens, *op. cit.*, p. 15-16.

lèvement d'indemnités de guerre gigantesques qu'il s'agirait de fixer cette fois, non plus à cinq, mais si possible à cinquante milliards.

Ce n'est qu'ainsi, par l'hypothèse d'une guerre décidée de longue main, que Beyens peut s'expliquer la résistance passive que l'Empereur et son gouvernement opposèrent à toutes les tentatives de résoudre à l'amiable le conflit austro-serbe, et ensuite le conflit austro-russe :

Dans le jugement de l'histoire, c'est sur lui fatalement que pèsera la responsabilité des malheurs dont l'Europe a été accablée. La lecture attentive, la comparaison minutieuse des documents relatifs aux courtes négociations poursuivies pendant la crise austro-serbe, prouvent à l'évidence *qu'il aurait suffi à Guillaume II, jusqu'au dernier moment, de prononcer un mot pour empêcher la guerre.* Par son ultimatum à la Russie, il l'a au contraire déchaînée à l'heure même qu'il s'était fixée. (Beyens, *op. cit.* p. 41.)

D'après le témoignage du diplomate belge, la Triple-Entente, aussi bien avant la guerre qu'au cours de la dernière crise « était animée des pensées les plus pacifiques... L'intention de provoquer le conflit ne peut être imputée qu'au Gouvernement et à la nation qui s'étaient armés jusqu'aux dents pour faire une guerre et en sortir victorieux. » Beyens ne méconnaît en aucune façon qu'en France aussi il existait des courants nationalistes comme en Russie des courants panslaves ; mais il ne cesse de répéter que, dans l'un et l'autre pays, ces mouvements d'opinion ne visaient *pas à une guerre européenne,* comme le pangermanisme d'Allemagne, et que de plus — contrairement au pangermanisme également — ils n'avaient *aucunement la force et l'influence* voulues pour contraindre ni le gouvernement russe ni le gouvernement français à entrer dans les eaux du parti de la guerre. La Triple-Entente n'était qu'une *alliance défensive* des trois grandes puissances qui, d'après tous les signes précurseurs, devaient s'attendre dans un avenir plus ou moins prochain à voir éclater l'orage d'une guerre du côté de l'Allemagne.

Le diplomate belge ne croit en aucune manière à une politique d'encerclement du roi Édouard dans le sens d'un attentat par la violence à la liberté d'action et de développement allemande. Il n'admet pas même que les hommes d'État allemands qui, pour justifier leur politique de puissance et d'armements ont inventé ce complot d'encerclement et d'attaque et l'ont accrédité auprès du public allemand, aient jamais cru eux-mêmes à des intentions agressives quelconques de la part des puissances de l'Entente. Ils avaient besoin de cet épouvantail de l'encerclement pour leurs fins politiques, pour le renforcement ininterrompu de leur puissance sur terre et sur mer, pour rejeter tout accord et toute convention au sujet d'une limitation des armements, etc. Mais jamais ni Bülow ni Bethmann n'ont *cru* à l'existence du spectre qu'ils évoquaient sans cesse aux yeux de la nation allemande, et que leurs successeurs, aujourd'hui encore, font paraître, jour après jour, sur la scène de leur théâtre de marionnettes politiques devant un public terrifié. Et Beyens se demande : « Le prince de Bülow a-t-il cru sérieusement alors qu'Edouard VII et M. Delcassé avaient conçu le dessein machiavélique d'isoler et d'encercler l'Allemagne dans un réseau d'alliances, afin de pouvoir l'écraser un jour sous le poids d'une coalition européenne ? Il a réussi à faire partager cette opinion au public allemand, et elle règne aujourd'hui encore à Berlin. Une impression bien différente s'impose aux esprits qui ont suivi attentivement le cours changeant de la politique impériale. (*Beyens, op. cit.,* p. 220.)

La « revanche » allemande pour Agadir.

Le diplomate belge motive tout au long ce point de vue à la lumière des événements diplomatiques des dix dernières années, en particulier du conflit du Maroc, dans lequel, d'accord avec son vieil ami M. de Kiderlen, il voit *non point un échec*, mais bien plutôt un succès de la diplomatie allemande. Ce que l'Allemagne avait en vue lorsqu'elle envoya la *Panthère* à Agadir, — obtention de compensations territoriales en Afrique en échange de son consentement à ce que la France eût les mains libres au Maroc, — ce que M. de Kiderlen, avec sa manière grotesque de s'exprimer, avait désigné par ces mots « Qui veut manger des pêches en janvier doit les payer ce qu'il faut ! » — tout cela, le gouvernement allemand l'avait largement obtenu par l'accord du 4 novembre 1911. Le « protectorat du Maroc » avait été expressément reconnu au gouvernement français par l'échange de lettres entre Kiderlen et Cambon, qui accompagna la conclusion du traité. La France, en retour, assurait, au Maroc, la liberté de commerce complète et égale à toutes les nations concurrentes, ne prélevait aucun droit d'exportation sur le minerai de fer, et, surtout, cédait les régions que l'on sait du Congo français, d'une importance considérable, pour arrondir le territoire allemand de l'Afrique occidentale et en faciliter l'exploitation. L'exercice éventuel du *droit de préemption sur le Congo belge*, reconnu à la France par l'Acte du Congo du 26 février 1885, ne fut pas transféré à l'Allemagne, il est vrai, mais restreint toutefois — par l'article 16 du dernier traité du Maroc — dans une mesure telle que l'Allemagne obtint en fait une sorte de contrôle sur l'usage de ce droit.

Rien de plus injuste et de plus injustifié, selon Beyens, que l'irritation de la presse chauvine d'Allemagne, du *Wehrverein* et du *Flottenverein* au sujet de « l'humiliation nationale » que constituait le traité du Maroc pour l'Allemagne. Par son tact et son amour de la paix, Kiderlen avait préservé l'Allemagne et l'Europe d'une guerre ; en guise de remerciements, le malheureux secrétaire d'Etat se vit traîner dans la boue par la presse belliqueuse et excitatrice de son pays. A partir de ce moment, les cris redoublèrent de violence : on voulait une guerre, on voulait briser par force le prétendu encerclement, on voulait une *revanche pour Agadir*. Dans ce sens, on pourrait assurément qualifier la guerre actuelle de guerre de revanche. De même qu'après 1866, les Français criaient — à tort ! — « revanche pour Sadowa ! — et après 1870 — avec raison cette fois — « revanche pour l'Alsace-Lorraine ! », — de même après 1911, les agitateurs belliqueux d'Allemagne crièrent tant qu'ils purent : « revanche pour Agadir ! » et crièrent jusqu'à ce que leur appel parvînt au trône impérial et que le peuple allemand, les oreilles bourdonnantes et l'esprit torturé par tout ce bruit, finît par croire vraiment qu'il lui fallait prendre sa revanche d'un tort que personne ne lui avait fait.

L'Empereur Guillaume, son propre chancelier.

Beyens tient pour exclu que la République française eût jamais commencé *une guerre pour reconquérir l'Alsace-Lorraine*. Les armements de la France n'étaient tous — telle est sa conviction solidement établie — que des mesures de protection contre un voisin puissant et toujours menaçant. Mais une idée fixe s'était emparée de l'esprit de l'Empereur allemand (qui l'exprimait chaque fois que l'occasion s'en présentait), l'idée que tous les Français étaient comme possédés de la pensée d'une guerre de revanche :

La reprise de l'Alsace-Lorraine, reléguée par la plupart d'entre eux à l'arrière-plan de leurs rêves patriotiques et entrevue seulement comme un lointain mirage, formait, au contraire, dans sa conviction obstinée, le but secret des efforts de leurs hommes d'Etat. Le pacifisme crédule et confiant des radicaux et des socialistes français, qui s'était étalé au grand jour dans leur résistance au rétablissement du service militaire de trois ans, restait pour lui lettre morte. (Beyens, *op. cit.* p. 27.)

Le diplomate belge estime difficile de croire à la sincérité d'une manière de voir qui offensait pareillement la vérité. Il pose la question de savoir si l'Empereur était vraiment à ce point mal renseigné sur les courants de pensée en France, ou s'il lui convenait simplement de mettre sans cesse en avant ces mouvements soi-disant hostiles et belliqueux pour préparer ainsi un prétexte à son agression future.

C'est un fait indéniable, aux yeux de l'observateur belge, que l'Empereur Guillaume était fort mal informé des courants de l'étranger : il faut en voir la cause dans le choix capricieux, subordonné à son bon plaisir ou à ses sympathies personnelles, par lequel Sa Majesté pourvoyait aux principaux postes diplomatiques. « *C'est ainsi que des postes de première importance furent remis entre des mains inexpérimentées.* » Sans parler de l'incapacité et de l'inexpérience diplomatiques dont ont souvent fait preuve les représentants de l'Allemagne à l'étranger, Beyens reproche aussi à certains d'entre eux leur manque d'indépendance et de caractère : ces « hochgeborene Herren » qui devaient leurs splendides positions au bon plaisir de l'Empereur s'efforçaient naturellement de se montrer dignes de cette faveur en adoptant autant que possible les manières de voir impériales comme en modelant leurs véritables impressions et en les adaptant aux idées préconçues de leur maître. C'est que l'Empereur, fidèle à la parole qu'il avait prononcée après le départ de Bismarck, était devenu — à son préjudice comme à celui du pays entier — *son propre chancelier*, et avant tout son propre ministre des Affaires étrangères. S'acquitter de cette fonction aussi lourde de difficultés et de responsabilités et remplir toutes les charges politiques et de cour qui reposent sur les épaules d'un Empereur d'Allemagne, roi de Prusse et chef d'une nombreuse famille princière, cela dépassait de beaucoup les capacités d'un seul homme, quelque grandes que fussent son intelligence et sa force de volonté. Qui trop embrasse, mal étreint !

Cette tension excessive de ses propres forces a eu comme conséquence les grosses erreurs commises sur toute la ligne en ce qui concernait l'attitude des puissances européennes vis-à-vis d'une guerre d'agression allemande. On comptait sur la complaisance de la Belgique, sur la neutralité de l'Angleterre, de l'Italie, de la Roumanie, — et partout on a mal calculé. L'Empereur Guillaume n'avait été bien renseigné ni sur les sentiments des gouvernements ni sur ceux des populations. Ses calculs, faux parce que les facteurs en étaient faux, l'ont mis, lui et sa nation, dans une situation aussi terrible qu'imprévue : au lieu de cette marche triomphale de six mois sur laquelle on comptait en toute certitude, il a fallu — plusieurs années durant — mener une guerre d'usure contre quatre grandes puissances européennes, plusieurs États de moindre importance et, pour finir, encore contre le Japon, l'Amérique, etc., — une guerre qui, en dépit de toutes les « victoires » militaires, ne se terminera pas moins pour l'Allemagne par un énorme déficit matériel et surtout moral. Toutes ces fautes de calcul, le diplomate belge les inscrit au compte personnel de l'Empereur : qui a pris le gouvernail en mains est responsable si le vaisseau s'engage dans une voie fatale.

Le seul éloge que Beyens accorde au *Prince de Bülow* c'est, à l'occasion du fameux scandale de l'interview du *Daily Telegraph*, en novembre 1908, scandale qui, même dans les milieux modérés d'Allemagne, avait soulevé une tempête d'indignation contre les éternelles ingérences personnelles de l'Empereur dans la politique étrangère ; — c'est, dis-je, d'avoir obtenu pendant quelques années, tout au moins, tant qu'il fut chancelier de l'Empire, jusqu'en 1909, que l'Empereur mît un frein à sa manie de parler et d'écrire. Quand le prince de Bülow fut parti, il n'y eut plus, sans doute, l'influence salutaire du chancelier pour contrebalancer les dangereuses impulsions de l'Empereur ; mais à sa place il resta du moins un secrétaire d'État pour les Affaires étrangères, Kiderlen, qui — jadis ami intime de la famille Bismarck, et adepte plein de talents de l'école de diplomates Bismarck-Holstein, — ne souffrait aucune immixtion, fût-ce d'en haut, dans ses affaires, et qui, avec la grossièreté innée aux Allemands du Sud, savait empêcher toute ingérence directe de l'Empereur dans son domaine particulier. Après la mort de Kiderlen (fin de 1912), cette barrière-là tomba à son tour, et les flots de l'éloquence et de l'activité impériales purent de nouveau, et plus librement que jamais, se répandre sur le pays et sur l'univers, sans être arrêtés ni endigués par le plus faible et le plus inconsistant des chanceliers qui aient jamais habité le palais de la Wilhelmstrasse, par le plus incapable et le plus inhabile de tous les secrétaires d'État qui aient jamais revêtu cette charge pleine de responsabilités.

Bethmann et Jagow.

MM. *de Bethmann* et *de Jagow* figurent naturellement sous un jour très défavorable dans la galerie de portraits que le diplomate belge a donnée des personnalités dirigeantes de Prusse et d'Allemagne :

> L'élévation de M. de Bethmann-Hollweg au poste de chancelier de l'Empire a été le triomphe de la bureaucratie. Après s'être adressé successivement à l'armée, à la haute noblesse et à la diplomatie, en cherchant des épaules assez fortes pour porter le pesant héritage de Bismarck, l'Empereur a dû se rabattre sur le fonctionnarisme prussien..... M. de Bethmann est avant tout l'homme de l'Empereur ou plutôt son fondé de pouvoirs, le véritable chancelier étant le souverain lui-même, dissimulé dans l'ombre de la Constitution. Caprivi, par son indépendance de caractère, Bülow, par le trop grand souci qu'il avait eu de préserver son prestige personnel, avaient déçu Guillaume II. Avec Bethmann-Hollweg, rien de pareil ne paraît à craindre. Il se jetterait au feu, il monterait lui-même sur le bûcher, en holocauste à l'opinion publique si, dans des circonstances critiques, son sacrifice était nécessaire pour sauvegarder la réputation de son maître, qu'il essaiera toujours de couvrir de sa responsabilité constitutionnelle. On l'appelle à Berlin le philosophe de Hohen-Finow, du nom de sa propriété..... Philosophe surtout par son indifférence ou son manque de fermeté en matière morale ou politique. Sa complaisance à se plier aux exigences de la volonté impériale lui mériterait encore mieux le surnom de philosophe courtisan. Courtisans, ils le sont tous, d'ailleurs, à Berlin, ceux qui veulent, à tous les degrés de l'échelle, être honorés de la faveur ou de la confiance du souverain. (Beyens, *op. cit.* p. *70, 72*.)

Beyens ne considère pas M. de Bethmann comme un homme qui veut la guerre à tout prix et y pousse de toutes ses forces : « Ses préférences personnelles l'inclinaient vers une solution pacifique, mais cet homme faible s'est laissé forcer la main par le parti de la guerre et s'est courbé comme d'habitude devant la *volonté de l'Empereur.* » (P. *75*.) *L'intervention de l'Angleterre dans la guerre* a été une désillusion terrible pour le chancelier impérial. Tous ses efforts, avant et pendant la crise, avaient certainement tendu à obtenir de l'Angleterre qu'elle restât neutre, sans pour cela limiter en aucune façon la liberté d'action de l'Allemagne. Ces espérances se sont écroulées le 4 août et alors : « le philosophe de Hohen-Finow s'est changé en un *irascible Teuton ;* ce qu'il y a de rudesse prussienne dans ses veines, mélangé à son sang francfortois, est apparu subitement à la surface, et le calme, professionnel de l'homme d'Etat, habitué à maîtriser ses nerfs, a fait place à un emportement dramatique. » (P. *76*.)

*　*
*

La douloureuse surprise que l'attitude de M. de Bethmann *dans la question de la neutralité belge* causa au baron Beyens nous montre, entre autres, jusqu'à quel point les diplomates belges pouvaient errer dans leur appréciation des personnalités dirigeantes de Berlin, et comment ils se sont réellement trompés jusqu'au moment où le véritable caractère de ces gens a été manifesté par leurs actes :

Quelle triste désillusion pour ceux qui, croyant connaître M. de Bethmann-Hollweg, ne l'auraient jamais considéré comme un politique sans scrupules ! Il aurait pu être, à défaut d'un grand ministre, le garant de la signature de la Prusse et le gardien de l'honneur du jeune Empire allemand. Un geste de l'Empereur a suffi pour qu'il devînt l'apologiste d'un forfait. Son langage dans cette circonstance tragique a été celui d'un homme de cour sans conscience et sans courage, non celui d'un homme d'Etat. Prendre son parti avec une pareille philosophie d'un acte honteux pour l'Allemagne, ce n'est pas le fait d'un philosophe patriote et indépendant, c'est le fait d'un courtisan philosophe. (Beyens, *op. cit.* p. 77).

Le secrétaire d'Etat aux Affaires étrangères, M. de Jagow, est un peu moins sévèrement jugé par le diplomate belge que son supérieur le chancelier responsable. Il lui a été tenu compte, non sans quelque raison, du fait que, selon la constitution de l'Empire allemand, il n'a pas été ministre responsable, mais uniquement l'organe exécuteur du Chancelier, seul responsable, et de ce qu'en outre, du fait même de sa nature, de par toutes ses aptitudes intellectuelles et morales, il n'avait pas l'étoffe nécessaire pour opposer quelque résistance à la double pression de l'Empereur sur le chancelier et du chancelier sur le secrétaire d'Etat. La faiblesse des débuts de Jagow lors des débats du Reichstag sur l'incident de Nancy, le ton tranchant qu'il prit ostensiblement, probablement sur un ordre venu d'en haut, vis-à-vis du gouvernement français, — ton qui parut fort déplacé en regard de l'attitude conciliante du ministre Barthou et qui, en outre, offrait un contraste presque risible avec la maladresse oratoire du nouveau secrétaire d'Etat, — ces débuts malheureux, dis-je, avaient déjà montré aux observateurs impartiaux que la diplomatie allemande tombait toujours plus bas. Après la mort de Kiderlen et la nomination de Jagow, on put constater toujours plus nettement chez le chef impérial de la politique étrangère la tendance à regarder dans le choix de ses agents exécutifs moins aux talents ou à la force de caractère qu'à leur malléabilité et à leur souplesse à l'égard de la volonté d'en haut, — calcul fait dans l'intérêt même de sa propre autorité et de sa propre indépendance.

Sur un point seulement, M. de Jagow ressemblait à son intelligent et énergique prédécesseur : par *son mépris arrogant des petits Etats* et de leurs représentants à Berlin. Les réceptions à l'Office des Affaires étrangères à Berlin, qui avaient lieu régulièrement toutes les semaines et auxquelles les ambassadeurs des petits États étaient gracieusement admis jadis, furent supprimées les derniers temps ; il restait loisible à ces ambassadeurs de se faire annoncer par téléphone ou par lettre lorsqu'ils désiraient conférer de quelque affaire urgente. A la façon dont étaient traitées leurs personnes correspondait celle dont on traitait leurs pays. L'esprit de Bernhardi et de ceux qui pensaient comme lui planait au-dessus des eaux de la Wilhelmstrasse : le temps est passé des petits États et des neutralités ; celle d'entre les petites nations qui ne voudra pas s'annexer à l'une ou l'autre des grandes puissances sera impitoyablement écrasée dans la lutte de rivalités d'Europe ; l'ambition même de posséder en tant que petit État européen de vastes colonies au dehors n'est plus ni justifiée ni réalisable : *seuls les grands ont le droit de devenir plus grands encore*, les petits n'ont qu'à se soumettre à cette loi du destin.

Ce point de vue, qui domine la presse pangermaniste tout entière, dirigeait aussi ces messieurs de la Wilhelmstrasse et les poussa aux indiscrétions compromettantes qui nous sont communiquées par le rapport du baron Beyens en date du 2 avril 1914 (Livre gris II, n° 2). Malgré tout, le diplomate belge n'attribue au secrétaire d'Etat allemand aucune intention à proprement parler belliqueuse : l'expansion impérialiste de l'Allemagne devait être poursuivie si possible — au désir même de cet homme d'Etat — au moyen d'une délimitation à l'amiable des sphères d'intérêt, plutôt que par une effusion de sang. Le seul reproche qu'on puisse adresser aussi bien à M. de Jagow, le subordonné, qu'à M. de Bethmann, son supérieur, est, au lieu de prendre les moyens pacifiques, d'avoir docilement consenti aux moyens violents, lorsque leur maître, cédant à son impatience et à la pression de son entourage militaire, crut le moment venu de s'emparer *d'un seul coup* de ce qui aurait exigé sans cela une longue et laborieuse évolution. *Avoir manqué de volonté et de force de caractère* à l'une des heures les plus critiques de l'histoire du monde, — tel est le grand crime, le crime inexpiable que l'« objectif » critique belge reproche avec raison à ces deux hommes d'Etat allemands.

Les agitateurs belliqueux en Allemagne.

Le véritable siège du *parti de la guerre* n'était pas l'Office des Affaires étrangères à la Wilhelmstrasse, mais le palais de l'état-major général au Königsplatz, le ministère de la Guerre à la

Leipzigerstrasse, et le cabinet militaire de l'Empereur au château impérial. Ces trois instances militaires formaient le quartier général et le centre de ralliement de tous les efforts belliqueux que l'*Alldeutscher Verband* et ses succursales entretenaient et favorisaient dans le pays entier. C'est à ces trois instances que convergeaient tous les fils des machinations belliqueuses ; elles étaient l'organe de liaison entre les agitateurs irresponsables, qui travaillaient le pays, et le poste le plus haut placé et responsable qui, au moment voulu, avait à prononcer le mot décisif et à donner le signal de l'attaque.

L'observateur belge nous donne des opinions et des buts du parti de la guerre prusso-allemand qui, il est vrai, n'était pas formellement organisé en parti, mais qui était néanmoins plus puissant que tout parti proprement dit, l'excellent résumé que voici :

Depuis une dizaine d'années, un courant d'opinion s'était formé, en Prusse principalement, poussant à de nouvelles luttes européennes, et ses adhérents ont été désignés à l'étranger sous le nom général de parti de la guerre. Il se recrutait parmi les feld-maréchaux et colonels généraux, les généraux en activité de service, les aides de camp de l'Empereur, les fortes têtes de l'état-major, pour descendre jusqu'aux grades subalternes, peuplés d'officiers ambitieux. Ajoutez-y les militaires retraités, hobereaux réactionnaires, vivant sur leurs terres, et qui voyaient croître rapidement la richesse du pays, le bien-être et les besoins de luxe augmenter en même temps que les impôts, sans que leurs revenus personnels connussent la même progression. Ces mécontents pensaient *qu'une saignée serait salutaire* pour épurer et régénérer le corps social, pour rendre du même coup à la caste militaire la prépondérance qu'elle devrait toujours posséder dans l'Etat, et que les nouveaux enrichis de l'industrie et du commerce menaçaient de lui enlever. (Beyens, *op. cit.* p. 102.)

On ne saurait mieux caractériser que ne le fait le diplomate belge dans ces lignes le centre effectif et le point de départ du mouvement belliqueux qui a sourdement travaillé l'Allemagne pendant des années entières, ni mieux désigner le siège du mal, le bacille dangereux. *Les instigateurs du crime ont été les milieux militaires et de Junkers indiqués ici. Quant au crime proprement dit, l'Empereur et son Gouvernement en sont responsables.* Dans le reste de la population, ceux qui, d'entre les bourgeois et les intellectuels, ont suivi le char de la guerre et ont même poussé à la roue à l'occasion, doivent être considérés comme complices et aides des véritables instigateurs et exécuteurs du crime ; comme tels, ils portent, eux aussi, une assez lourde responsabilité aux yeux de leur nation comme du monde. Mais le peuple dans son ensemble — à quelques louables exceptions près — est coupable de ne pas avoir discerné à temps les dangers dont le menaçaient sans cesse davantage l'ambition guerrière de son Empereur, le manque de caractère de son Gouvernement, l'activité brouillonne et criminelle d'une minorité peu nombreuse, mais puissante. Il faut plaindre les aveugles de naissance. Mais celui qui se laisse aveugler, au lieu d'ouvrir les yeux pour apprendre à connaître l'artifice infernal qui sert à l'éblouir, cet homme-là est condamnable : lui-même est en grande partie responsable de son triste sort. Quand donc le peuple allemand apprendra-t-il à reconnaître ses vrais ennemis, quand donc élèvera-t-il sa voix accusatrice contre ceux qui l'ont si indignement trompé et mené à sa perte, et se saisira-t-il de l'épée de l'exécuteur ?

La crise de l'annexion bosniaque.

La baron Beyens accorde avec raison une importance énorme à *l'annexion de la Bosnie-Herzégovine,* cet acte de violence aussi inconsidéré qu'inutile du comte Aehrenthal ; car cet événement ne fit pas seulement naître à cette époque, pendant l'hiver de 1908-1909, le danger imminent d'une guerre européenne, mais engendra par surcroît entre les grandes puissances *un état de tension chronique* qui n'a pas peu contribué au déchaînement de la guerre actuelle. L'antagonisme austro-serbe fut aggravé — en dépit de l'assentiment arraché au gouvernement serbe — par l'irritation du mouvement national panserbe. Le puissant empire des tsars, dont les intérêts historiques dans les affaires des Balkans, dont les étroites relations avec le petit Etat slave de Serbie ne pouvaient être effacés d'un trait de plume par ces messieurs du Ballplatz, ne put, sans se sentir humilié, reculer devant les menaces dépourvues de tout égard du gouvernement allemand, qui se plaçait sans réserve derrière son allié autrichien.

A ce moment-là déjà, l'ambassadeur allemand à Saint-Pétersbourg, comte Pourtalès, fut contraint de jouer le rôle qui lui est échu plus tard, en été 1914 : celui de l'homme « au poing ganté de fer » qui avait mission de mettre le ministre russe de l'Extérieur alors en charge, Iswolsky, devant cette alternative : ou bien tu cèdes, ou bien c'est la guerre européenne. Comme on le sait, la Russie — qui n'a jamais désiré une guerre générale, dans ce temps-là pas davantage que plus tard, — la Russie a pris le premier parti. Elle a reconnu l'annexion de la Bosnie-Herzégovine ; toutefois, la pression exercée avec succès par le gouvernement allemand avait laissé derrière elle un aiguillon qui n'est resté sans influencer dangereusement les relations entre l'Allemagne et la Russie que grâce aux sentiments foncièrement pacifiques du tsar Nicolas II.

L'exposé du baron Beyens confirme aussi le récit que j'ai fait ailleurs des événements diplomatiques pendant la crise bosniaque : l'Autriche et l'Allemagne ont fait tout ce qui était en leur pouvoir pour rallumer la dangereuse question d'Orient que le génie d'un Bismarck, d'un Beaconsfield, d'un Andrassy avait eu peine à résoudre au Congrès de Berlin, et pour faire éclater un incendie qui menaçait de mettre l'Europe entière en flammes. *Seuls l'amour sincère de la paix que manifestèrent la France et l'Angleterre et la condescendance presque humiliante dont la Russie fit preuve à cette époque, ont réussi à maintenir la paix.* La version différente que le gouvernement allemand répand maintenant, et suivant laquelle l'Allemagne aurait été à ce moment-là la gardienne d'une paix dont les puissances de l'Entente auraient été les perturbatrices — tout au moins par leurs intentions — n'est qu'un des mensonges innombrables par lesquels le gouvernement de Berlin cherche à excuser ou à couvrir son crime.

Il se peut que la tentative d'intimidation faite contre la Russie avec tant de succès dans l'hiver de 1908 à 1909 ait été présente à l'esprit de ces messieurs de l'Office des Affaires étrangères à Berlin en été 1914, et qu'ils en aient pris exemple, lorsqu'ils chargèrent le comte de Pourtalès de proposer au ministre Sazonow, de la même manière exactement et presque dans les mêmes termes, que six ans plus tôt, l'alternative suivante : Ou bien tu souscris à la « localisation » du conflit, autrement dit tu assisteras en spectateur indifférent à l'écrasement de la Serbie par l'armée autrichienne, — ou bien nous mobilisons — et, *pour nous, mobilisation équivaut à guerre.* Se souvenant des événements de 1908-1909, le chancelier de l'Empire et le secrétaire d'Etat ont peut-être cru — jusqu'à un certain moment — au succès de ce bluff, et ils l'ont en tout cas espéré. Mais ils avaient compté sans leur hôte : la Russie avait pu à la rigueur sanctionner jadis l'annexion, contraire au droit, il est vrai, mais enfin pacifique, de deux provinces qui se trouvaient depuis trente ans déjà sous la domination autrichienne ; cette fois-ci, l'écrasement militaire d'un pays indépendant, que l'on rendait responsable sans aucune raison ni preuve de l'attentat commis par deux jeunes fanatiques, qui d'ailleurs avait offert au gouvernement viennois les satisfactions les plus étendues et consenti aux pires humiliations, — cette action guerrière aussi frivole que brutale, une grande puissance directement intéressée comme l'était la Russie ne pouvait y assister en silence. Et voilà pourquoi la manœuvre d'intimidation qui avait fait ses preuves jadis était destinée à échouer cette fois.

D'ailleurs, même sans cela, si le chancelier et ses subordonnés avaient espéré le succès de leur diplomatie dans le sens de la paix, ils s'étaient trompés dans leurs calculs. Pour la simple raison que les milieux militaires de l'entourage de l'Empereur et finalement l'Empereur lui-même — à en juger tout au moins d'après le conseil de la couronne du 29 juillet — *n'espéraient ni ne désiraient un succès pacifique de la diplomatie allemande, c'est-à-dire une reculade de la Russie.* Les militaires et les militaristes de la cour impériale voulaient cette fois la guerre à tout prix, et c'eût été une grosse désillusion pour eux si Sazonow et son impérial maître eussent cédé aux tentatives d'intimidation du comte Pourtalès. En somme, s'il est possible de parler d'un désir de paix à Berlin, il s'est trouvé peut-être à la Wilhelmstrasse, mais non point au château impérial, ni à l'état-major général, ni au ministère de la Guerre. Or, étant donné le régime absolutiste et militariste de la Prusse et de l'Allemagne, tout dépendait en définitive de ces trois organismes.

Le comte Berchtold.

Le diplomate belge se montre extrêmement sévère — justement sévère — à l'égard de son collègue autrichien, le *comte Berchtold.* Sur ce point, l'ambassadeur italien à Berlin, Bollati, partage sa manière de voir. Pour le comte Berchtold, il s'agissait moins de venger l'assassinat de l'archiduc, moins de défendre son pays contre le danger panserbe, que de se procurer une satisfaction personnelle pour les échecs qu'il avait subis — ou croyait avoir subis — dans sa politique des Balkans. La réalisation de presque toutes les exigences de l'Autriche dans le traité de paix turco-balkanique du 30 mai 1913 ne contentait pas cet homme d'Etat aussi vaniteux qu'incapable. Il croyait le moment venu d'écraser complètement la Serbie et, par ce coup de force imposant, de transformer en applaudissements les critiques dont il était l'objet de bien des côtés en Autriche :

La population viennoise exultait de joie à l'annonce de l'expédition contre les Serbes, simple promenade militaire assurément. Le spectre du danger russe n'a pas troublé une seule nuit le sommeil du comte Berchtold, esprit léger, qui faisait alterner agréablement les distractions d'une vie de plaisirs avec les lourdes responsabilités du pouvoir. Sa grande confiance était partagée par l'ambassadeur d'Allemagne, son conseiller le plus écouté. Il semble inadmissible pourtant que le ministre autrichien n'ait pas entrevu la possibilité d'un conflit avec l'empire slave, mais ayant l'Allemagne pour partenaire, son aplomb de beau joueur le poussait à tenir le coup. (Beyens, *op. cit.* p. 282.)

Ces remarques de l'ambassadeur belge mettent en lumière tout ce que la diplomatie secrète a de dangereux et de condamnable : la légèreté, la vanité, le désir de revanche d'un joueur en diplomatie, ces misérables motifs humains, par trop humains, sont en état de déterminer les premiers pas dans la voie fatale qui mène à une conflagration universelle, lorsqu'ils ne sont pas contrebalancés par le contrôle officiel, la coopération parlementaire, la ratification du peuple.

Le diplomate belge ne peut prendre au sérieux la proposition du gouvernement allemand de « localiser » le conflit austro-serbe. « C'était tout simplement abolir le rôle historique de la Russie dans les Balkans » (p. 287).

Quant à la promesse de l'Autriche de respecter l'intégrité territoriale et l'avenir de la Serbie comme Etat indépendant, Beyens la tient pour tout à fait insuffisante en regard des exigences de l'ultimatum, qui constituaient déjà les plus graves empiétements sur la souveraineté de ce petit pays, et surtout en regard de l'ouverture des hostilités dont les buts, sous couleur d'une « expédition punitive », restaient obscurs. Dégrader la Serbie en l'abaissant au rang d'Etat vassal et rétablir l'état de choses existant sous le roi Milan de funeste mémoire, tel lui paraît avoir été le but inavoué de l'expédition punitive autrichienne.

La « semaine tragique ».

Il serait superflu de revenir ici sur le détail des événements de la « semaine tragique » — nom par lequel Beyens désigne les douze jours critiques. Le récit qu'il nous en fait concorde sous tous les rapports avec l'exposé que j'en ai donné dans mon premier et dans mon second ouvrage. Je me bornerai à relever dans Beyens quelques points offrant de l'intérêt pour la question des culpabilités.

I.

Le sous-secrétaire d'Etat Zimmermann ne put s'empêcher d'exprimer le *regret* que lui causait le retour subit de l'Empereur de sa croisière du Nord. D'après le diplomate belge, le gouvernement impérial, représenté par le chancelier de l'Empire et le secrétaire d'Etat, désirait encore à ce moment-là le maintien de la paix. Il fallait attribuer, semblait-il, le retour soudain de l'Empereur à l'action de son entourage militaire et à l'influence directe et funeste de l'ambassadeur de Vienne, Tschirschky. A ce moment-là déjà se fit jour l'antagonisme entre le pouvoir civil responsable et le pouvoir irresponsable du militaire, qui aboutit le 29 juillet, à Potsdam, au triomphe du parti militaire et à l'asservissement ignominieux du gouvernement civil. Beyens interprète l'offre de neutralité de Bethmann à Goschen, dans la nuit du 29 juillet — immédiatement après le retour du chancelier impérial de Potsdam, — exactement de la même façon que moi ; il y voit le signe de la décision définitive de faire la guerre, décision prise au conseil de la Couronne de Potsdam. Dans ce conseil, les considérations militaires l'avaient emporté sur toutes les autres et les avaient fait passer toutes à l'arrière-plan. M. de Jagow l'a formellement reconnu et avoué, le jour suivant, à l'ambassadeur français Jules Cambon : « Les chefs de l'armée insistaient, car tout retard est une perte de forces pour l'armée allemande. » (Livre jaune, n° 109.)

L'Empereur Guillaume voulait — d'accord en cela avec ses conseillers militaires — « profiter de circonstances impatiemment attendues et que la fortune capricieuse pouvait fort bien ne plus offrir à son ambition ». (P. 295.) Si l'on en croit le baron Beyens, ces circonstances — sans parler du côté moral du conflit qui permettait à l'Empereur d'intervenir en juge et vengeur d'un crime abominable, — ces circonstances favorables, c'était *l'infériorité militaire de la Russie et de la France* à cette époque. La réorganisation de l'armée russe, le complétement de son artillerie, et l'établissement de nouvelles voies stratégiques à l'Ouest, — tout cela, calculait-on, ne serait terminé au plus tôt qu'en 1917. C'est vers la même époque également que la loi française de trois ans commencerait seulement à déployer ses effets. L'Angleterre, on pouvait le présumer, resterait neutre, d'autant plus que les troubles d'Irlande, qui s'acheminaient à la guerre civile, lui liaient les mains pour toute action à l'extérieur. Ainsi donc : *maintenant ou jamais*. Voilà le mot qui, dans le conseil de la Couronne tenu à Potsdam le 29 juillet, assura au parti militaire sa victoire et détermina l'Empereur à décider la guerre.

II

Les détails que Beyens donne sur la situation au 30 juillet, telle qu'elle lui a été décrite ce même jour à l'Office des Affaires étrangères, sont intéressants et neufs :

> L'Autriche répondra par une mobilisation générale de son armée à la mobilisation partielle de la Russie. Il est à craindre que celle-ci ne mobilise alors toutes ses forces, ce qui obligerait l'Allemagne à en faire autant. (Beyens, *op. cit.* p. 299.)

L'information donnée par l'Office des Affaires étrangères est confirmée par les déclarations presque textuellement identiques que M. de Jagow fit le même jour à l'ambassadeur français (Livre jaune, n° 109, alinéa 3). Voilà qui corrobore d'une façon importante les preuves que j'ai données ailleurs [1] sur *l'ordre suivant lequel les mobilisations se sont succédé :* la mobilisation partielle de la Russie, qui était une conséquence de la mobilisation partielle de l'Autriche et de la guerre austro-serbe, fut suivie, dans la nuit du 30 au 31 juillet, par la mobilisation générale autrichienne. Celle-ci fut suivie à son tour, le 31 juillet, par la mobilisation générale de la Russie, à laquelle succédèrent en Allemagne, le même jour, « la proclamation du danger de guerre », et le lendemain la mobilisation générale allemande.

Cet ordre chronologique des mobilisations, tel que je l'avais prouvé, documents en mains, que l'ambassadeur belge vient maintenant confirmer et que ces messieurs de la Wilhelmstrasse avaient annoncé d'*avance* en présence de plusieurs témoins, enlève son dernier soutien — ainsi que je l'ai déjà exposé plus haut — à la légende allemande d'une agression russe et, par suite, à la culpabilité de la Russie en ce qui concerne le déchaînement de la guerre. Même si l'on veut voir un *casus belli* dans une mobilisation générale, — *mesure de sûreté* qui *peut* être prise parallèlement aux plus grands efforts en vue de maintenir la paix, et qui dans le cas présent *a été* prise parallèlement à des efforts de ce genre — c'est l'Autriche qui a fourni le motif de guerre par sa mobilisation générale *antérieure* aux autres, et non point la Russie, qui n'a fait que répondre à la mobilisation autrichienne [1]. Même si l'on voulait — à l'exemple de plusieurs écrivains allemands — faire coïncider la mobilisation générale de l'Autriche avec celle de la Russie, et accepter en même temps la théorie prusso-militariste suivant laquelle mobilisation équivaut à guerre, sans tenir

---

[1] Voir *Le Crime*, I, p. **324** et suiv.

[1] Voir, sur toutes les questions de détail qui se rattachent à la mobilisation russe, la brochure que j'ai publiée en janvier 1918 : *Die Enthüllungen des Prozesses Suchomlinow.* (Ed. W. Trösch, Olten).

compte de l'attitude diplomatique de l'Etat qui mobilise, — même
en partant de ces prémisses qu'on ne saurait défendre ni en pratique ni en théorie, il serait inadmissible de tirer de la mobilisation *simultanée* de l'Autriche et de la Russie des conclusions à
la charge de cette dernière. Beyens attire, lui aussi — et avec
raison, — l'attention sur les précédentes crises des Balkans,
pendant lesquelles l'Autriche et la Russie se sont armées et sont
restées prêtes à la guerre en face l'une de l'autre plusieurs mois
durant, sans qu'aucune des parties ait vu *dans la mobilisation
de l'autre un casus belli*, et sans en venir effectivement aux prises.
Beyens vit, — lui aussi, — comme une lueur d'espoir pour le
maintien de la paix dans la reprise des relations directes entre
Vienne et Saint-Pétersbourg, — lueur d'espoir que seule la volonté arrêtée de l'Empereur et de ses conseillers militaires de
faire la guerre a pu faire rentrer dans l'ombre :

On avait compté sans l'Empereur allemand. Il ne l'entendait pas ainsi.
Subitement, sur les incitations de l'état-major et après une réunion du Conseil
fédéral prescrite par la Constitution, il lança le décret du « Kriegsgefahr-
zustand », l'état de danger de guerre, premier acte de la mobilisation générale.
(Beyens, *op. cit.* p. 300.)

Le fidèle *Lokal-Anzeiger* qui, la veille — le 30 juillet, — avait
divulgué prématurément les résolutions du conseil de la Couronne
de Potsdam, qui avait annoncé la mobilisation générale de l'armée
et de la flotte et qui, pour ces raisons (car on avait intérêt à ce
moment-là à tenir encore la vérité cachée), avait été confisqué [1],
— le *Lokal-Anzeiger* publia le 31 juillet après-midi, dans une édition spéciale, cette nouvelle qui se répandit dans la ville avec la
rapidité de l'éclair : la Russie veut la guerre. La mobilisation
générale de l'armée et de la flotte a été ordonnée à Saint-Pétersbourg. C'est pourquoi l'Empereur Guillaume a proclamé l'immi-
nence du danger de guerre — en réponse à la provocation de
l'Allemagne par la Russie.

J'ai déjà parlé ailleurs des vains efforts tentés par Jagow et
Zimmermann pour retarder encore la mobilisation générale de
l'Allemagne — décrétée, comme on le sait, le 1er août, à 5 heures
du soir — et de la résistance inébranlable que le ministre de la
Guerre et les chefs de l'armée opposèrent à tout ajournement de
cette mobilisation.

---

[1] Voir Livre orange, n° 62.

Il faut relever, dans ce dernier acte de la tragédie, l'éloge mérité que Beyens adresse à l'*ambassadeur français pour son attitude* pendant toute la crise. « L'attitude de M. Cambon a été admirable. Rien n'a pu altérer, pendant ces terribles journées, son sang-froid, sa présence d'esprit et sa perspicacité » (p. 303). Goschen, qui quitta Berlin simultanément, paye à son collègue le même tribut d'éloges.

III

Les *discours de l'Empereur allemand et du chancelier au peuple berlinois*, le soir du 31 juillet, sont qualifiés de « trompeurs », et les publications du gouvernement allemand de « truquées », — truquées dans le but

d'allumer un patriotisme plutôt lent à s'enflammer..... Si la masse du peuple allemand, ignorante des intentions pacifiques de la Russie, a été facile à abuser, il n'y a pas là de quoi nous étonner. Mais les classes supérieures, mais les esprits avertis n'ont pas pu être dupes des mensonges officiels. Le gouvernement du Tsar, — ils le savaient aussi bien que nous, — avait un intérêt capital à ne pas entamer la lutte. En vérité, il est puéril de discuter cette question. Encore une fois, dans le calcul de Guillaume II et de ses généraux, l'affaire serbe a été un piège tendu à l'Empire du Nord, avant que la croissance de ses forces militaires en eût fait un adversaire invincible. (Beyens, *op. cit.* p. 305.)

IV

Beyens examine aussi la question, très débattue, de savoir si *l'Angleterre, en prenant immédiatement position* aux côtés des Puissances de l'Entente comme elle en avait été priée — on le sait, — dès le début, par la Russie et la France, aurait réussi à intimider l'Allemagne et à la faire renoncer à ses entreprises guerrières. Le diplomate belge incline à croire que la tactique de Grey de ne promettre ni son appui à l'une des parties ni sa neutralité à l'autre, était à tout prendre la meilleure : si l'Angleterre s'était dès le commencement prononcée contre l'Allemagne et l'Autriche — intervenant donc en partie intéressée et non en médiatrice loyale pour la sauvegarde de la paix, — elle eût irrité plus que jamais le furor teutonicus qu'Agadir avait fait connaître ; et l'Empereur, dans l'intérêt de son prestige et de sa popularité, eût poussé à une ouverture plus prompte encore des hostilités. Sans parler de ces considérations de politique étrangère, Beyens reconnaît aussi les difficultés que le Gouvernement anglais rencontrait dans son propre pays, dans l'opinion

publique, au Parlement et même au ministère. Si le gouvernement de la Grande-Bretagne avait pris parti pour les Puissances
de l'Entente alors que le conflit avait encore le caractère d'un
conflit balkanique, il n'aurait jamais obtenu l'approbation de
l'opinion publique et du Parlement en Angleterre. Lorsque la
guerre *européenne* eut éclaté, que les intérêts de toutes les Grandes
Puissances — la Grande-Bretagne y comprise — eurent été mis
en jeu, que l'existence de la France en tant que Grande Puissance
fut menacée, et que la neutralité belge eut été violée, — alors,
mais alors seulement — le gouvernement anglais put être sûr
de rencontrer l'assentiment presque unanime du pays, en déclarant la guerre à l'auteur inconsidéré du conflit, au violateur de
la neutralité.

Tout l'exposé du diplomate belge touchant la politique de
Grey part — bien entendu — de la conviction toute naturelle
que *personne n'a voulu et désiré le maintien de la paix plus sincèrement et plus sérieusement que le gouvernement anglais*. Sa critique
ne porte que sur l'*opportunité des moyens* qui devaient conduire
à ce but. Il stigmatise dans les termes les plus vifs l'effort que font
les hommes d'État allemands et leur presse pour mettre au compte
de l'Angleterre des intentions belliqueuses et un complot de
guerre contre l'Allemagne. « Les préliminaires de la guerre actuelle ont montré l'honnêteté et les scrupules de la diplomatie
anglaise à côté de la mauvaise foi de la diplomatie germanique ;
ils ont mis en belle lumière la loyauté de la Grande-Bretagne
et de ses ministres au regard de la duplicité de l'Allemagne et de
ses fonctionnaires impériaux. »

La neutralité belge.

Il va de soi que le diplomate belge traite en détail la question
de la neutralité belge, de sa violation par l'Allemagne et des
prétendus motifs par lesquels on prétend la justifier. Ici encore,
je peux me contenter de relever quelques points intéressants,
puisque j'ai examiné ces questions tout au long, ailleurs déjà.

*La Belgique, pays soumis
au régime parlementaire.*

Beyens réfute l'invention mensongère suivant laquelle la Belgique aurait ourdi avec l'Angleterre et la France, depuis plusieurs années déjà, un complot dirigé contre l'Allemagne ; il se sert à cet effet des mêmes arguments dont je me suis servi en traitant cette question au cours de mes ouvrages. Mais il attire encore l'attention spéciale du lecteur sur le fait que *la Belgique est un pays strictement parlementaire,* où tout acte gouvernemental du monarque doit porter, pour être valable, le contre-seing des ministres (art. 64 de la Constitution), le cabinet des ministres étant, à son tour, responsable de ses actes devant le Parlement. Le roi Léopold ou le roi Albert eussent-ils même voulu passer avec l'Angleterre ou la France un contrat aussi déloyal, aussi contraire à leur neutralité et à tous leurs intérêts, « *ni l'un ni l'autre n'aurait trouvé de ministre pour une convention occulte de ce genre* » (p. 312). La Belgique a montré le même esprit amical et confiant à l'égard de toutes les Puissances, et même une convention militaire telle que l'autorise le droit des gens — à savoir conclue dans le seul but de *défendre* un pays neutre contre une agression gratuite — n'eût jamais rencontré l'assentiment d'un ministre belge ou du Parlement belge.

Réfutant l'accusation allemande de complot pour autant qu'elle invoque l'entretien de l'attaché militaire anglais Bridges et du général belge Jungbluth (en avril 1912), Beyens mentionne un fait intéressant et encore inédit. Jungbluth avait été prié d'assister aux manœuvres anglaises qui eurent lieu dans l'année 1912, *après* cet entretien : il déclina l'invitation pour prévenir toutes les interprétations malveillantes auxquelles aurait pu donner lieu la présence d'un général belge aux manœuvres anglaises.

La « perfidie » belge.

Comme on le sait, le 4 août 1914, M. de Bethmann a franchement reconnu — et sans réserve — le tort commis envers la Belgique. Dans la suite, lorsqu'on eut fouillé avec quelque succès les archives de Bruxelles, il modifia ses déclarations du 4 août, qui, toutes brutales qu'elles étaient, étaient du moins sincères, en déclarant qu'à cette époque il possédait déjà des *indices* de la trahison belge, mais qu'il venait d'en découvrir les *preuves.*

Beyens a raison de relever le peu de créance que méritent les paroles de Bethmann. Si le chancelier de l'Empire avait été en possession, le 4 août, du plus petit, du plus faible indice de la trahison belge, il n'aurait certainement pas négligé d'en faire état pour excuser l'acte de l'Allemagne. De même, M. de Jagow, répondant, au matin du 4 août, à Beyens qui lui demandait raison de l'invasion de la Belgique, ne se serait pas contenté d'invoquer la *nécessité stratégique* de l'agression allemande ; il n'aurait pas davantage approuvé — comme simple « particulier » — la réponse négative de la Belgique à l'ultimatum allemand, s'il avait eu connaissance d'une démarche quelconque du gouvernement belge susceptible de justifier ou même d'excuser seulement le procédé allemand. Non ; la mise au point et l'interprétation trompeuse de cette trouvaille en fait de documents ne marque qu'une étape de plus sur la voie du mensonge dans laquelle monarque et hommes d'Etat allemands se sont engagés, sans scrupules ni conscience, le 31 juillet 1914, le jour même qui a vu naître la dernière « guerre de libération » allemande :

> Entré résolument dans la voie du mensonge, afin de repêcher du naufrage l'honneur de son pays, M. de Bethmann-Hollweg y a fait rapidement des progrès étonnants. A des journalistes américains, débarqués à Berlin à la recherche de la vérité sur les horreurs de cette guerre, il a eu le triste courage de raconter que des jeunes filles belges, après les premiers combats, s'amusaient à crever les yeux des blessés allemands. Avait-il vraiment conscience de l'infamie de cette accusation sans preuves ? Toute l'honnêteté privée du philosophe de Hohen-Finow ne le lavera pas de ses calomnies politiques· (**Bey**ens, *op. cit.* p. 318.)

La loi militaire belge.

En mai 1913, le Parlement belge vota une loi introduisant le *service militaire universel* et renforçant, par suite, dans une proportion notable, la force de l'armée en temps de paix comme en temps de guerre. Au cours d'une séance secrète de la Chambre des députés, le ministre de la Guerre d'alors, M. de Broqueville, avait attiré l'attention sur les plans de l'état-major allemand, plans connus de tous les états-majors d'Europe, et qui prévoyaient le passage par la Belgique pour attaquer la France. Beyens, à cette époque ambassadeur à Berlin depuis un an environ, rapporte l'impression fâcheuse que le renforcement de l'armée belge avait faite parmi les officiers allemands. Si à ce moment-là l'état-major allemand n'avait pas été fermement décidé déjà à envahir ce pays neutre, de gré ou de force, si l'Allemagne n'avait vraiment tenu qu'à être couverte *défensivement* contre la France au Nord-Ouest, on n'aurait pu que se réjouir à Berlin de l'accroissement des mesures de sûreté belges. L'empereur Guillaume ne s'était-il pas plaint, lors de sa visite en Suisse, en automne 1912, de la défense insuffisante de son Empire au Nord-Ouest, alors qu'il considérait la protection que la Confédération suisse lui offrait au Sud comme présentant toutes les garanties de sécurité ? Si, malgré cela, le renforcement de l'armée belge a été vu d'un mauvais œil dans les milieux militaires allemands, cela provient de ce qu'on y songeait non pas à *se défendre contre la France*, mais à marcher sans résistance à travers la Belgique pour *écraser la France*. Par des démonstrations d'affection, par des paroles flatteuses, par des amabilités personnelles du « charmeur » impérial, finalement aussi par l'évocation menaçante que fit de l'enthousiasme irrésistible du peuple allemand le chef de l'état-major de Moltke [1], on chercha à préparer insensiblement les Belges « à la boucherie », à les habituer peu à peu à cette idée qu'il vaudrait mieux et serait plus avisé de se soumettre au colosse allemand que de lui opposer une résistance inutile. Tous ces calculs et ces tentatives d'exercer une influence ayant échoué, on se vengea de ses désillusions sur la malheureuse victime, qu'on ne dépouilla pas seulement de son sol, de sa liberté et de son indépendance, mais qu'on chercha encore à faire mourir par d'innombrables tortures.

Le marchandage dont la Belgique fut l'objet.

Beyens note consciencieusement les différentes étapes du *marchandage entamé par M. de Bethmann avec l'Angleterre au sujet de la neutralité belge*, et relève avec raison l'infamie qu'il y avait de la part de l'Allemagne à poursuivre toutes ces négociations derrière le dos de la victime désignée, *à l'insu du Gouvernement belge*, qui a été éclairé et mis en garde contre ce qui se passait par l'Angleterre seulement.

a) D'après la première offre de Bethmann, du 29 juillet (Livre bleu, n° 85), l'« intégrité » de la Belgique serait respectée « si ce pays ne se rangeait pas contre l'Allemagne ».

b) Dans l'ultimatum du 2 août (Livre gris I, n° 20), « le royaume de Belgique et ses possessions dans toute leur étendue » sont garantis au cas où il observera une « neutralité amicale ». Par contre, on prévoyait que la Belgique serait traitée « en ennemie », au cas où « elle s'opposerait par la force au passage des troupes allemandes ».

[1] Voir Livre jaune n° 6 : rapport Cambon du 22 novembre 1913 sur la visite du roi Albert à la Cour impériale d'Allemagne.

c) Dans la note adressée par Jagow à Lichnowsky le 4 août (Livre bleu, n° 157), l'Allemagne modifie de nouveau ses promesses en ce que, cette fois, « *même en cas de conflit armé avec la Belgique, elle s'engage à n'annexer sous aucun prétexte du territoire belge* ».

d) Dans le discours prononcé par le chancelier de l'Empire le 4 août après-midi, alors que la résistance armée de la Belgique était déjà un fait accompli, on donnait cependant l'assurance que « le tort serait redressé » et qu'on « ne porterait atteinte ni à l'intégrité territoriale ni à l'indépendance de la Belgique », au cas où l'Angleterre resterait neutre.

Je me suis déjà occupé ailleurs de cette série d'offres et d'assurances sans cesse modifiées. Même si ces promesses n'étaient pas parties de l'Allemagne, pays qui viole ses traités, le fait que, pareilles au caméléon, elles changeaient sans cesse d'aspect, suffirait à lui seul pour leur ôter toute valeur. *Depuis lors, on a pu voir qu'elles n'avaient en effet aucune valeur quelconque.* D'après l'esprit comme d'après la lettre de la dépêche mentionnée plus haut, de Jagow à Lichnowsky, le 4 août, toute idée d'annexion du territoire belge, sous quelque prétexte que ce fût (under no pretence whatever), était exclue du côté allemand. *La promesse de Jagow n'était en aucune façon liée à la neutralité anglaise.* Malgré cela, les instances d'Allemagne auxquelles appartient *la décision suprême* considèrent aujourd'hui cette promesse de l'intégrité belge, faite le 4 août 1914, comme un chiffon de papier, au même titre que le traité de neutralité de 1839, et ne songent pas le moins du monde à se laisser arrêter dans leurs projets d'annexion par un engagement de ce genre.

La Hollande menacée.

L'allusion de la dépêche de Jagow à la Hollande me paraît importante et particulièrement digne de mention. A ma connaissance, ce point n'a pas encore été mis en relief dans la littérature de guerre comme il le mérite, pas même dans la presse néerlandaise, bien que la question intéresse au plus haut degré l'avenir de la Hollande.

Jagow atteste la sincérité de ses promesses relativement à la non-annexion du territoire belge, en ces termes :

L'engagement solennel que nous avons pris à l'égard de la Hollande de respecter strictement sa neutralité constitue la preuve de la sincérité de la déclaration sus-énoncée. Il est évident, en effet, qu'il ne nous serait pas possible de tirer un profit quelconque d'une annexion de territoire belge *sans nous agrandir en même temps aux dépens de la Hollande.* (Livre bleu, n° 157.)

Cette argumentation — parfaitement logique en elle-même — ouvre de fort troublantes perspectives pour l'avenir de la Hollande. L'annexion totale ou partielle de la Belgique sous une forme plus ou moins dissimulée est — ainsi que je l'ai prouvé ailleurs [1] — chose depuis longtemps décidée dans les sphères déterminantes d'Allemagne ; la question est seulement de savoir si et en quelle mesure le cours des événements militaires leur offrira la possibilité de mettre à exécution leurs noirs desseins à l'égard de la Belgique. Mais si elles réussissent sur ce point, il me semble — précisément en raison de l'argumentation contenue dans la note du 4 août, — que *l'indépendance et l'intégrité de la Hollande sont également dans le plus grand danger.*

La première injustice en entraînerait une seconde, à ce que l'on peut présumer ; suivant l'exemple de Jagow, les annexionnistes allemands diraient : A quoi bon un couteau sans manche ? Que nous sert la Belgique si nous ne nous emparons pas en outre de la Hollande ?

C'est un fait étonnant que, dans ce pays neutre étrangement menacé — dans le royaume de Hollande, — il y ait encore des gens qui ne voient pas ou ne veuillent pas voir les dangers qu'une victoire allemande offrirait pour leur pays. Le livre *J'accuse* a eu, comme on le sait, un succès sensationnel en Hollande ; en quelques semaines plus de 40 000 exemplaires de l'édition hollandaise ont été vendus. Malgré cela, il s'est trouvé, là-bas aussi, des gens d'une crédulité assez aveugle — la plupart des intellectuels — pour ne vouloir pas reconnaître les vérités contenues dans mon ouvrage et mettre en œuvre contre l'auteur leur plus lourde artillerie, quelques-uns même de grossières injures. L'un des plus aveugles de mes adversaires, un médecin d'Amsterdam, a été jusqu'à me contester la qualité d'« Allemand ami de la vérité » et m'a traité de « sujet de peu de valeur ». Je passe en souriant par-dessus toutes les attaques dont j'ai été l'objet, avec l'assurance certaine, non seulement d'avoir subjectivement cherché la vérité, mais encore de l'avoir objectivement trouvée et proclamée. Je plains ces malheureux ressortissants d'un pays librement démocratique, resté à l'abri jusqu'ici du pangermanisme

---

[1] Voir *Le Crime*, tome III, Section « Buts de guerre ».

et du prussianisme, qui ne savent pas mieux défendre et estimer
l'indépendance conquise dans les siècles passés par leurs ancêtres
au prix de rudes batailles, — ces gens qui, aujourd'hui encore,
après la chute de la Belgique, ne veulent pas voir de *quel* côté les
plus grands dangers menacent leur patrie, — ces gens qui, semblables en cela au peuple allemand *et comme s'ils étaient déjà des
Allemands*, se sont laissé prendre au mensonge d'une guerre
« défensive » allemande, de la trahison belge, etc. Ils ne recon-
naîtront leur erreur, je le crains, que lorsqu'on leur aura mis,
à eux aussi, le couteau sur la gorge, menaçant leur indépendance
et leur liberté. L'aveu — inconscient — de Jagow devrait ouvrir
les yeux à ces aveugles par trop confiants.

* * *

C'est un fait universellement connu que les annexionnistes
d'Allemagne avaient depuis longtemps — avant la guerre déjà —
jeté leur dévolu *non seulement sur la Belgique, mais encore sur
la Hollande.* Si la Belgique avait cédé aux exigences de l'ultimatum allemand, si elle n'avait opposé aucune résistance au
passage des troupes allemandes et avait observé la « neutralité
amicale » qu'on réclamait d'elle, selon toute probabilité, une fois
la guerre victorieusement terminée, on eût prié les Belges, à titre
de remerciement pour leur soumission, sur un ton aussi aimable
que pressant, de s'unir tout d'abord à l'Empire allemand en
entrant dans l'union douanière allemande, pour sacrifier ensuite
sur l'autel du grand empire voisin, outre l'indépendance économique de leur pays, son indépendance politique et militaire.
Quant à ce gros fardeau du Congo qui, d'après les théories bien
connues de Bernhardi et de Jagow, était beaucoup trop lourd
pour un État neutre d'aussi petite étendue, l'Atlas allemand l'eût
aussi, par amabilité, chargé sur ses robustes épaules. Maintenant,
la Belgique ayant fait résistance et défendu, les armes à la main,
son honneur et son indépendance, on veut (reste à savoir si on
le *pourra !*) abréger ce moyen, un peu trop lent, d'étrangler la
Belgique : on se propose d'obstruer d'*un seul coup* la « porte d'entrée » de l'armée anglo-française et d'incorporer au territoire
allemand son « terrain de déploiement ». Quant aux Hollandais,
en cas de victoire allemande, ils ont en perspective, selon toute
vraisemblance, — et point n'est besoin d'être prophète pour
prévoir leur avenir, — le procédé de *lent* étranglement qu'on
eût appliqué à une Belgique *accommodante.*

Les bouches du Rhin, le plus grand des fleuves allemands, doivent, par droit et par nature, faire partie du territoire allemand. C'est là un vieux postulat du pangermanisme. La côte de la mer du Nord, en possession de laquelle l'Allemagne entrerait de ce fait, est nécessaire pour compléter les accès insuffisants de l'Almagne à l'Océan. Les vieux empereurs d'Allemagne ont, eux aussi, considéré les Pays-Bas comme une de leurs sphères de souveraineté les plus précieuses. Pour réaliser les rêves pangermanistes se présentera-t-il jamais une occasion aussi favorable qu'à l'heure où une guerre victorieuse nous aura rendus maîtres du port d'Anvers et de la côte belge ? Ce sont là, non point rêves d'hallucinés, mais pensées et intentions très positives ; le sous-secrétaire d'Etat (dans la suite secrétaire d'Etat) aux Affaires étrangères, Zimmermann, l'a clairement donné à entendre au cours d'un entretien qu'il a eu avec le socialiste hollandais Troelstra. Il a probablement regretté lui-même son indiscrétion, après qu'elle eut franchi la barrière de ses dents ; mais les indices ne manquent pas qui portent à croire que, dans les sphères dirigeantes, on nourrit la pensée et l'espoir d'inviter très poliment le royaume de Hollande, après une guerre victorieuse, à entrer tout d'abord dans l'union douanière allemande, tout le reste devant suivre de soi-même, conformément au programme d'« entente » indiqué plus haut pour la Belgique.

Dans la période qui a précédé la guerre, la littérature pangermaniste, ainsi que je l'ai déjà dit, a fait de l'*annexion graduelle de la Hollande* un des points essentiels du programme concernant cette « Plus grande Allemagne » que l'on rêve d'édifier. *Pendant* la guerre actuelle, il est vrai, les pangermanistes se sont montrés plus prudents sous ce rapport que plusieurs personnalités officielles, telles que, par exemple, le roi Louis de Bavière, qui, dans cette occasion comme souvent, a commis les indiscrétions les plus compromettantes. Le roi Louis, l'« enfant terrible » parmi les princes allemands, l'immortel auteur de cette découverte : que la France et la Russie *nous* ont déclaré la guerre, — le roi Louis, spécialiste dans les questions des eaux, a déclaré ouvertement et officiellement que l'un des buts de guerre allemands était d'entrer en possession des *bouches du Rhin.* Il n'y a qu'un salut pour les Pays-Bas : ils n'échapperont au vasselage de l'Allemagne que si les casques à pointe ne sortent pas vainqueurs de la guerre. Quod Deus bene vertat !

Une lettre du roi Albert.

Un fait inconnu jusqu'ici, que Beyens nous rapporte, mérite encore d'être mentionné : trois jours avant l'ultimatum allemand, le roi Albert *adressa à l'empereur Guillaume une lettre personnelle* dans laquelle il en appelait aux nombreuses protestations d'amitié et aux nombreux témoignages de bienveillance de l'Empereur envers lui-même et envers son pays, et où il exprimait sa confiance de voir la neutralité belge respectée par l'Allemagne. Cette lettre n'a reçu aucune réponse directe. L'ultimatum et l'invasion du pays neutre y ont répondu.

La Belgique meurt, mais ne se rend pas.

Beyens est d'avis que le gouvernement allemand, comme en tant d'autres choses, s'est trompé dans l'appréciation de l'attitude éventuelle de la Belgique à l'égard d'un ultimatum allemand. On aurait compté avec une quasi-certitude sur la soumission du plus faible au plus fort. On aurait compté en Allemagne sans l'héroïsme, le sentiment de l'honneur, l'amour de la liberté et de l'indépendance qu'ont exprimés et manifestés l'attitude de la Belgique et la fierté du geste dont fut repoussée l'offre infâme de l'ultimatum allemand ; — on aurait compté sans cet idéalisme d'un peuple décidé à rester fidèle à ses traités et à son point d'honneur.

La supposition du diplomate belge ne paraît pas manquer de fondement. La nouvelle psychologie allemande est un produit bâtard sorti du sein de la mère Germania et qu'ont engendré le militarisme prussien, l'orgueil de race teuton, et, dans le domaine économique, la suffisance présomptueuse d'un âne qui prendrait fantaisie de s'aventurer sur la glace. Cette psychologie-là considère ses propres ambitions à la puissance comme *le seul idéalisme justifié* et n'a qu'un haussement d'épaules dédaigneux pour les droits et les libertés d'autrui ; elle ne pouvait imaginer que, pareil aux Spartiates contre les Perses, pareil aux Néerlandais contre les Espagnols, un petit peuple, malgré sa faiblesse, courrait aux armes pour la défense de son honneur et de son indépendance, et crierait à l'envahisseur infiniment plus fort : « *La Belgique meurt, mais ne se rend pas !* » La lutte pour l'indépendance que les Prussiens ont soutenue il y a cent ans contre les impérialistes français constitue à juste titre une page glorieuse de l'histoire du peuple prussien, et figure avec raison dans les légendes et les chansons destinées à la jeunesse comme un exemple lumineux d'amour de la patrie. Mais quand ce sont des Belges qui résistent à l'envahisseur allemand, cette même lutte pour la liberté devient une iniquité, un crime qui mérite la mort. Non seulement l'armée belge, mais encore les habitants de la Belgique, leurs biens, leurs maisons, leurs villes, doivent l'expier. Meurtres et incendies, pillages et déportations, n'en sont que le juste châtiment. Tel est le *nouvel idéalisme teuton* dont a été inoculée l'honnête nation allemande pendant le demi-siècle qu'a duré la domination de la Prusse et des Hohenzollern...

Les hommes d'Etat et les militaires allemands n'ont pas cru au *véritable* idéalisme, tel qu'il s'est traduit en fait dans la défense belge du sol de la patrie. Ils s'y attendaient si peu qu'ils ne s'étaient même pas munis d'artillerie lourde pour attaquer Liége et renverser ses puissants forts ; aussi durent-ils, pour parer à cette lacune, faire marcher à un assaut meurtrier trois corps d'armée de l'avant-garde. *D'après Beyens, 36 000 soldats tués ont été les victimes de cette terrible erreur.* Après cette prise d'assaut sanglante, il fallut dix jours pour réorganiser l'armée de siège décimée et pour reprendre la marche en avant avec l'artillerie amenée dans l'intervalle. Ces détails intéressants nous sont rapportés par Beyens. Mais il ne mentionne pas ce fait consolant que le sacrifice de 36 000 vies humaines a procuré au général Emmich le titre de « conquérant de Liége » avec la croix de fer de première classe et un éloge spécial de la bouche même de l'Empereur...

Les principaux acteurs du drame.

Le diplomate belge termine son ouvrage par une fine analyse psychologique des personnalités et des groupements qui sont les principaux acteurs du drame terrifiant auquel nous assistons.

Ecoutons la façon dont il caractérise l'*Empereur Guillaume :*

Un souverain monté très jeune sur le trône le plus en vue de l'Europe, trop sûr déjà de son génie, impatient de gouverner sans lisières et sans tutelle, pacifique par tempérament et par raison, mais d'un pacifisme casqué, cuirassé, qui aimait à s'épancher en paroles inutilement menaçantes. Le même prince, vingt-cinq ans plus tard, gonflé d'orgueil en voyant le développement prodigieux de son pays, auquel il avait certainement contribué par le maintien de la paix, mais converti graduellement aux projets de domination et aux idées de conquêtes qu'on lui soufflait à l'oreille ; mal éclairé, faute de renseignements exacts et d'un bon jugement personnel sur l'état des esprits comme sur les forces de résistance chez ses voisins ; prêt délibérément à saisir la première occasion propice pour déchaîner une guerre où le triomphe lui apparaissait certain et le risque presque nul ; auteur responsable, puisqu'il a en mains la toute-puissance, des calamités et des horreurs de l'heure présente, conséquences d'un militarisme sans entrailles et de l'ambition démesurée d'une dynastie qui se croit appelée à régir le monde. (Beyens, *op. cit.*, p. 353.)

Le diplomate belge caractérise l'état d'esprit de la *nation allemande*, qui s'est laissé entraîner dans la guerre par des agents aussi habiles que dénués de scrupules, avec la même maîtrise que lorsqu'il s'agissait des personnalités qu'il désigne comme étant les séductrices du peuple :

Une nation disciplinée, crédule et laborieuse, préoccupée de son gain journalier, en grande majorité pacifique ou bien indifférente aux événements extérieurs jusqu'au jour où, sur la foi des affirmations officielles, elle s'est crue attaquée, menacée dans son existence, dans son travail et dans son honneur national. Vision mensongère qu'il sera difficile de faire disparaître de ses yeux. Conviction erronée qui la poussera à endurer jusqu'au bout les pires souffrances et à consentir aux sacrifices les plus cruels. L'avenir nous apprendra si elle ne demandera pas plus tard un compte sévère à ceux qui ont abusé de sa bonne foi. (Beyens, *op. cit.*, p. 354.)

Une petite minorité a fourni à l'Empereur et à son entourage militaire la matière morale, le *fondement intellectuel* de leurs plans ; aujourd'hui elle cherche, par des efforts renouvelés de jour en jour, à « démêler » les causes profondes, tant économiques qu'ethnographiques et relevant de la psychologie des peuples, de cet acte de violence d'inspiration absolutiste, militariste et dynastique. Cette minorité, qui constitue l'élite intellectuelle de l'Allemagne, aveuglée par ses ambitions d'école, néglige la surface à force de profondeur ; les arbres lui cachent la forêt, et, parmi toutes les couches du peuple allemand, elle joue le rôle le plus ridicule, associant au tragique de l'heure le comique de ses tours d'adresse et culbutes professionnels. De cette minorité-là aussi, le diplomate belge expose soigneusement l'origine. Il montre ses rapports avec l'école historique prussienne de Treitschke, Sybel, Droysen, etc., et résume son excellent tableau dans le portrait que voici :

Une minorité, recrutée parmi les classes intellectuelles et dirigeantes, rêvant de victoires et d'agrandissements, passionnément désireuse de voir s'élever l'édifice colossal de l'hégémonie germanique, infectée d'une haine ou d'un mépris sans bornes pour ceux qui n'ont pas l'honneur d'être allemands. Dès l'ouverture des hostilités, l'orgueil hypertrophié des professeurs et des savants s'est dévoilé, précisé dans des déclarations stupéfiantes sur les droits que confèrent à l'Allemagne sa science, son organisation, sa force et sa culture supérieure. Mais on aurait tort, selon moi, de penser que cette sélection personnifie en soi la nation et la race, comme de rendre toute l'Allemagne responsable des crimes commis par des soudards et de la guerre effroyable menée sur l'ordre des chefs de l'armée et de la marine. (Beyens, *op. cit.*, p. 355.)

* * *

Le livre de Beyens se termine par les perspectives les plus pessimistes à l'égard de l'avenir de l'Allemagne, qui n'est point encore près de s'éveiller de son rêve tragique de triomphe et de suprématie mondiale. Le patriote belge envisage le sort futur de son propre pays avec d'autant plus de sérénité et de confiance. Aucun Belge, — qu'il ait dû prendre le chemin de l'exil, ou qu'il poursuive une existence digne de compassion sous la domination de l'oppresseur, — aucun Belge, dit-il, ne doit perdre courage.

Un jour viendra, peut-être dans longtemps seulement, mais un jour viendra infailliblement où les cloches des hôtels de ville et des églises sonneront l'heure de la liberté. Le colosse de fer qui a écrasé le malheureux pays sera renversé et, avec une ferveur plus grande que jamais, la mère commune pressera sur son sein ses fils maltraités et dispersés. Et la patrie leur sera d'autant plus chère qu'ils auront plus amèrement souffert et plus vaillamment triomphé de leurs souffrances pour elle.

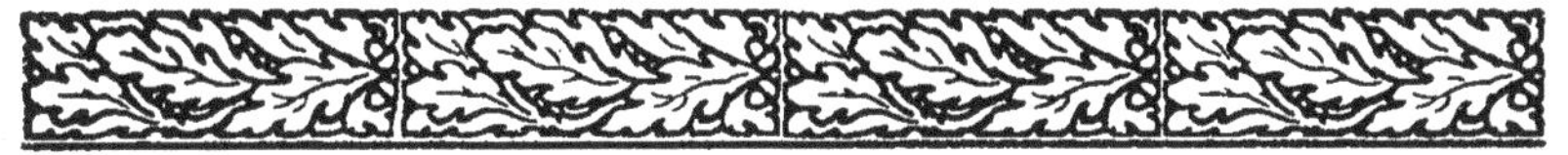

IV

Considérations finales.

Je puis résumer le résultat de mon examen des *Documents belges* dans les propositions suivantes :

1. Le recueil de « documents belges » publié par l'Office des Affaires étrangères de Berlin *a été composé de façon tendancieuse et présente des lacunes ;* il contient les rapports de trois capitales seulement, Berlin, Paris et Londres, mais pas un seul de Saint-Pétersbourg, Vienne et Rome. Les rapports mêmes des trois capitales sus-mentionnées ne sont pas complets, et ont été choisis dans le seul but de livrer à la publicité tout ce qui parle en faveur de l'Allemagne et de supprimer tout ce qui parle en sa défaveur. Si des éléments défavorables figurent dans les rapports, c'est qu'ils n'ont pu être supprimés : car on pouvait à son gré laisser de côté des documents entiers, mais non retrancher certains passages de ceux que l'on publiait.

2. Ce recueil de rapports, tout tendancieux et incomplet qu'il est, n'offre pas la moindre preuve du fait que les Puissances de l'Entente, séparément ou dans leur ensemble, aient jamais manifesté, voire même entretenu des *intentions d'agression belliqueuse* à l'égard des Puissances centrales. Le but du rapprochement entre pays de l'Entente — même si l'on veut voir dans le recueil de rapports belges, tel que nous le possédons, l'opinion de la diplomatie belge, — n'était point l'écrasement économique, politique ou même militaire de l'Allemagne ; c'était la création d'*un contre-poids diplomatique et militaire* aux attaques et aux dangers qui — à ce que pensaient et craignaient les gouvernements ententistes, — menaçaient la paix et l'équilibre européens du côté de l'Allemagne. Le but véritable de la Triple-Entente

n'était point d'établir la prépondérance des puissances de l'Entente, mais de maintenir l'équilibre entre grandes puissances européennes, — non point d'écraser ou d'étrangler l'Allemagne, mais de ramener cette puissance prépondérante sur le terrain de l'égalité des droits et des intérêts de toutes les puissances.

3. Les rapports d'ambassade belges, s'arrêtant bien avant l'ultimatum autrichien, ne fournissent aucun éclaircissement ni aucun jugement sur la crise qui a conduit à la guerre européenne actuelle. Ils ne sauraient donc servir de fondement à l'assertion que l'Allemagne a été assaillie et qu'elle fait une *guerre défensive*. Mais ils ne peuvent pas servir davantage à justifier une *guerre préventive*, puisque celle-ci présuppose nécessairement chez l'adversaire *l'intention* de l'agression, et que les ambassadeurs belges ne parlent nulle part d'une intention de ce genre, et n'y font même pas allusion.

4. Le seul fait qui ressorte des rapports belges, c'est l'existence, entre les grandes puissances, d'un état de *tension*, vieux de plusieurs années et allant sans cesse croissant. Comme il est naturel, les ambassadeurs belges soulèvent à plusieurs reprises dans leurs rapports cette question : Qui est responsable de cet état de tension ? Qui en est le plus, qui en est le moins responsable ? Même au cas où la réponse à ces questions serait défavorable à l'Entente, favorable à l'Allemagne et à l'Autriche, il n'en découlerait pas pour l'Allemagne le droit de *résoudre cette tension diplomatique par le moyen de la guerre*, de trancher le nœud gordien au lieu de le défaire. Mais la réponse des diplomates belges à ces questions n'est point celle du tout que je viens de supposer. Les extraits que j'ai rassemblés dans cet ouvrage, dont j'ai ouvertement reconnu le caractère tendancieux, que d'ailleurs j'ai expressément opposé au recueil également tendancieux du gouvernement allemand, — ces extraits, dis-je, prouvent que, même dans cette collection de documents incomplète, on peut trouver pour le moins autant d'éléments rendant les Puissances centrales responsables de l'état de tension européen que d'éléments accusant les Puissances de l'Entente.

Même si nous ne voulions prendre en considération que les cent dix-neuf rapports d'ambassade publiés par le gouvernement allemand, même si nous voulions ne tenir compte d'aucune des objections justifiées que l'on fait à cette publication, nous aboutirions cependant, en mettant les choses au pire, au résultat que voici : En ce qui concerne *l'état de tension* européen des années qui ont précédé la guerre, *toutes* les grandes puissances, celles de la Triple-Alliance comme celles de la Triple-Entente, portent à peu près la *même* part de responsabilités. En ce qui touche au déchaînement de la *guerre* européenne par contre, les puissances centrales resteraient, après comme avant, les *seules* responsables. Les charges de la période la plus *lointaine* de l'avant-guerre se compenseraient ; celles de la période qui a précédé *immédiatement* le conflit constitueraient un solde débiteur à la charge des Puissances centrales exclusivement.

Telle est la conclusion — déchargeant les Puissances centrales pour la période la plus ancienne de l'avant-guerre seulement — à laquelle on aboutit en ne prenant en considération, comme moyen de preuve, que le seul recueil de rapports allemand — tel que nous le possédons. Mais, si l'on examine l'histoire européenne des dernières décades à l'aide de *tous* les documents dont nous disposons, nous arrivons également à un résultat défavorable pour l'Allemagne et l'Autriche en ce qui concerne les *antécédents éloignés* de la guerre.

Dans l'un et l'autre de mes ouvrages où j'accuse les Puissances centrales, j'ai consacré de longs chapitres à l'« histoire des antécédents du crime [1] » et j'y ai démontré que l'Allemagne et l'Autriche, outre le fait qu'elles ont été les *seules* responsables du déchaînement du conflit, portent aussi la part de beaucoup *la plus lourde* des responsabilités pour l'état de tension qui a préparé le terrain à la guerre actuelle et l'a rendue possible. Cet excédent de culpabilité serait très probablement ressorti des rapports d'ambassade belges également si on les avait publiés dans leur *totalité*, sans supprimer ceux de certaines capitales et sans procéder à un choix tendancieux. Nous aurions alors, de l'époque *lointaine* de l'avant-guerre, un tableau d'ensemble qui n'aurait pas été faussé ; et, selon toute probabilité, au lieu d'une compensation apparente des différents comptes, nous nous trouverions en présence d'*un solde débiteur énorme* au nom de l'Allemagne et de l'Autriche.

5. Il n'est pas loisible de diviser les témoignages, suivant qu'ils sont favorables ou défavorables à l'une ou l'autre des parties. Devant le tribunal, le témoin appartient *en commun* aux deux parties, quelle que soit celle qui l'a invité à comparaître. Accusation et défense doivent reconnaître la validité de *toutes* ses dépositions — réserve faite pour la critique des détails. Ce principe, universellement reconnu en matière de procédure, est aussi appli-

---

[1] Voir *J'Accuse*, p. 25-101 ; *Le Crime*, tome II, p. 11-407.

cable au grand procès criminel qui doit établir les responsabilités de la guerre actuelle. Qui cite les rapports d'ambassade belges — choisis par lui-même — comme témoins à sa décharge, doit également reconnaître la validité d'autres rapports de ces mêmes ambassadeurs qui témoignent contre lui. Les notes publiées dans les Livres gris I et II proviennent — en ce qui regarde les trois capitales de Berlin, Londres et Paris — des mêmes personnalités dont les rapports figurent dans le recueil allemand. Le gouvernement allemand doit reconnaître sans autres la validité du témoignage que portent contre lui les rapports des Livres gris émanant de ses *propres* témoins. Mais il faut encore qu'il reconnaisse, comme témoins dignes de foi, les rapports d'*autres* ambassadeurs dans d'*autres* capitales que la collection allemande laisse complètement de côté ; il ne saurait en effet qualifier de « diplomates exposant la politique internationale en toute objectivité » un groupe de diplomates belges, et refuser ce titre à l'autre groupe.

Tandis que le recueil de documents allemand concerne uniquement les antécédents *les plus éloignés* de la guerre et aborde à peine les tout premiers débuts de la crise aiguë de l'été 1914 (le dernier rapport porte la date du 2 juillet 1914), les Livres gris belges s'occupent presque exclusivement de l'*histoire proprement dite du conflit*, commençant avec l'ultimatum autrichien du 23 juillet 1914 et se terminant par l'invasion de la Belgique le 4 août. Le recueil allemand traite ce que j'ai appelé dans mes ouvrages les « antécédents du crime », les Livres gris ce que j'ai nommé « le crime ». Quiconque est digne de foi quand il s'agit des antécédents du crime doit l'être également pour l'*histoire* même du crime. Pour donner un *tableau d'ensemble* des opinions des diplomates belges à l'endroit de la guerre et de ses antécédents, il était donc indispensable de compléter le recueil de rapports publié par le gouvernement allemand par les Livres gris et par l'ouvrage du dernier ambassadeur belge à Berlin, plus tard président des ministres, le baron Beyens.

Mais que ressort-il des Livres gris et de l'ouvrage de Beyens ?

La condamnation absolue de l'Allemagne et de l'Autriche comme auteurs responsables du conflit, l'acquittement absolu de l'Angleterre, de la Russie et de la France. Aucune indécision, aucun partage indulgent des ombres et des lumières, aucune préoccupation de répartir les charges de façon à ce qu'elles se compensent, pas de « non liquet ». Non, la sentence unanime de tous les ambassadeurs belges tombe comme le marteau qui frappe à coup sûr :

L'Allemagne et l'Autriche sont seules et exclusivement coupables d'avoir consciemment et intentionnellement provoqué la guerre européenne.

* * *

Le résultat de mon examen des *Documents belges* causera nécessairement une amère désillusion à ces messieurs de l'Office des Affaires étrangères qui ont fouillé les archives de Bruxelles pour y trouver des preuves de l'innocence de l'Allemagne. Le « gros morceau » par lequel on espérait fermer la bouche à l'opinion publique en Europe s'est changé en une misérable et maigre chère de guerre. De la *décharge* qu'on espérait est née une nouvelle *charge* écrasante. Aux accusateurs déjà trop nombreux des pays ennemis et neutres sont venus s'ajouter de nouveaux accusateurs, plus impitoyables encore. A cette heure, Beyens, Lalaing, Guillaume, que le gouvernement allemand avait cités comme témoins à sa décharge, se présentent à la barre du tribunal mondial sur le même rang que leurs autres collègues et comme témoins accusateurs de l'Allemagne. Or, s'il en est ainsi, les accusés, qui ont choisi leurs seconds d'une manière aussi inconsidérée, n'ont qu'à s'en prendre à eux-mêmes. Comme « l'apprenti sorcier » de Gœthe, qui témérairement avait évoqué les mauvais esprits des eaux et ne pouvait plus les bannir, les criminels, menacés d'être submergés par le flot des preuves accusatrices crieront, gémissants et en se tordant les mains :

> « Herr, die Not ist gross !
> Die ich rief, die Geister,
> Werd'ich nun nicht los. [1]

---

[1] Maître, ma détresse est grande :
Les esprits que j'ai évoqués,
Je ne puis m'en débarrasser maintenant.

Table des matières.

DOCUMENTS BELGES

		Pages
Préface		7
Introduction		9
I.	Les rapports d'ambassade belges.	15
II.	Les Livres gris belges.	131
III.	L'ouvrage du baron Beyens: « L'Allemagne avant la Guerre »	185
IV.	Considérations finales	233

Préface. 7

Introduction . . . . 9—14

I

Les rapports d'ambassade belges.

Les défauts extérieurs des rapports. — Temps, lieu et nombre.
— Les auteurs des rapports. — Les intervalles. — La crise bosnia-
que. — Les négociations anglo-germaniques en vue d'une entente.
— Voyage de Haldane à Berlin. — Un rapport de Greindl absent.
— Le successeur de Greindl, baron Beyens. — Résumé des dé-
fauts extérieurs de la collection. . . . .   15—56

Les défauts intérieurs des rapports. — La situation personnelle
des auteurs des rapports belges. — L' « amour de la vérité » des
diplomates allemands. — La Belgique, victime à dépouiller en
commun. — La légende de l'alliance offensive anglo-belge. . . . .   56—66

Que doivent prouver les rapports ? Que prouvent-ils en réalité ?
— Les rapports révèlent-ils un complot agressif des puissances
de l'Entente ? — Qu'est-ce que c'est que l' « isolement de l'Allemagne ? » — La crainte de l'Allemagne. — L'humeur pacifique
du gouvernement anglais. — L'amour de la paix en France. —
Un acte d'accusation écrasant. — L'amour de la Russie pour la
paix. — But de la Triple-Entente : maintien de la paix. — Le
complot d'agression de Reval ? — Les chauvins allemands. — Le
conflit du Maroc, 1911. — Attitude des puissances de l'Entente
pendant la crise provoquée par l'annexion de la Bosnie et pendant la guerre des Balkans. — Le projet de loi militaire allemand
et la loi de trois ans en France. . . . .   66—120

Méthode et résultat de mon enquête. — Etat de tension n'équi-
vaut pas à guerre. . . . .   120—129

II

Les Livres gris belges.

A. *Livre gris belge I.* — Les ultimatums allemands à la Belgique. — La Belgique et les Puissances garantes. — La cargaison de blé suspecte... 131—141

B. *Livre gris belge II.* — Avant l'ultimatum autrichien. — Après l'ultimatum autrichien. — Après l'explosion de la guerre austro-serbe. — Après les ultimatums allemands. — Après l'explosion de la guerre européenne. — *Le droit de guerre prusso-allemand.* — La France et la neutralité belge...................... 141—184

III

L'ouvrage du baron Beyens :
« L'Allemagne avant la guerre. »

Illusions et désillusions. — Les dispositions en Allemagne. — Buts que poursuivait l'Allemagne par sa guerre offensive. — Le projet de loi militaire allemand et la loi de trois ans française. Falsification de dates. — Guerre mondiale de rapines et de conquêtes. — Le Kronprinz. — La Triple-Entente, alliance défensive. — La « revanche allemande pour Agadir ». — L'Empereur Guillaume, son propre chancelier. — Bethmann et Jagow. — Les agitateurs belliqueux en Allemagne. — La crise de l'annexion bosniaque. — Le comte Berchtold. — *La « semaine tragique ».* — *La neutralité belge.* — La Belgique, pays soumis au régime parlementaire. — La « perfidie » belge. — La loi militaire belge. — Le marchandage dont la Belgique fut l'objet. — La Hollande menacée. — Une lettre du roi Albert. — La Belgique meurt, mais ne se rend pas. — Les principaux acteurs du drame............ 185—232

IV

Considérations finales

Considérations finales........ 233—237